*A Edith, mi esposa, mi compañera,
mi amiga y mi hermana en Cristo.*

A Jacinto, mi padre, mi pastor y mi amigo.

*Dos alas provistas por el viento de Dios,
para poder volar.*

Sobre las Alas del Viento

Mizraím Esquilín

BETANIA

Un Sello de Editorial Caribe

Betania es un sello de *Editorial Caribe*,
una división de *Thomas Nelson, Inc.*

© 1996 EDITORIAL CARIBE
P.O. Box 141000
Nashville, TN 37214-1000, U.S.A.

E-mail: caribe@editorialcaribe.com

ISBN: 0-88113-444-9

Impreso en EE.UU.
Printed in U.S.A.

2ª Impresión

CONTENIDO

AGRADECIMIENTOS

Escribir un libro es lo más cercano al proceso de un «parto». Las buenas noticias siempre vienen acompañadas de preocupaciones, luchas, sueños y preparativos que no se pueden dejar para última hora. Se imponen visitas frecuentes a la sala de los que «ayudarán» en el parto. Y al final, el bebé se da a luz y casi nadie se acuerda de todos los trabajos que se suscitaron en el camino.

Este «bebé» ha sido bendecido por muchos amigos y colaboradores; gente que preferiría mantenerse en el anonimato, pero que entiendo deben perpetuarse para que la posteridad reconozca quiénes en verdad fueron los valiosos para nosotros.

Quiero agradecer al Dr. Carlos Velázquez, sicólogo clínico puertorriqueño, sobre quien estoy muy convencido que es más pastor que profesional en el campo de la conducta humana. Al Dr. Abelardo Vargas Rivera, más que un padre, un ángel del Señor que se desvive por mantener nuestra salud. Abelardo, eres digno de llevar el apellido de Don Antonio; la historia de nuestro país jamás podrá escribirse sin dedicarte algunas páginas a ti.

Debo dar gracias al Dr. Luis Fidel Mercado y al Dr. Daniel Luis Flores, pastores, maestros y amigos que siempre han sabido estar allí como alas del Espíritu en medio de nuestras tormentas. Luis Fidel, fuiste mi mentor en el Seminario Evangélico; honor que nunca olvidaré. Tu sabiduría para hacer que uno vuelva a «mirar la pecera» forma parte de mi quehacer teológico. Daniel Luis, has sido y eres mi pastor; Dios te ha dotado de gracia para hacerme ver lo que está detrás de cada tormenta.

Doy gracias a la congregación que pastoreo, Iglesia Bautista de Jerusalén, por haber soportado a este pobre pastor mientras investigaba y escribía esta humilde obra.

Doy gracias a mi familia. A XXXIII D.C, que se atreven a poner el corazón en aquello que Dios ha puesto en el mío. A

7

mis padres, Jacinto y Minín, faros de luz en medio de las tinieblas. ¡Cuántas veces he dado gracias a Dios por el testimonio que nos han brindado durante toda la vida! Ustedes han sido maestros del ejemplo y de la amistad íntima con Dios.

Doy gracias a mis hijos, fieles «fiscales y consejeros» del trabajo de su padre. Mizraim, Shirley, Samuel y Pamela. Gracias a ustedes por las horas de apoyo, por sus aportes y por ser bendiciones de Dios.

Por último, doy gracias a mi esposa, Edith, por ser canal de bendición e inspiración en los mejores dieciocho años que he pasado en mi vida.

PREFACIO

Eran las dos y media de la mañana de aquel sábado 17 de septiembre. Un ambiente de expectativa se filtraba por todas partes. Después de todo, esperábamos el tercer o cuarto huracán que nos amenazaba en un lapso de seis semanas. Este tenía nombre de mujer: Marilyn.

Los fenómenos meteorológicos se anuncian en el trópico de maneras muy interesantes. A veces dan la impresión de que vienen transitando por un «carril exclusivo» diseñado por la madre naturaleza. Los meteorólogos le llaman anticiclón; una fuerza que no permite que los huracanes y las tormentas puedan ir más al norte o al sur de donde encuentran esta barrera. Algunos «sabios» de estos sistemas le han llamado el túnel de los huracanes.

Hay momentos en nuestras vidas en los que parece que nos hemos colocado en el medio de ese carril. Es allí donde vientos tempestuosos se ciernen sin piedad estremeciendo nuestra fe y sacudiendo nuestra esperanza. Son vientos de dolor y desesperanza. Son huracanes de desasosiego e inseguridad. Es el tipo de tempestad que procura hacernos gritar de dolor a base de altas dosis de angustia y desolación. Hay algunos personajes bíblicos que nos hablan con elocuencia acerca de esas sensaciones y experiencias. Uno de ellos es David; el rey David, el cantor de Israel, el destructor de gigantes. Este siervo de Dios también experimentó lo que se siente al enfrentar esas tempestades. En el Salmo 55 le observamos dirigirse a Dios con un alto grado de desesperación y congoja. Su situación anímica es tan severa que expresa con palabras precisas (¿y cuándo la Palabra de Dios no ha sido precisa?) lo que muchos hemos deseado gritar en más de una ocasión: «¡Quién me diese alas como de paloma! Volaría yo, y descansaría. Ciertamente huiría lejos» (Salmo 55.6-7).

¿Se identifica usted con esta expresión? ¿Le parece familiar? Espere a leer la próxima declaración de este titán de la historia de Israel: «Me apresuraría a escapar del viento borrascoso, de la tempestad» (Salmo 55.8).

Sé que muchos puertorriqueños nos sentíamos así. Especialmente mientras «apreciábamos» en el radar las imágenes de ese «monstruo» meteorológico al que los científicos llamaron «Marilyn». Pero la incidencia de esta sensación es mayor cuando en el «radar del alma» se dibujan las corrientes huracanadas de fenómenos que llamamos: divorcio, cáncer, SIDA y rebeldía juvenil. Muchos nos sentimos así cuando en el horizonte de nuestras congregaciones vemos que se anuncian tempestades llamadas: división, inmoralidad, falsa espiritualidad, desinterés, legalismo o clasicismo espiritual.

«Marilyn» no se anunciaba como un simple fenómeno meteorológico para estudiarse. En un momento dado, a este huracán se le ocurrió la «maravillosa idea» de pivotear hacia el norte, o sea, hacia nosotros. Al mismo tiempo se le ocurrió incrementar sus vientos a ciento treinta millas por hora. Era por cierto un fenómeno compacto en tamaño, pero muy imponente en la fortaleza que exhibía. A las dos y media de esa mañana se estaba anunciando con unas ráfagas, que como embajadoras de la destrucción, avisaban que «esta damita» venía en camino. Solo la había entretenido el detenerse a dispensarle una visita a nuestros hermanos de las Islas Vírgenes Americanas y a la isla-municipio de Culebra (puertorriqueña). Nos restaba esperar y orar a Dios.

Una sensación de impotencia se apodera de casi todos los que tenemos que enfrentar estos fenómenos. No existe alternativa; lo único que se puede hacer, luego de realizar los preparativos para enfrentar el huracán, es sentarse a esperar. El huracán es autónomo y se traslada hacia donde uno está, desarmando toda posibilidad de poder vencerlo en su campo con métodos humanos.

Estoy seguro de que alguna vez te has sentido así. Tal vez no habrá sido por la expectativa de un huracán en el trópico, pero sí haciendo frente a uno emocional o espiritual. Es la mañana en la que comienzan los exámenes médicos que determinarán si el diagnóstico final es cáncer. Es la semana en la que se acrecientan las posibilidades de ser suspendido del trabajo. Es la tarde en la que se nos recibe en casa con una nota que anuncia divorcio y separación. Son huracanes que se van dibujando en el horizonte, trayendo consigo expectativa, ansiedad y un gran sentido de impotencia. Son huracanes que quieren minar las fortalezas del alma, retando su calidad y construcción emocional y espiritual.

Esperar frente a ellos no es nada placentero, pero puede convertirse en un ejercicio educativo si nos permitimos oír la voz de Dios. Si aceptamos ser levantados y sobre las alas del viento darnos la oportunidad de escuchar la voz del eterno susurrando que hay un gran testimonio en ciernes detrás de cada tempestad.

Recordemos que Dios es experto en hablar y hacerse oír en medio de estos fenómenos. Para ello observemos por un instante a Job, a quien Dios le habló desde la tempestad (Job 38.1, *Dios habla hoy*).

Si lo hizo con Job, sin duda lo hará otra vez; y siempre que un creyente, tal vez incapacitado para discernir los vientos y los tiempos, necesite oír la voz de Dios para aprender y crecer en su fe.

Mientras esperaba la llegada de «Marilyn», decidí realizar un análisis de las cosas aprendidas durante los ejercicios para enfrentar este tipo de fenómeno. Seis años antes, un 18 de septiembre, nos encontrábamos en la misma espera. Solo que esa vez el visitante se llamaba «Hugo» y no nos hizo esperar tanto. A las dos y media de la mañana Hugo ya rugía como león acechando su presa. A esa hora, ya se las había arreglado para arrancar el techo de madera de la terraza de nuestra casa, haciéndola volar y depositándola a unos ciento cincuenta pies al frente de la misma. El ruido que produjo ese suceso daba la impresión que «ese amigo huracanado» quería llevarse la casa entera.

Hugo nos enseñó mucho. Después de todo, la mayoría de los puertorriqueños nunca habíamos visto algo así. El último de los fenómenos que nos visitó fue en 1956 (Santa Clara, Betsy en E.U.A.) y casi el setenta por ciento de los puertorriqueños vivos nacimos luego de 1950. Mientras Marilyn se anunciaba con trompetas entre las copas de los árboles, repasé con cuidado lo que habíamos aprendido. Algunas lecciones eran cognoscitivas: conocimientos nuevos significativos que

11

brindaban una nueva perspectiva a estas crisis de la naturaleza. Otras eran conductuales: habíamos modificado nuestra conducta frente a las tormentas. He aquí una lista de algunas de ellas:

Lecciones cognoscitivas

- Hay que estar sintonizados a las fuentes que proveen buena información. Estar desinformados puede costarle la vida a cualquiera que se encuentra frente a un fenómeno de esta naturaleza. Conocer la localización del bólido, su fortaleza y dirección son aspectos vitales si se quiere triunfar sobre ellos.

- Hay que obtener los materiales adecuados para proteger la propiedad y colocarlos de forma apropiada.

- Hay que saber leer la dirección del viento. Antes del huracán «Hugo», casi todos pensábamos que un huracán nos atacaría con vientos del este, por venir estos de ese punto cardinal. El error fue garrafal. Los huracanes vienen rotando en contra de las manecillas del reloj. Esto hace que los vientos, en pleno apogeo de su embate, vengan primero desde el norte y luego desde el sur cuando se está alejando.

- Hay que aprender a fijar y apuntalar las construcciones débiles a los cimientos de la propiedad. Techos que no sean de hormigón pueden amarrarse con cables de acero y fijarse a los cimientos de la propiedad. Esto no garantizará que los daños se eviten, pero los minimizará significativamente.

- Las construcciones deben realizarse siguiendo al pie de la letra los códigos de ingeniería que nos permitan poseer propiedades capaces de resistir los embates de estos fenómenos.

Lecciones conductuales

- Cambian nuestras prioridades; el país puede paralizarse sin que importen demasiado los cientos de millones de dólares que dejaremos de producir y de gastar como sociedad de producción y consumo. Ahora importan la vida y la familia. La prioridad que siempre comparten las utilidades, la energía eléctrica y la televisión, ahora está en la seguridad de la familia, los alimentos y el agua.

- Nos aferramos a los elementos básicos de la vida, la comunicación entre los nuestros: familias y vecinos. «La comunidad de la mesa» se reúne de nuevo, pero esta vez alrededor de la radio o del televisor cada vez que se anuncia un comunicado oficial: «Palabras de sabiduría» cuyo conocimiento puede representar la diferencia entre la vida y la muerte.

- Recurrimos a la oración y a la Palabra de Dios. El pueblo entero ora y busca a Dios. No es tiempo para discusiones dogmáticas ni doctrinales. Es el momento de la crisis. Es momento de súplicas y ruegos. Dejamos de ser sociedad y nos convertimos en pueblo. ¡Cuántas promesas bíblicas recordamos! ¡Y cuántas otras realizamos a Dios! «Si se humillare mi pueblo» (2 Crónicas 7.14).

Todo esto lo repasaron los puertorriqueños antes de «Marilyn» y gracias a «Hugo». En el plano personal, hasta había amarrado la terraza con tensores y la había fijado con expansiones barrenadas en el hormigón. Los paneles habían sido puestos en las ventanas correctas. Los había obtenido con mucho tiempo antes en una ferretería especializada en materiales adecuados para estos casos. Las radios de bolsillo estaban todas previamente sintonizadas en una de las mejores estaciones posibles. Solo se necesitaría encenderlas.

Mientras revisaba mi lista casi interminable, usando una Biblia como mesa de trabajo, el Espíritu de Dios me llevó a considerar las cartas que escribiera el apóstol Pablo a la iglesia de Corinto. Una sensación muy extraña se apoderó de mí. Había recibido la encomienda de escribir un libro sobre la primera carta que el apóstol le escribió a esa iglesia. Varios años enseñándola me habían preparado para reflexionar acerca de ella en sus contextos sociológicos, históricos, bíblicos-literarios y teológicos. Pero tengo que confesar que durante varios meses de diseño de estrategias literarias, no había podido lograr comenzar a escribir acerca de ella. Permítanme calificar esta expresión. Escribir con el mero propósito de escribir es una cosa, pero escribir sintiendo que me habla el Espíritu de Dios es otra. Esto último no lo había conseguido.

Una pregunta comenzó a revolotear por mi mente. ¿Sabría algo acerca de tormentas el apóstol? ¿Podría él identificarse con mis ansiedades tropicales? Las respuestas estaban en mi propia cara. Todo el material que compone esas dos cartas son el producto de la enseñanza obtenida por Pablo enfrentando tormentas. Las preguntas y respuestas de este apóstol nacido en Cilicia, provincia del Asia Menor, revelan que había enfrentado varias veces las tormentas que afectan a una iglesia que crece.

INTRODUCCIÓN

Del análisis de la historia de Pablo, el apóstol de Tarso, se desprende que esta carta se escribe luego de haber visto otras congregaciones enfrentando situaciones parecidas a las de los Corintios. En realidad, se encontraba en Éfeso, alrededor del año 55 d.C. cuando comenzó a escribir esta antología a los corintios. Veamos algunos ejemplos de ellas:

El huracán de la fragmentación grupal

Hay momentos en que las iglesias parecen dividirse en grupos que solo buscan hacerse notar, minimizando y/o rechazando la importancia que pueden tener aquellos que no piensan como ellos. En este libro tendremos la oportunidad de ver cinco excelentes ejemplos presentes en esa iglesia. Este parece ser un fenómeno repetitivo en esta congregación, localizada en el estrecho que dividía el Peloponeso de la tierra firme en la Grecia del primer siglo.

Es este un fenómeno que se repite en muchas otras iglesia. Cada vez que una iglesia comienza a crecer, casi inmediatamente aparecen en ella pequeños y grandes grupos de fuerza que al no poder ponerse de acuerdo, minan las fortalezas de esa congregación.

Los vientos del excesivo racionalismo

Una visión de la iglesia que intenta ser adecuada a su medio ambiente es que nunca faltarán en ella hermanos y hermanas que intenten racionalizar todos sus procesos. Eso, en sí mismo, no es un aspecto negativo. Pero en muchas ocasiones esa racionalización coarta y ahoga la obra del Espíritu. Sobre todo cuando no podemos explicar con respuestas racionales lo que Dios está haciendo entre nosotros. También sucede cuando esa intervención divina se convierte en un ejercicio que amenaza el estilo y la forma de vida de aquellos que han desarrollado un racionalismo prepotente.

En la iglesia de Corinto encontramos toda clase de experiencias racionales excesivas. Allí hallamos unas que rayan en cuestionar la autoridad del liderazgo pastoral, sin haber realizado ejercicios teológicos y misionológicos serios. También, posturas «simplistas» basadas en la sabiduría de algunos versus la ignorancia de otros. Encontramos «neoteólogos» capaces de sacrificar fundamentos de la fe cristiana, con el solo propósito de validar sus posiciones intelectuales.

Las tormentas de las crisis morales

No creo que sea necesario abundar mucho en esta introducción acerca de la presencia de estas crisis tormentosas en nuestras congregaciones. Me parece que hablan por sí solos los testimonios recientes de los grandes evangelistas televisivos sumergidos en crisis morales. Eran grandes ministerios, en pleno apogeo y con bases sólidas en la ministración y en el discernimiento que da el Espíritu de Dios. Sus talones de Aquiles, las crisis morales que enfrentaron, se presentaron como tormentas, huracanes que se anunciaron. Ante las amenazas de estos, los ministerios optaron por cerrar los ojos y tornar sus rostros. Las experiencias históricas sufridas en el evangelio anteriormente y las lecciones aprendidas de antemano no fueron consideradas, por lo cual los resultados son de conocimiento público.

El enemigo más grande de la iglesia reside inerte dentro de sus propias paredes. A Satanás lo vencemos desde el Calvario con oración y alabanza a Dios; y nadie intenta excusar ni obviar sus maquinaciones (2 Corintios 2.11). Con relativa facilidad podemos marginar el mundo que nos rodea y así cerrar la influencia que puede tener en nosotros. Sin embargo, no es así de fácil con los deseos de la carne. En muchas ocasiones nos encontramos tratando de justificar estos deseos al verlos como parte innata de nuestra naturaleza, sobre todo cuando los testimonios de la obra de Dios se siguen produciendo a pesar de nuestras debilidades. Y no alcanzamos a entender que estos testimonios siguen allí porque Dios tiene el compromiso de cumplir y validar sus promesas. O sea, que no nos respalda a nosotros, pero sí a su Palabra. Un buen ejemplo de la conciencia que tenía el apóstol Pablo acerca de esto lo encontramos en Romanos 6.12: «Por lo tanto, no dejen ustedes que el pecado siga dominando en su cuerpo mortal y los siga obligando a cumplir los deseos del cuerpo».

En este pasaje, el apóstol describe el compromiso y la responsabilidad que tenemos con una vida alejada del pecado y de los deseos de la carne. Una labor que no la realizará el cielo, sino nosotros. Es un ejercicio de oposición de fuerzas, los deseos del cuerpo versus la capacidad que se nos ha dado para no dejarnos dominar por ella. En 1 Corintios 5.8 se amplía este concepto: «Así que debemos celebrar nuestra Pascua con el pan sin levadura que es la sinceridad y la verdad, y no con la vieja levadura ni con la corrupción de la maldad y la perversidad».

Cuando Archibald Thomas Robertson nos regala su análisis de esta imagen verbal, nos señala que la misma acopia una disposición maligna y actos malvados. Una disposición que junta «la actitud del cuerpo», inherente a nuestra naturaleza humana, que parece recrudecerse (a propósito) cuando comenzamos a ver crecer los ministerios.

Estas tormentas incluyen el desarrollo de los cultos a la personalidad, la ambición por las riquezas y la acción de satisfacer los deseos y la sensualidad. En otras palabras, el abuso del ejercicio de poder.

En la iglesia de Corinto parecen estar presentes los «antitestimonios morales» más elocuentes, necesarios para entender mejor el proceso de enfrentar y resolver los de la iglesia de hoy que está de cara al tercer milenio y al siglo veintiuno. Pero las crisis morales no solo son el producto de la lujuria. Los malos manejos de nuestras responsabilidades familiares están allí retratados. También la pobre valoración de algunos miembros de nuestras familias y pobres juicios que hacemos de los que no pudieron experimentar las bendiciones que muchos gozamos. Algunos ejemplos de estos: ¿Cuál es la posición de la mujer en el hogar y en los ministerios? ¿Qué hacemos con los divorciados y los que se volvieron a casar en la iglesia?

Los tornados formados ante los pobres manejos de las herramientas del Espíritu

Muy pocas situaciones fueron responsables de generar crisis en las iglesias de todos los siglos como lo ha hecho el pobre manejo de las herramientas que nos da el Espíritu. Es la incapacidad que a veces tenemos para usar correctamente estas herramientas y las manifestaciones del Espíritu de Dios. Personalmente, en el momento en el que escribo estas líneas, me encuentro a la expectativa de un poderoso trabajo que está desarrollando el muy amado pastor Kittim Silva sobre esta vertiente y desde una perspectiva pentecostal. Tuve la honrosa distinción de escuchar a este siervo de Dios en una presentación que realizara sobre este tema y tengo que confesar que se requiere valentía y un gran compromiso con el Señor de la mies para realizar los señalamientos que él expusiera allí.

La iglesia de Corinto no era la excepción. Entre sus puertas encontramos variedad de estilos para el uso de esas herramientas y para la interpretación de las manifestaciones del Espíritu de Dios. Observaremos allí manejos viciosos y desproporcionados, egoístas y abusivos, indiferentes e ignorantes, alienantes y exclusivistas. En fin, toda una gama de experiencias que más bien parecen identificar a una de nuestras iglesias actuales y no a una iglesia del primer siglo.

Las tormentas eléctricas generadas durante las crisis de fe

¿Creemos en la resurrección de los muertos? ¿Y qué de la venida en gloria de nuestro Señor? ¿Qué significado tenía para el apóstol la frase «bautismo por los muertos»? ¿Qué significado tiene hoy en día? Y así podríamos seguir formulando preguntas eternamente.

Aunque estas cartas proveen material para discusión, ese no es el propósito de este libro. La verdad es que casi todos los cristianos enfrentamos varias crisis de fe. Son ocasiones en las que están en juego nuestras «reglas», nuestro cuadro de valores y creencias. Casi siempre sucederá en medio de experiencias significativas y de crisis. Ahora bien, si se manejan en forma apropiada, sin duda producirán crecimiento y madurez. De lo contrario, el resultado puede ser fatal.

Mientras contestaba las preguntas que los corintios le presentaron por escrito (1 Corintios 7.1), el apóstol descubre que en esa iglesia se ha desarrollado una gran crisis de fe. Esta crisis era, sin duda, el producto de la influencia de «nuevos maestros» que con la excusa de la «innovación» se dieron a la tarea de «vender» una teología raquítica. Esta fue «comprada» con relativa facilidad por una iglesia que no había demostrado capacidad para manejar sus tormentas fragmentarias, racionales, espirituales y de crisis moral. Observamos que esas condiciones son un terreno propicio para que se desarrolle y crezca una crisis de fe que podría no ser manejada correctamente.

El propósito de este libro es enfrentar estas tormentas, las de Pablo, las de la iglesia de Corinto y las nuestras. Intenta analizar las respuestas del apóstol viendo en ellas el aprendizaje obtenido durante el peregrinaje de su fe, de nuestra fe. Para hacer más refrescante este «duro proceso», seguiré el sabio consejo de una persona a la que me honro en llamar mi amigo: el Rvdo. Juan Rojas. Cada capítulo se presentará en forma de reflexión, conservando las notas al pie de cada página para retratar en ellas cualquier argumento bíblico-teológico necesario para justificar las posiciones que puedan generar controversia.

Cada una de estas reflexiones procura estimular el análisis serio de nuestras vidas, de las vidas de nuestras congregaciones, de nuestras predicaciones sobre estas cartas y de nuestras posiciones teológicas ante los «no pocos» retos que se plantean en ella. Para que la lectura sea relajante y rápida, he decidido que los detalles socioculturales, religiosos y biográficos del apóstol estén diseminados a través de todo el libro. Esto, además de aligerar la lectura, «obligará» al lector a tener que leer todo el libro para completar la adquisición de esa información. Pido perdón por mi pedantería, pero me inquieta el Espíritu de Dios a buscar todas las alternativas posibles para lograr que toda persona que lea este libro pueda hacer suyo todo el material que hay en él.

Si al leer esta introducción siente que se ha despertado la sed y que el que escribe le ha dejado a mitad del camino, habré cumplido con el propósito de la misma. Los temas y preocupaciones antes expuestos están analizados en los capítulos que siguen. Allí encontrará las herramientas conductuales y cognoscitivas a las que hemos hecho referencia.

Estoy consciente de que el lector moderno tiene su tiempo cada vez más limitado. Es por esto que, en orden de abarcar algunas áreas que creemos vitales, me he tomado el riesgo de incluir en cada capítulo un segmento dedicado al cultivo de la espiritualidad cristiana, sobre todo a la interpretación paulina de lo que esta representa. La base para ello me parece excepcional. Solo basta tener en cuenta que muchos especialistas consideran 1 Corintios como la carta paulina de más énfasis en aspectos sobre el Espíritu de Dios y la espiritualidad de la Iglesia.

En otras palabras, cada capítulo incluirá tres posturas interdependientes: el análisis y la explicación somera del texto (con un énfasis en aspectos adecuados para la homilética), una reflexión devocional, con un tono hispano variado y un acercamiento a la espiritualidad y algunas de sus herramientas.

Con humildad y respeto le invito a adentrarse en estas páginas y a arriesgarse a enfrentar «el túnel de las tormentas» con el solo propósito de observar cómo se le pone un «bozal al viento», tal y como lo hiciera el Señor (Marcos 4.39). Después de todo, las tormentas son capaces de obligarnos a encontrar respuesta a la pregunta más importante que formula el Evangelio: «¿Quién es este?»

¡Cuántas veces Señor me habéis llamado,
y cuántas con vergüenza he respondido,
desnudo como Adán, aunque vestido
de las hojas del pecado...!

Lope de Vega

1

Una introducción simple

Pablo, llamado a ser apóstol de Jesucristo
por la voluntad de Dios.
1 Corintios 1.1a

Los que amamos la lectura siempre andamos en una búsqueda eterna de escritores que nos estremezcan el alma y al
mismo tiempo que le brinden un momento de solaz y de
refrigerio a nuestro espíritu. Hace poco redescubrí a uno de
una talla increíble: Martin Luther King, Jr. Este polifacético
profeta de Atlanta y del mundo nos legó libros tales como
Stride Toward Freedom: The Montgomery Story (1958) y
Where Do We Go from Here: Chaos or Comunity (1967). Estos
hacen reflexionar a cualquier ser humano que tenga alma.
Son documentos que contienen expresiones eternas. Son expresiones que consiguen que resuenen en el alma melodías
celestiales, melodías que provocan que nuestro espíritu alcance a mirar un poco más allá de donde ven nuestros ojos.

> El piano de la vida solo puede producir melodías de hermandad,
> cuando reconocemos que las teclas negras son tan básicas, nece-
> sarias y bellas como las blancas.[1]

Mas es su carta desde la prisión de Birmingham, Alabama
(1963), la que parece haber causado el mayor impacto en los
grupos que procuraban la reforma de los Derechos Civiles en
Estados Unidos de América. Esta reforma comenzó a alcanzar
sus mayores logros desde 1964, aunque me parece que todavía
le falta un largo trecho que recorrer. A través de los años
muchos nos hemos preguntado por qué. Las respuestas a esta

---

[1] *Martin Luther King, Jr., Where Do We Go From Here*, 1967.

pregunta son temas para la composición de muchos otros manuscritos.

A todos nos parece que este hombre excepcional no necesitaba estar en la cárcel para producir las impactantes ideas que sacudieron el mundo. Pero la cárcel parece haberle arropado con una mística extraordinaria, una revelación excepcional del Espíritu de Dios para encontrar las palabras correctas, en el tiempo correcto y para la gente correcta. «¡Oh profundidad de las riquezas de la sabiduría y de la ciencia de Dios!» (Romanos 11.33).

Sin duda alguna tal es el caso del apóstol de Tarso. Las prisiones ya experimentadas y las que iba a experimentar luego del año 55 d.C. (fecha aproximada para la composición de 1 Corintios)[2], jugarían un papel importantísimo en la escritura, redacción e impacto de sus cartas a las iglesias a las que le escribía. No creo que Pablo estuviera preso en el momento de escribir esta carta, pero de cierto ya lo había estado varias veces antes de ella y lo estaría muchas más antes de finalizar la segunda (2 Corintios 11.23-28). Si la carta de Martin Luther King ha resultado profética, las cartas del apóstol Pablo han resultado eternas.

La totalidad del ministerio de este apóstol se convierte en escuela que le permite interpretar la realidad de las congregaciones que se le acercan buscando su consejo o exponiéndoles sus quejas. Lo que es interesantísimo es que no pierde oportunidad ni espacio alguno para ser pertinente y desarrollar sus puntos teológicos y pastorales.

Un buen ejemplo de esto se desprende del análisis del encabezamiento utilizado para esta primera carta a los Corintios. La mayoría no pensamos mucho acerca de la forma en que comenzamos una carta. Pero estoy seguro de que tendremos más cuidado al escribir, luego de leer el encabezamiento que usa el apóstol Pablo y el análisis que desarrollaremos del mismo. Veamos:

> Pablo, llamado a ser apóstol de Jesucristo por la voluntad de Dios, y el hermano Sóstenes, a la iglesia de Dios que está en Corinto, a los santificados en Cristo Jesús, llamados a ser santos con todos

---

2 Gordon D. Fee, *Primera Epístola a los Corintios*, William B. Eerdman, Grand Rapids, MI, 1994, p. 7.

los que en cualquier lugar invocan el nombre de nuestro Señor Jesucristo, Señor de ellos y nuestro.

Este encabezamiento requiere un libro completo. En el mismo se describe la teología misionera (misionología) del apóstol. ¿De quién es el ministerio? ¿Quién es el que llama? ¿Por qué nos llama? ¿A qué nos llama? El apóstol señala que cada ministerio es de Jesucristo. Es Él el que llama y no nosotros a nosotros mismos. Nos llama por la voluntad de Dios el Padre y en el caso de Pablo lo llamó a ser apóstol. Esto es, alguien comisionado y enviado por Dios a unas tareas específicas y que tuvo la dicha de ver a Cristo resucitado.[3]

El apóstol puntualiza un aspecto fundamental del entendimiento de lo que es un ministerio. A la luz de lo que ha expuesto, habría que preguntarse cuál es la expresión correcta; «Dios me dio un ministerio» o «Dios me llamó a un ministerio». Estoy convencido de que el apóstol Pablo ha validado la segunda. Los ministerios son de Dios y Él no es el único que llama, sino que solo Él es el dueño de ellos. Es más, el mismo Dios que llama desecha. Los llamados no son incondicionales. El Dios de gloria no validó ni siquiera el «derecho divino de los reyes».[4] En 1 Samuel 15.26 encontramos una base bíblica en la que Dios desecha a uno que había llamado para una función real. Era una función dual dado el hecho de que tenía que responderle a Dios como siervo y como rey.

> Y Samuel respondió a Saúl: No volveré contigo; porque desechaste la palabra de Jehová y Jehová te ha desechado para que no seas rey sobre Israel.

Hay que destacar que el proceso que se utiliza en 2 Samuel para describir estos hechos es uno en que el rey Saúl es desechado porque desechó la Palabra de Dios. Echó a un lado la santa Palabra, sus estatutos, sus reclamos y las responsabilidades que esta adjudica. El pecado de Saúl fue que al intentar conducir al pueblo por donde le parecía más aceptable y no por donde Dios le ordenó, le usurpó el primado a Dios.

---

3 Para un análisis completo del concepto «apóstol», refiérase al libro: *El despertar de la adoración*, Mizraim Esquilín, Editorial Caribe, Nashville, TN, 1995, pp. 57-59.
4 Costumbre europea y validada por el Vaticano para justificar la permanencia de las familias reales en el trono.

Observemos esto último con mucho cuidado. Cuando los ministerios son conducidos por avenidas distintas a los reclamos que hace la Palabra de Dios, sin duda alguna nos enfrentamos a una situación de gran peligro. Sea por ignorancia o con la intención de tomar ventaja de la situación, todos los ministerios pueden ser víctimas de esto.

Permítame abundar un poco más sobre esto último. Los ministerios de estos tiempos se enfrentan a unas presiones y tensiones inigualables. Jamás en la historia del Evangelio se ha requerido tanta especialización de los ministerios. Esto obliga a que cada ministerio esté siempre buscando profesionalizar y/o especializar algunas áreas de rendimiento. Eso de por sí es un aspecto muy saludable y habla excelentemente de aquellos que se toman el tiempo (que no es poco) para hacer esas «asignaciones». Ahora bien, un gran problema que encontramos en ese proceso reside en el instante en el que el ministerio se encuentra bajo la disyuntiva de decidir entre ser «un ministerio profesional» o ser «profesionales en el ministerio». Créame, muchas veces ni nos damos cuenta de esta encrucijada. Es más, casi siempre son observadores externos los que nos llaman la atención al respecto y tristemente, por cierto, hacemos caso en muy pocas ocasiones.

Dios llama y hace ministros para el púlpito, para su música, para la administración de la Iglesia, en fin, para decenas de áreas ministeriales. Los ministerios tienen la responsabilidad de velar por sus desempeños. Tanto quienes se ven a sí mismos como ministros profesionales como quienes se ven como profesionales en el ministerio tienen esa obligación. En realidad, mi opinión es que los problemas de los últimos son los más serios.[5] En la sección «Reflexionemos» tendremos la oportunidad de discutir esta área con un poco más de profundidad.

Para que tenga una idea del alcance de esta discusión, tan solo imagine lo que representa para un ministerio tener programas patrocinados por fondos gubernamentales. El alcance ministerial de esa iglesia y/o de ese ministerio se multiplica de manera exponencial. Pero, ¿qué sucede cuando el gobierno de turno decide aprobar apoyo masivo a movimientos

---

5   Hay excelentes recursos para esta discusión. En la Bibliografía he incluido los trabajos de Walt Wiest, Walter Kallestad y Richard Bondi.

homosexuales y proaborto reclamando el apoyo de todas las entidades que patrocina? Los ministerios tendrán problemas si no realizan «sus asignaciones» para saber cómo enfrentar escenarios de este tipo. Los ministerios son de Dios. Los ministros son llamados por Dios. Es por eso que se nos requiere un rendimiento de excelencia.

En este encabezamiento se presenta la eclesiología paulina, su entendimiento de la iglesia. La iglesia no es nuestra, es de Dios. Está compuesta por gente santificada en Cristo Jesús. Es necesario que entendamos esto muy bien. Usted y yo hemos sido llamados a estar en Cristo y a estar con Cristo. Somos la Iglesia de Cristo. En el concepto paulino de Iglesia, los apellidos sobran, son un accidente. Somos llamados a ser dignos representantes del Cuerpo de Cristo. Santificados en aquel y por aquel que nos llamó «de las tinieblas a su luz admirable» (1 Pedro 2.9).

Al mismo tiempo, no podemos desarrollar una visión exclusivista de nuestra comunidad eclesiástica, pues hemos sido llamados a vivir en comunión y con un testimonio de santidad con todos los cristianos en todo lugar. En dondequiera que haya un cristiano que invoque y adore el nombre del Señor, allí tenemos responsabilidad. En cualquier lugar en el que se invoque y adore el santo nombre de nuestro Señor y Salvador, allí hemos sido llamados a vivir en comunión con los santos.

O sea, que la Iglesia del Señor no puede estar circunscrita a la comunidad eclesiástica con la que participamos en la adoración. Tampoco está compuesta únicamente por los que forman parte de mi propio cuerpo denominacional. Es más, de acuerdo a esta interpretación que nos regala el apóstol, la Iglesia del Señor no está siquiera circunscrita a los entornos del país o nación en la que vivimos o en la que nacimos. La Iglesia es del Señor y Él la reconoce así en cualquier lugar del planeta en el que los miembros de ella le invoquen. Es allí y desde allí en donde el Señor nos llama a tener un comportamiento distinto al mundo que les rodea, un estilo santo de vida. Un vida separada para anunciar con nuestro testimonio el señorío de Cristo.

Se describe en este encabezamiento la soteriología paulina; o sea, su entendimiento del Salvador y de la salvación. Para el apóstol Pablo, Cristo es Señor, nombre usado en la LXX

(«Versión de los 70») para referirse a Yahvé en el Antiguo Testamento.[6] El apóstol sostiene que este concepto del Salvador no puede ser apropiado ni dominado por iglesia ni individuo alguno. Para entenderlo, solo basta releer la sentencia de que Cristo es Señor de los que adoran con nosotros y de los que no lo hacen con nosotros. ¿Entendió esto bien? El apóstol Pablo señala en el encabezamiento de esta carta que hay que estar en comunión aun con la gente que no adora con nosotros. Indica que esto es así porque el mismo Señor que nos salva a nosotros, les salva a ellos. Pueden encontrarse en cualquier lugar del planeta invocando el nombre del Señor. Hasta allí llegará la bendita sangre del Cordero de Dios. Desde este punto de vista, la adoración de la Iglesia se reviste de un sentido comunitario y corporativo capaz de estremecer a cualquiera.

El apóstol no comienza esta carta de este modo por casualidad. Si el lector me permite, repasaré un detalle interesantísimo de este proceso de comunicación entre Pablo y los corintios. La Biblia nos da algunas pistas de esto. Entre ellas, que este apóstol y esta iglesia se escribían con frecuencia. Leyendo 1 Corintios 7.1 encontramos prueba de ello. Ellos le habían escrito y esta carta era su respuesta. O sea, que Pablo conoce detalles de esta iglesia y sus respuestas han sido meticulosamente estructuradas. El Señor y el apóstol saben que no hay margen para errores. Esta iglesia está en pleno crecimiento y sus respuestas pueden representar una gran diferencia en sus procesos de decisión; con ellos pueden crecer o desaparecer.

La pregunta obligada es la siguiente: ¿Por qué insistir inicialmente en lo que significa la Iglesia, en lo que representa y constituye su misión y en el significado de la salvación? Pablo no quiere perder el tiempo. Si algo debe estar meridianamente establecido en la Iglesia del Señor son sus postulados básicos. ¿Quiénes somos? ¿De quiénes somos? ¿Para qué somos lo que somos?

Las respuestas paulinas a estas preguntas han sido motivo de reflexión durante casi dos mil años. No entender esas respuestas es invitar a la tragedia y a las tormentas a las puertas de la iglesia.

6 *El despertar de la adoración, op. cit.*, pp. 125-126.

¿Un ejemplo? Me parece que en nuestras iglesias hay muchos de ellos. ¿Qué de esos instantes en los que nuestros dogmas van por encima de la visión internacional que Pablo tiene de la Iglesia del Señor? No me interprete mal. La doctrina de la Iglesia es y tiene que ser la misma en el mundo entero, pero los dogmas no. La doctrina une, los dogmas separan. ¿Qué de la profesionalización del púlpito? Vuelvo a este tema pues estoy convencido de que los tiempos demandan ministros y ministras que estén profesional y ministerialmente preparados para la tarea. Pero, ¿es este requisito el más importante? ¿No se requiere que los que sirven en el altar sean llamados por Dios? Hay instantes en los que nos parece que la iglesia demanda que sus pastores sean cada vez mas profesionales y al mismo tiempo, menos ministros.

¿Nos salva Cristo o nos salvan las obras? ¿Nos salva Cristo o una combinación de nuestras obras y el Calvario? La Biblia señala que usted y yo somos salvos por la misericordia del Dios de gracia (Efesios 2.8). No hay nada que usted y yo podamos hacer para ser salvos. Pero hay instantes en los que la Iglesia del Señor parece confundir a los creyentes. Algunas congregaciones presentan requerimientos que nos hacen parecer más legalistas que los fariseos.

Considero que estos postulados se convierten en la base de la Iglesia del Señor. Esta base es esencial, toda vez que es de ella que nos «amarramos» cada vez que soplan vientos de tormenta que amenazan nuestras construcciones. Especialmente, cuando estas edificaciones carecen de la fortaleza necesaria para resistir las tormentas.

Le invito a realizar una pausa y a reflexionar juntos sobre lo que hemos visto hasta aquí. Luego de esto, oremos por la intervención divina en nosotros como individuos y como parte integral de la Iglesia del Señor.

REFLEXIONEMOS
Nos llamó el Señor

Hace apenas unos días decidí explorar otros noticieros de televisión. Estaba pensando en ese filósofo que se le ocurrió decir que los seres humanos somos animales de costumbres. Me pareció que este debió haber estado contemplando lo fieles que somos a nuestras costumbres «televisivas» y «radiales». Buscando alternativas me encontré observando una trasmisión directa desde el trasbordador espacial Columbia.

Un satélite llamado Spacenet-2 estaba enviando las señales a mi equipo de televisión. El trasponder #9 es una señal directa de la Agencia Nacional de Aeronáutica y el Espacio (en inglés NASA) que entra con regularidad a todas las antenas parabólicas. Pero, ¿quién me iba a explicar hace diez años atrás que un pastor evangélico que nació en un lugar llamado Canóvanas y que pastorea en otro llamado Mata de Plátano podría sentarse en la sala de su casa a observar lo bueno y lo malo que la NASA decide hacer en el espacio? «¡Oh ciencia maravillosa, cuántas veces nos sorprendes con tus excentricidades!» (Hay ocasiones en que debemos estar dispuestos a realizar cambios y/o ajustes en nuestras costumbres; los resultados pueden ser excepcionalmente positivos.)

Lo que vi me extrañó muchísimo. La cámara de televisión solo enfocaba un cable partido y una torre vacía. Casi de inmediato recordé que el itinerario de vuelo anunciado para el trasbordador decía que los astronautas debían estar colocando en órbita un nuevo satélite espacial. Ese cable partido no parecía formar parte del equipo cotidiano de esos gigantes que se aventuran a caminar por el espacio. Al cabo de algunos minutos de espera y observación encontré soluciones para aquello tan intrigante. (Quien no puede detenerse para observar y esperar, se atiene a perder muchas bendiciones y gran parte de la orientación divina.)

Los astronautas habían perdido el satélite. Un aparato de cuatrocientos treinta y cinco millones de dólares convertido en chatarra espacial. Y todo por culpa de un cable que se partió. Una arnés defectuoso o inadecuado para sostener una pieza valiosísima de tecnología electrónica. Alguien no hizo sus «asignaciones». Mi «yo» técnico comenzó a realizar análisis de costos, control de calidad y de prácticas de operación.

Entonces, se me turbó el entendimiento. Escuché a un astronauta señalar algo que me pareció ridículo. No podían recibir señal alguna del satélite. En opinión del astronauta, las pilas (baterías) del «bebé» que debían haber puesto en órbita no funcionaban. O no tenía baterías o simplemente estaban muertas.

En ese momento pensé en lo que NASA significa para el mundo entero. Las lecciones que estos genios le han estado dando al mundo respecto a la atención de los detalles. Pensé en la crisis de la estación de producción en la que se ensambló ese bólido. ¡Qué cantidad de preguntas van a tener que contestar! ¿No había un procedimiento estándar de operaciones? De seguro que había uno en detalle. Pero alguien no verificó que el satélite tuviese instalada una «fuente de poder» y que ésta estuviera operando correctamente.

Se habían tomado la molestia de invertir cuatrocientos treinta y cinco millones de dólares en piezas sofisticadas de ingeniería electrónica y digital, pero no se preocuparon por verificar la pieza que lo sostendría en su sitio para que no se perdiera en el espacio. Que la pieza fuese la adecuada. Que la naturaleza de esta fuese capaz de resistir los embates de la presión del despegue, la radiación espacial, los cambios de temperatura, el frío absoluto del espacio y las variaciones en el campo electromagnético que se genera en el espacio sideral. Tampoco verificaron que tuviera una fuente de poder operacional. Mucho equipo y muy costoso destinado a convertirse en ceniza a medida que se acercara y se adentrara en la tierra. Mucho tiempo, esfuerzo y trabajo echado a la basura. Al llegar a la atmósfera terrestre sería un simple fuego artificial que desaparecería para siempre. En palabras del campesino de mi tierra, cuatrocientos treinta y cinco millones es mucho dinero para gastar en fuegos artificiales. ¿Necesito explicar toda esta «parábola»?

Lea cuidadosamente lo que dice el apóstol Pablo:

Llamados a ser santos con todos los que en cualquier lugar invocan el nombre de nuestro Señor Jesucristo, Señor de ellos y nuestro (1 Corintios 1.2b).

Nos llamó el Señor. Nos comisionó el Señor. Requirió que fuésemos «ensamblados» para que pudiéramos comunicar su Palabra de muchas formas. Se nos insertó en el «taller» y allí permitimos que nos revistiera de equipos. Que nos expusiera a estructuras educativas valiosísimas, infraestructuras cognoscitivas poderosísimas. No faltaron los testimonios, entrenamientos, vida de comunidad y congregación.

Las experiencias anteriores nos pulieron para el ministerio. En la música, nos preocupamos por rodearnos de los mejores elementos técnicos y musicales. En la predicación, nos rodeamos de los mejores recursos de homilética, hermenéutica y literatura. En el pastorado, de los mejores recursos en consejería, administración y teología. En la educación, los modelos y escuelas pedagógicas comenzaron a formar parte de nuestra conversación diaria. En fin, cada ministerio buscando ser un «testimonio evidente» de lo «último en la avenida» disponible para el desarrollo de un ministerio competente.

¿Mencionó alguien la «fuente de poder»? ¡Oh, sí! Ese es un detalle del que siempre queremos ocuparnos «después». Siempre, siempre sabemos que «sin Dios nada podemos hacer». Pero, ¡que contradicción encontramos cuando analizamos nuestras vidas devocionales! Observamos que uno de los renglones que más desatendemos es precisamente ese. Hablar con aquel que nos llamó, conectarnos constantemente con la «fuente de poder». Poseemos mucho equipo, mucha inversión, mucho conocimiento y tecnología, pero pobre capacidad espiritual (en muchos lugares llamamos unción).

Los resultados son obvios. El rendimiento es muy pobre. Casi siempre concluimos sustituyendo la unción por la imaginación. No tenemos «unción», no hay poder en los sermones. No hay convicción en nuestra canción ni bálsamo en nuestra ministración musical. No hay convicción en nuestro mensaje y nuestra administración se convierte en un ejercicio de repetición de los modelos y estilos que practica el mundo secular. Aquellos tiempos en los que la iglesia le dictaba cátedra a la sociedad sobre cómo educar, preparar y administrar, a veces parecen sueños del pasado que desaparecen para nunca más volver a ocurrir. Nuestras gestiones en la consejería poseen toda una extensa gama de muy buenos conocimientos sicológicos, ¡pero cuántas veces los que vienen a buscar consejería lo hacen anhelando que junto a Pavlov y Skinner haya un buen momento de unción, oración, adoración y consuelo del Espíritu! Sin embargo, nuestras arcas espirituales están vacías y nadie puede dar lo que no tiene.

La falta de atención a detalles y la tendencia a obviar operaciones básicas descritas en «El manual del fabricante» pueden echar a perder todo el trabajo que Dios ha realizado en nosotros. Olvidamos el valor de la oración y de la búsqueda disciplinada de las cosas del Espíritu.

Atendemos a la gente con prisa, les «recetamos» remedios emocionales y bíblicos, pero no podemos comunicar el mensaje vivo de Dios, porque nuestro espíritu está carente de la unción que solo puede dar Dios. Usted me dirá que tiene una vida de oración que no es muy disciplinada, pero que no está ausente de ella. ¿Se habrá dado cuenta de que las demandas ministeriales que enfrenta le requieren «una doble porción» del Espíritu de Dios? En ánimo de seguir usando esta imagen matemática, usted necesita una porción para su uso personal y otra para compartir en su ministerio.

De las historias del Antiguo Testamento se nos dice que Eliseo parecía tener una noción de esto. En 2 Reyes 2.9 leemos que el profeta requirió una doble porción de la unción que había en Elías. Estoy consciente de que no se trata de que Dios otorgue unciones cuantificables. El pasaje citado está cargado de unas contenciones culturales y de explicación del profetismo vocacional. Pero al mismo tiempo, me concede el espacio para establecer que Eliseo a lo mejor no quería tener que huir en algún momento tal y como lo hizo Elías cuando se quedó sin «fuego del Espíritu» (1 Reyes 19).

Me parece que cuando el apóstol Pablo tuvo su encuentro con el Señor (Hechos 9.1-9), obtuvo de esa experiencia suficiente unción y poder como para comenzar a predicar y evangelizar sin detenerse por mucho tiempo. Así mismo, muchos de los que leen estas líneas experimentaron una poderosa visitación de Dios cuando les llamó. Con esa experiencia muchos creíamos que podíamos comenzar a ministrar por mucho tiempo sin que hubiese un poder en la tierra que fuese capaz de detenernos.

Si seguimos leyendo el capítulo 9 de Hechos, encontraremos que no fue esa la experiencia del apóstol. Se le dieron instrucciones específicas para entrar a la ciudad, a la casa a donde debía ir y lo que debía hacer allí. Dios no inventa con su gente. Las inversiones que realiza son poderosas y valiosísimas. Hay instrucciones específicas para «ensamblar» los ministerios de quienes Él llama. A Eliseo le requirieron estar allí en la transposición de Elías, luego de servir junto al profeta por muchos años. A Moisés lo sometieron a cuarenta años de preparación en el palacio para aprender a trabajar en el desierto. Luego lo sometieron a cuarenta años de preparación en el extranjero para que tuviese la capacidad de trabajar con los suyos. A Nehemías le requirieron servirle de copero a un rey pagano. Sufrir en silencio durante cuatro meses, sin que se le demudara el rostro.[7] A David le hizo falta servir a Saúl y aprender política interna, represión de demonios, ciencias militares y sabiduría para saber cuándo abandonar los lugares en los que no debía estar y sensibilidad espiritual para arrepentirse siempre que fuese necesario.

Cuando Pablo obedece a las instrucciones que recibe y aguarda con paciencia, Dios le premia con una unción ministerial y vocacional. Muchos de los que leen esto también la tuvieron. La diferencia entre el apóstol y muchos de nosotros es que no fue esa la unción que le abrió paso al ministerio. Me parece que esa unción era parte de la agenda de confirmación de Dios. En otras palabras, este «individuo» pudiera asegurarse de nunca olvidar para quién trabajaba a quién le pertenecía, de quién es la gloria y quién es el jefe.

Al leer algunos datos biográficos que el apóstol nos regala en su carta a los Gálatas, descubriremos detalles muy interesantes. En primer lugar, el apóstol dice algunas cosas que al parecer Lucas no quiere mencionar en el recuento de Hechos de los Apóstoles. Lucas se me parece al individuo que va a una reunión y cuando se le pide el recuento de la misma, todo lo que dice es lo positivo que vio en ella. ¡Gloria a Dios por los

---

7   En Nehemías 1.1 leemos que las noticias acerca de Jerusalén se recibieron en el mes de Quisleu (diciembre), mas no fue hasta el mes de Nisán (abril) que el rey notó la tristeza de Nehemías (2.1).

oucas3ol

Lucas! En cambio, Pablo se parece al observador que de la misma reunión dice lo bueno, lo absurdo y hasta las peleas que se formaron en ella. En ese recuento (Gálatas 1.17—2.1-14), Pablo nos señala que de la unción en Damasco se trasladó a un «seminario itinerante» de tres años entre Arabia y Damasco. ¡Menuda escuela sería esa! Me parece que allí fue donde aprendió lo de la Cena del Señor (1 Corintios 11.23): «Porque yo recibí del Señor, lo que también os he enseñado» y todo lo que sabía acerca de la resurrección del Señor (1 Corintios 15.3).

En otras palabras, en la vida cristiana hay que aprender a prestarle atención a aquellos detalles que afectan nuestra vida espiritual y por ende nuestras ejecutorias ministeriales. No son las grandes gestiones las que nos mantienen en operación, sino las pequeñas asignaciones espirituales y educativas que realizamos para que nuestra vida devocional y ministerial sea competente con las exigencias que nos plantea el Reino. Las cosas que nos mantienen conectados y capacitados para el ministerio del Reino.

De no hacerlo así podemos convertirnos en chatarra que se incendia como un fuego artificial a medida que nos acercamos a nuestro contexto terrenal y ministerial. Y todo por no tener operando la fuente de poder y/o no estar sostenidos por el «brazo» o «lazo» adecuado.

¿Qué aspectos parecen interponerse entre esta visión y la posición actual de la mayoría de los ministerios en la Iglesia del Señor? Uno de esos aspectos es la visión ministerial que ha desarrollado la iglesia cristiana. Permítame expresarle algunas realidades que para mí son incuestionables. Estoy convencido de que cualquier persona que Dios llama en este tiempo tiene la obligación de buscar la mejor preparación posible en su área de acción. No tengo duda alguna de que los «tiempos que vivimos» requieren ministros con experiencia y visión macroscópica. Es de ahí, que Dios esté nutriendo la Iglesia con ministros que abrazan los ministerios como segunda profesión en sus vidas. La experiencia que traen consigo se hace esencial para poder ser pertinentes, eficaces, en la iglesia de hoy.

Señalado ese punto, permítame decir también lo siguiente: ¿Sacrificamos los llamados de Dios por las especialidades profesionales? No son pocos los ministros que se lamentan del pobre desempeño que tienen en áreas tan vitales para sus vidas como lo son los devocionales privados. Se habla y se habla de ello, pero los cambios observados en esta área son mínimos. Los indicadores están ahí: ministros buenos en el área de consejería pastoral y en la administración, pero muy pobres en la vida devocional privada y en el autoanálisis. ¿Las excusas para esto? «El tiempo no me rinde...»

¿Los resultados? Sermones que se preparan a la carrera siguiendo las ideas de otros y con muy poco o ningún contenido bíblico.

Alabanzas que se cantan con un gran sentido profesional por parte del cantante, pero vacías de la presencia y la unción de Dios. Tareas educativas que se repiten una y otra vez como si ya no estuviera presente el espíritu creativo que una vez tuvimos.

¿No lo ha visto usted? Observe de cerca a gran parte de los ministerios que surcan «los mares alrededor de nuestras iglesias». Si tiene la oportunidad de escucharles una vez, sin duda no tendrá la necesidad de escucharles en otra ocasión. Los comentarios jocosos son los mismos, los textos bíblicos y los testimonios que narran son iguales. Con toda franqueza, suenan huecos y vacíos. Sus lámparas y vasijas están sin duda vacías, faltas del aceite fresco del Espíritu de Dios. Esto no sucede porque sean malos cristianos, sino porque han dejado de realizar sus asignaciones. Las múltiples obligaciones técnicas y profesionales les han robado el tiempo para las devociones privadas.

Lo más alarmante es observar que muchos deciden servir a tiempo completo en estos ministerios para poder tener el tiempo adecuado para responder a esas responsabilidades. Vender, grabar, comprar, mercadear y viajar son verbos que ocupan casi todo su tiempo. Es la misma historia con evangelistas y predicadores itinerantes. Muchos de ellos no parecen tener tiempo para sentarse a estudiar nuevos pasajes y nuevos acercamientos a la Palabra de Dios.

¿No se ha encontrado que los que se salen de estas descripciones y que sí tienen unción no dan abasto para cumplir con todas las invitaciones que les hacemos? Es que la Iglesia del Señor, a la larga, llega a conocer «quién hace sus asignaciones y quién no». Insistimos en que las crisis antes expuestas no son el producto de la maldad y sí de los muchos afanes (Lucas 10.41).

Es por ello que cada vez es más necesario que los ministerios desarrollen e integren a sus funciones básicas una «política» de control de calidad ministerial. Este es un proceso en el que los ministros, de cualquier ministerio, pueden detenerse a evaluar con las herramientas adecuadas, su desempeño como ministros llamados por Dios. Es en esas evaluaciones que podemos despertar a la realidad de lo que somos y dónde nos encontramos.

De vez en cuando hay que pararse en el camino y preguntar por la senda antigua. Aun cuando Jeremías lo haya dicho en otro contexto, me parece que tiene una gran pertinencia aquí. Observemos por ejemplo lo que sucede cuando descuidamos esa vida devocional. No hay que recordar que nuestra carnalidad siempre está al acecho. Si no lo cree, pregúntele a la comunidad de Corinto. Tan pronto se encontraron sin la supervisión directa del apóstol Pablo y descuidaron su vida devocional, comenzaron a ser víctimas de sus pasiones y deseos carnales («porque aún sois carnales»; 1 Corintios 3.3a). Este tipo de conducta puede producir que nos lleguemos a creer que somos más grandes que el ministerio que se nos ha asignado o, peor aún, que no habría ministerios sin nosotros. Es más, nos sentimos envanecidos y nos llegamos a gloriar de nuestros «éxitos», opacando y/o minimizando nuestras faltas. La gente se sigue convirtiendo, las grabaciones se siguen vendiendo, la gente nos sigue invitando, la iglesia sigue creciendo... a pesar de nosotros.

Del testimonio del apóstol se desprende que era un precursor incansable de la vida de oración y del estudio constante de la Palabra Santa. En su primera carta a la iglesia en Tesalónica leemos:

Estén siempre contentos. Oren en todo momento. Den gracias a Dios por todo, porque esto es lo que Él quiere de ustedes como creyentes en Cristo Jesús. No apaguen el fuego del Espíritu (1 Tesalonicenses 5.16-19).
Biblia de Estudio, Sociedades Bíblicas Unidas

Las preguntas obligadas son varias. Una de ellas es la siguiente: ¿Cómo conseguir estar contentos en todo tiempo? No son pocos los ministros que solo conservan sus sonrisas profesionales. Están preparados para reír mientras cantan, predican, visitan y/o administran el ministerio que se les ha asignado. Pero sus vidas están ausentes del gozo del Señor, gozo del que disfrutaban durante los primeros años en que Él los llamó a ministrar. Otros se preguntan cómo arreglar sus vidas para poder orar con eficacia todos los días. No estamos hablando de la oración «profesional» que ofrecemos frente a los fieles durante los servicios. Nos referimos a orar hasta conseguir derramar el corazón delante de nuestro Dios. ¿Verdad que lo podemos lograr con relativa facilidad? Lo sé muy bien, yo también he estado allí.

Es el momento de culpa interna. Cuando nuestro espíritu nos dice que Dios nos ha llamado y que no estamos realizando a cabalidad nuestras funciones ministeriales porque nos falta alma, energía espiritual. Admítalo, nos falta unción. Para colmo «de las complicaciones», a este apóstol se le ocurre decir que tenemos que ser capaces de dar gracias por todo. Lo enseñamos, lo predicamos, exhortamos a ello al pueblo, hasta cantamos sobre esto:

> Por todo tu amor te doy gracias,
>   Por todo aquello que harás, por tantas promesas,
>   Por ser mi Señor.
>   Tu amor me ha traído hasta aquí
>   Y hoy te doy gracias.[8]

¡Qué difícil se hace en muchas ocasiones poder lograrlo! Sobre todo cuando no resulta aquello que nos hemos propuesto. Después que nos convencemos de que siga ardiendo la llama del Espíritu en nosotros, ¿podemos encontrar alternativas?

En primer lugar, debemos admitir que estamos frente a un reclamo que no es paulino, sino a uno del Espíritu de Dios. Aun en la escuela de los discípulos de Pablo, se observa este énfasis:

8   Peregrinos y Extranjeros, «Gracias Señor», *Rompe mi corazón*, © Word Music Corp., 1995.

No dejen ustedes de orar: rueguen y pidan a Dios siempre, guiados por el Espíritu. Manténgase alerta, sin desanimarse y oren por todo el pueblo santo. Oren también por mí para que Dios me dé las palabras que debo decir, y para que pueda hablar con valor y dar a conocer así el designio secreto de Dios, contenido en el evangelio (Efesios 6.18-19).
Biblia de Estudio, Sociedades Bíblicas Unidas

Si me permite adentrarme de inmediato en una respuesta central, le diré que el apóstol Pablo está hablando de un proceso disciplinario. Sé muy bien que muchas veces observamos ese término como uno que está cargado de un sentido punitivo. Pero aquí es usado de manera educativa. La disciplina como una herramienta necesaria para mantener la excelencia en nuestro desempeño ministerial, a base de una excelente relación con Dios.

Existen varias formas de hacerlo. Un gran amigo y profesor me «recetó» en una ocasión las meditaciones en silencio. Me dijo que podía utilizarla para meditar en aquellas áreas en las que quería y necesitaba mejorar. Había que empezar por encontrar un lugar adecuado que siempre fuera identificado como lugar de oración. Los momentos que separamos en el día para esto, no podían admitir transacción con ninguna otra cosa que no fuera esa búsqueda de las cosas eternas. De este ejercicio surgió la urgencia de la oración y del estudio bíblico. La sorpresa para mí fue el encontrar que habían muchas otras áreas de la vida espiritual que había que atender.

Una tarde meditando a regañadientes sobre la hermosura del Salmo 42, descubrí la necesidad que tenía de sentirme como ese «ciervo sediento que busca por corrientes de aguas la presencia del Todopoderoso». No para satisfacer necesidades ministeriales, sino las de mi alma. Recordé unas palabras de Kart Barth. En ellas decía que el que encuentra la libertad genuina que ofrece Dios, se convierte en un ser humano liberado para escuchar su voz, para responderle con alegría para ser lleno una y otra vez de esperanza. Barth puntualizó que no había acción humana que pudiera producir esto. Yo lo sabía, lo había enseñado por décadas, pero había llegado el momento en que necesitaba detenerme en el camino y preguntarme si me lo había aplicado.

Bastaba con encontrar respuestas a preguntas simples. ¿Estaba satisfecho con mi relación con Dios? ¿Me sentía a gusto con mi rendimiento ministerial? No estaba hablando de haber pecado delante de Dios; y no digo esto porque piense que soy uno «de esos pocos no-pecadores» que se creen únicos sobre la faz de la tierra. Se trata de saber que tenía que admitir esa insatisfacción existente en mi alma por mi relación con Dios. No se trata de testimonios ni de milagros. Glorias sean dadas a Dios que podemos llenar varios libros relatando las grandes cosas que ha estado haciendo en nuestras vidas por su misericordia. Se trata de admitir que Dios ha extendido un llamado y este muchas veces se encargaba de robar el tiempo necesario para mantener ese «romance» que el corazón desea y necesita mantener con el Señor.

Descubrí que los primeros estadios para meditar eran muy difíciles, aún sin resolver. Decidí escribir sobre ello, describir mis dificultades. Al hacerlo me encontré que mis hábitos ministeriales se habían convertido en una especie de esclavitud. Comprobé que muchas de las cosas que creía eran mis disciplinas más estrictas, eran leyes casi mortales para mi relación con Dios. Por ende, mi desempeño ministerial, estimado y apreciado por algunos, era tan solo un espectro de lo que Dios había determinado que podía ser.

Les confieso que creía que estaba descubriendo profundidades en mi alma de clase que encontramos en el océano Pacífico. En ese instante, el mismo amigo me sugirió uno de muchos libros que existen para enfrentarnos a esa situación. El título del mismo es *Alabanza a la disciplina*.[9] Aunque me encontré en ese libro con algunos aspectos teológicos con los que no comulgué, de veras que me ayudó en el proceso para comenzar a disciplinar mi vida como siervo llamado a servir a un ministerio.

He aquí algunas de las áreas exploradas:

- **Disciplinas internas**

  Meditación   Oración

  Ayuno   Estudio

9 Foster, Editorial Betania, Miami, FL, 1986.

- **Disciplinas externas**
  Sencillez   Sumisión
  Servicio   Retiro

- **Disciplinas colectivas**
  Confesión   Adoración
  Guianza   Gozo

Si la lista le ha parecido amenazante, le felicito. Yo también me sentí así. Considere su vida de oración y de ayuno. ¿Cuándo fue la última vez que se decidió a realizar un retiro privado? ¿Se atrevería a poner dos en su agenda anual? Revise su vida de estudio y meditación. ¿Cuándo fue la última vez que leyó un buen libro? No estoy haciendo referencia a libros de contenido técnico/profesional para enriquecer su ministerio. Hablo de lecturas para enriquecer su espíritu.

Considere las dimensiones externas. ¿Es usted una persona sencilla? ¿Vive una vida sencilla? Si se atreve a contestar que sí, le pediré que piense mejor sus respuestas. Una de las primeras cosas que perdemos en los ministerios de hoy es precisamente el privilegio de ser sencillos. Nuestras múltiples obligaciones nos convierten en seres extremadamente complicados. ¿No? Comience a enumerar algunas de sus herramientas «insustituibles». ¿Computadoras? ¿Agendas? ¿Electrónicas? ¿Las de la familia separadas del ministerio? ¡Bravo! ¿Teléfonos con contestadoras de mensajes? ¿Máquinas de «facsímil» (fax)? ¿Videos electrónicos? ¿Duplicadoras de casetes? ¿Micrófonos inalámbricos? ¿Programas de radio, de televisión? ¿Artículos para revistas? ¿Cuántas conferencias semanales? ¿Cuántos compromisos ineludibles? ¿Teléfonos celulares? ¿Computadoras portátiles o tal vez grabadoras de bolsillo? ¿Acceso electrónico al Banco? ¿Libros en casetes porque no dispone de mucho tiempo para leer? ¿La Biblia en casete? ¡Le felicito por lo simple y sencilla que es su vida!

¿Podría responder a unas preguntas? ¿Cuándo ora? ¿Cuándo disfruta de su privacidad? ¿Y qué de su familia? ¿Todavía tiene una? En la lista de aquellas cosas que sacrificamos en pro del ministerio, la familia casi siempre está en el primer lugar. Sí, ya sé, esconderá este libro de su compañero(a). Mejor aún, se lo recomendará a alguien para que este pueda hacerse la idea de que por fin usted se decidió a hacer algo con estas áreas que tantas veces han discutido entre los dos.

Deténgase, aún no hemos concluido con la lista de áreas que pueden necesitar atención. ¿Qué de la adoración privada y de gozar la presencia de Dios? ¿Qué de admitir que necesitamos un consejero espiritual y no un aliado? ¿Qué de la confesión? Me parece que lo primero que debemos confesar es que hemos descuidado muchos aspectos que le dan cohesión a esto que llamamos ministerio. (No se lo diga a nadie, también le dan credibilidad.) Negarse a atender estos reclamos resulta casi siempre en una caída ministerial estrepitosa. Recuerde muy bien que Dios nos llamó y tenemos que darle cuenta a Él de esto.

> Porque todos tenemos que presentarnos ante el tribunal de Cristo, para que cada uno reciba lo que le corresponda, según lo bueno o lo malo que haya hecho mientas estaba en el cuerpo (2 Corintios 5.10).
> *Biblia de Estudio*, Sociedades Bíblicas Unidas

> Si lo que uno construye es resistente, recibirá su pago; pero si lo que construyó llega a quemarse, perderá su trabajo, aunque él mismo logrará salvarse como quien escapa del fuego (1 Corintios 3.14-15).
> *Biblia de Estudio*, Sociedades Bíblicas Unidas

Algunos de los fosos en los que podemos caer cuando nos descuidamos se discutirán en capítulos subsiguientes.

Tal vez usted experimente cierto tipo de escepticismo al analizar que me encuentre a mí haciendo estos señalamientos cuando mi trasfondo teológico es uno bautista-carismático de centro. Pero recuerde la experiencia del satélite que contamos al principio de esta reflexión y decídase. Revise las áreas que hemos enumerado. Le confesaré que ellas pueden ser los materiales necesarios para ayudarle a protegerse de los vientos de tormenta. También pueden ser alas provistas por Dios para volar a las alturas en las que Él nos quiere hacer andar (Habacuc 3.19).

Canta el amor de Dios, alma cristiana,
que sabes caminar mirando al cielo;
canta como la alondra en la mañana,
cuando al beso del sol levanta el vuelo.

Canta el poder de Dios en la gran fiesta
de amor divino y paz indefinida...

Canta la libertad que Dios te ha dado
librándote del yugo del pecado
por Cristo, el mensajero del perdón.

Canta por gratitud, si el don divino
es el sol inmortal de tu camino,
y ha nacido en tu pobre corazón.

Claudio Gutiérrez Marín

2

Gracia sublime...
y maravillosa

Gracia y paz a vosotros, de Dios nuestro Padre
y del Señor Jesucristo.
1 Corintios 1.3

El apóstol Pablo es de por sí un genio en el arte de la escritura. Mas con la ayuda e inspiración divina, su estilo se convierte en un testimonio poderosísimo de lo mucho que Dios puede hacer utilizando solo unas pocas de nuestras palabras. Veamos un ejemplo de ello: En el versículo 3 del capítulo 1 el apóstol nos regala su posición teológica sobre lo que es el evangelio. Para que no parezca que estoy esbozando todo un análisis teológico solamente a base de mi interpretación unilateral de este texto, veamos la opinión que tiene sobre 1 Corintios 1.3 el reconocido profesor Gordon D. Fee, especialista en esta carta:

> En cierto sentido esto resume todo el punto de vista teológico de Pablo. La suma total de toda la actividad de Dios para con sus criaturas humanas se halla en la palabra «gracia»; Dios se ha entregado a ellos misericordiosa y bondadosamente en Cristo. Nada es merecido; nada puede conseguirse; todo es pura misericordia, inmensa y gratuita. Y la suma total de esos beneficios, tales como los experimentan los que reciben la gracia de Dios, se halla en la palabra «paz», que significa «bienestar, salud total, prosperidad». La «paz» brota de la «gracia» y ambas juntas brotan de «Dios nuestro Padre».[1]

---

1 Gordon D. Fee, *Primera Epístola a los Corintios*, Nueva Creación, Buenos Aires, 1994, p. 40.

No podemos perder de vista que el apóstol interpreta a la Iglesia del Señor como el producto de la gracia divina. Más aún, este a veces se lanza a describir a la Iglesia como un Cuerpo, capaz de experimentar todo lo antes expuesto. No debe ser extraño encontrar espacio en el pensamiento paulino para considerar a la Iglesia como un organismo, como un ser viviente.

Cuando el apóstol habla de la gracia divina, está apuntando a algo más que a un favor no merecido, que a un simple deseo de saludar calurosamente a unos amigos. El apóstol está haciendo uso de un concepto que describe aspectos como los siguientes:

- El favor de Dios (Génesis 6.8)
- Su misericordioso perdón (Romanos 11.6)
- El evangelio (Juan 1.17)
- Los dones y los milagros (1 Pedro 4.10)
- La vida eterna (1 Pedro 1.13)

Pero hay mucho más detrás de este concepto que parece tan sencillo. Sin ánimo de querer introducirnos en un campo para el que se necesitan unas herramientas especiales, podemos señalar que en la Biblia se considera el concepto «gracia» como fuente de muchas bendiciones. Aunque sabemos que la «lógica» cristiana puede deducir lo que presentaremos a continuación, nos refugiamos en la necesidad básica que tiene todo cristiano responsable de poder sustentar todas sus normas de fe y conducta con la poderosa Palabra de Dios.

En la Palabra Santa se nos señalan y describen aquellas experiencias básicas que recibimos por gracia. Algunas de esas bendiciones son las siguientes:

La salvación

La salvación que disfrutamos sólo es posible como producto de esa gracia divina. Cuando consideramos pasajes tales como Hechos 15.11, encontramos que los apóstoles tienen que acogerse a la gracia para poder explicar cómo trasciende Dios las interpretaciones nacionalistas que tenían estos acerca de la salvación. Los apóstoles se encontraron con el hecho que Dios estaba salvando a los gentiles y les estaba participando a ellos el derramamiento y la presencia del Espíritu Santo. Para

cualquier judío era inconcebible solo considerar que el Todopoderoso Dios pudiera siquiera pensar en revelarse a otro
pueblo.

Ante el asombro de algunos de los allí presentes, el apóstol
Pedro señala que tanto los judíos como los gentiles son salvos
únicamente por «la gracia del Señor Jesús». Luego de esto, son
Pablo y Bernabé los que abundan sobre esta realidad en casi
todo el libro de los Hechos del Espíritu Santo.[2]

Los llamamientos de Dios

Todos los ministerios y llamados que Dios hace son producto de su gracia. Tal aseveración puede ser confirmada a través
de docenas de versículos bíblicos. Si queremos considerar la
opinión que tenía el apóstol Pablo al respecto, basta reflexionar sobre lo que él le dice a la iglesia de Galacia:

> Pero cuando agradó a Dios, que me apartó desde el vientre de mi
> madre, y me llamó por su gracia, revelar a su Hijo en mí, para
> que yo le predicase a los gentiles, no consulté en seguida con carne
> y sangre (Gálatas 1.15-16).

Está claramente definido por el apóstol que su visión
ministerial es que el llamado es el producto de esa gracia
sublime. A la luz de esa declaración, entonces podemos decir
que no hay espacios teológicos para el culto a la personalidad.
Digo esto, porque si los que hemos sido llamados experimentamos el llamamiento divino por la gracia de Dios y no por
nuestros méritos, no existe razón alguna para creer que algún
ministerio y/o ministro sea superior a otro.

Tampoco debe haber espacio para aquellos ministerios que
se construyen y se sostienen sobre las bases de los recursos y
habilidades de los ministros que los dirigen. Esto no quiere
decir que debemos descartar de plano la capacidad y la preparación de quienes Dios llama. Lo que esto implica es la
necesidad que tenemos de hacer uso del discernimiento que
se nos ha dado para distinguir entre un montaje artístico muy
bien armado y un ministerio centralizado en el alcance del
llamado que nos ha hecho Dios. Los dramas teatrales que son

---

2 Personalmente, me gusta llamar así al quinto libro del Nuevo Testamento, toda vez que el
protagonista de ese libro es el Espíritu Santo de Dios.

ensamblados por los hombres comienzan y se acaban. La gracia sublime del Señor es y será eterna.

La fe

Este concepto es uno de esos que siempre está provocando la reflexión del creyente. En nuestro primer libro nos acercamos a este señalando algunas de las naturalezas del mismo.[3] Una de las conclusiones a las que llegamos fue que la fe sólo puede ser analizada como un concepto múltiple:

- fe como fruto del Espíritu (Gálatas 5.22)
- fe como obra de Dios (Juan 6.29)
- fe como don de Dios (Efesios 2.8)
- fe como un producto de la obra divina y con asiento en el corazón (Romanos 10.9-10)
- fe como certeza de lo que se espera y demostración de lo que no se ve (Hebreos 11.1)
- fe como «carisma del Espíritu» (1 Corintios 12.9)

Como podemos observar, todas y cada una de ellas llegan por conducto de la gracia divina. Uno de los detalles que aún no hemos analizado se basa en las clases o tipos de fe que afectan las naturalezas ya expuestas. Veamos algunos ejemplos que son identificados por la Biblia.

Fe intelectual

También los demonios creen y tiemblan (Santiago 2.19).

El ejercicio puramente racional de la fe que se nos ha dado, nos lleva a realizar compromisos con aquel que es el autor y consumador de esa fe. Cuando la Biblia señala que los demonios no puedan negar la existencia de Dios, abre espacios para identificar una clase de fe que describe a aquellos que limitan su fe a un mero ejercicio intelectual, pero que no quieren ir más allá en vías de no comprometerse con las exigencias que se les plantean a una fe en acción. Encontraremos que aunque los demonios creen y tiemblan, existen razones obvias por las que no se salvarán jamás. Ellos nunca confesarán que Jesucristo es el Señor, por lo que el ejercicio de su fe es puramente racional o intelectual.

3 *El despertar de la adoración*, pp. 175-177.

Fe temporal

Los de sobre la piedra son los que habiendo oído, reciben la palabra con gozo; pero estos no tienen raíces; creen por algún tiempo y en el tiempo de la prueba se apartan (Lucas 8.13).

La Biblia muy bien señala que esta es una fe sin raíces. Este parece ser el testimonio de los que buscan con su fe una relación con Dios que se base solamente en las experiencias puramente sensoriales. Una fe que se basa en el gozo y las alegrías que se producirán. Una fe que solo se basa en los testimonios y bendiciones prometidas. Estamos convencidos de que ciertamente el evangelio promete unas experiencias poderosísimas en Dios, ríos de agua viva, gozo y regocijo en el Señor. Pero la gente que solo espera esto no tiene la capacidad para sostenerse en pie en el día de la prueba y en el día del conflicto.

Fe salvadora

Que si confesares con tu boca que Jesús es el Señor, y creyeres en tu corazón que Dios le levantó de los muertos, serás salvo. Porque con el corazón se cree para justicia, pero con la boca se confiesa para salvación (Romanos 10.9-10).

Esta es la descripción completa del ejercicio de nuestra fe que nos lleva a disfrutar de la salvación gloriosa pagada a precio del sacrificio de Cristo en la cruz del Calvario. La fe está allí, solo requiere que la pongamos en práctica y de la manera correcta.

La Biblia también señala que existe una clase de fe que ella misma llama fe muerta: «Así también la fe, si no tiene obras, es muerta en sí misma» (Santiago 2.17).[4]

Un buen ejercicio que el lector podría realizar es describir el alcance que tendría una definición de esta clase de fe.

Ahora bien, la Biblia es enfática al señalar que esa capacidad para creer que ponemos o no en acción, es inherente a todo ser humano. Esto es, todos los seres humanos tenemos la capacidad de creer. También es cierto que no es nuestra. La fe es un regalo de Dios. La Biblia señala que cada ser humano

---

4   Existe una maravillosa presentación de este tema en *The New Strong's Exhaustive Concordance of The Bible*, sección «Universal Subject Guide to the Bible», Thomas Nelson Publishers, Nashville, TN, p. 71.

tiene la capacidad de creer porque Dios le regala esa fe. Tomemos el ejemplo bíblico que nos brinda el Nuevo Testamento:

Y queriendo él pasar a Acaya, los hermanos le animaron y escribieron a los discípulos que le recibiesen; y llegado él allá, fue de gran provecho a los que por la gracia habían creído (Hechos 18.27).

Porque por gracia sois salvos por medio de la fe; y esto [la fe] no de vosotros, pues es don de Dios (Efesios 2.8).

Me parece que el lector se ha dado cuenta de que esta discusión puede ser eterna. Solo basta considerar que la gracia de Dios nos regala tantas variantes de fe con el solo propósito que podamos disfrutar de los otros beneficios de esa bendita gracia. De ahí que casi todos los pensadores que se acercan a este tema concluyen en que la gracia es tan grande, que las palabras humanas nunca podrán explicarla en su totalidad.

La justificación

Este hermoso proceso descrito por Pablo en Romanos 5.1-21, es definido por este mismo apóstol como el producto de la gracia divina. Para convencerse de esto, basta retratarse en estas palabras que Pablo le regala a la iglesia de Roma: Siendo justificados gratuitamente por su gracia, mediante la redención que es en Cristo Jesús (Romanos 3.24).

El perdón

Del mismo modo en que explicamos la justificación, debemos entender que el perdón de nuestros pecados es un regalo de Dios. No existe actividad alguna que pueda realizar el ser humano para obtener como producto el perdón de sus pecados. Cuando leemos la Biblia, nos encontramos con versículos como el siguiente:

En quien tenemos redención por su sangre, el perdón de pecados según las riquezas de su gracia (Efesios 1.7).

Somos perdonados porque la gracia divina así lo quiere hacer. Está claramente establecido que nadie se merece la salvación ni el perdón de sus pecados.

La consolación

Nos agrada saber que la gracia divina está dispuesta a ser derramada sobre nosotros especialmente cuando estamos experimentando tiempos de angustia. Si bien es cierto que es hermoso saber que Dios nos regala su Salvación, su perdón y la invitación a colaborar con Él en el establecimiento de su Reino, es aún más hermoso saber que Dios estará allí en el día de la prueba cuando le invocamos desde la dimensión del dolor. En realidad, la angustia más severa que experimentamos en la vida es la que se vive cuando estamos lejos de la presencia del Señor.

Y el mismo Jesucristo Señor nuestro, y Dios nuestro Padre, el cual nos amó y nos dio consolación eterna y buena esperanza por gracia, conforte vuestros corazones y os confirme en toda buena palabra y obra (2 Tesalonicenses 2.16-17).

Reitero que no es mi intención hacer una exposición completa y específica acerca de la gracia divina, mas hay una frase que quiero repetir. En esta ocasión la tomaré prestada de un cristiano ejemplar y un ser humano inolvidable. Creo que la misma puede ser una de las mejores explicaciones que se hayan hecho acerca del alcance de la gracia: «La suma de todas las explicaciones humanas jamás podrán acercarse a describir completamente la profundidad y el significado de la gracia divina» (Rvdo. Dr. Félix Castro Rodríguez).

Cuando el apóstol la gracia divina, apunta hacia una fuente impresionante e inagotable de bendiciones del cielo. No sé si el lector podrá concluir con nosotros que los primeros tres versículos de esta carta se convierten por derecho propio en uno de los encabezamientos más poderosos que jamás se haya podido redactar. Y eso, sin tener en cuenta que no nos hemos lanzado a considerar lo que el apóstol plantea en este mismo encabezamiento como producto de esa gracia divina activa en el creyente: La paz de Dios.

Esta introducción nos plantea la necesidad de analizar cuidadosamente el uso que le damos a los conceptos bíblicos en nuestros ministerios. Estoy de acuerdo en que es muy cierto que el estilo paulino es casi imposible de ser imitado. Pero este dato no nos exime de la responsabilidad de usarlos convenientemente. Es impresionante cómo este apóstol puede dejarse usar por el Espíritu Santo para resumir tanto con tan pocas palabras.

Es mi deseo que el lector que se acerca a este humilde análisis, se dé cuenta de que el uso y la exposición de la Palabra de Dios no es algo que se pueda realizar de manera liviana. Quienes se acercan a la Palabra para exponerla deben tener cuidado de orar por ello y estudiarla con un alto sentido de responsabilidad.

Hay algunas preguntas que debemos intentar contestarnos. Una de ellas es: ¿Por qué esta introducción? ¿Qué situaciones ha diagnosticado este apóstol en la iglesia a la que le escribe? ¿Estará toda esta carta cargada de la misma intensidad que posee esta introducción? ¿Qué tormentas enfrenta esta iglesia que requiere la selección y el uso de un vocabulario tan poderoso como el que encabeza esta carta?

Intentar abarcar todas las áreas posibles resultaría en un ejercicio agotador. Mas es necesario introducirnos en algunas de ellas de manera que podamos despertar a una realidad increíble. En el análisis de estas áreas descubriremos que las cartas a la iglesia de Corinto son sin duda una de las herramientas más poderosas que existen para lidiar con las situaciones que generalmente encontramos en una iglesia en franco crecimiento.

No hay duda alguna, al finalizar la travesía a la que este libro nos invita, encontraremos que casi todos los problema que existen en las iglesias latinoamericanas de hoy en día, estaban presentes en esa iglesia de Corinto. La manera en la que el apóstol trabaja con estos, el vocabulario que usa y el énfasis que gusta destacar pueden, sin duda alguna, ser más que simples respuestas a preguntas que nos hemos estado haciendo como pastores, evangelistas, maestros y líderes de nuestras congregaciones.

Del testimonio del Dr. Martín Luther King, los afroamericanos y otros grupos minoritarios aprendimos grandes enseñanzas. Aprendimos a dejarnos oír y escuchar. Aprendimos a hacerle preguntas al texto bíblico que antes no nos hubiéramos atrevido hacer. Aprendimos a dejarnos sentir llenos de una inquietud causada por el Espíritu de Dios para transformar nuestras vidas renovando nuestro entendimiento. Aprendimos a entender mejor nuestros contextos vitales y entender mejor lo que es nuestra cosmovisión.

Entendamos que hay responsabilidades que son nuestras y que no podrán abarcarlos jamás los esfuerzos del gobierno o los grupos de acción social y económica. La iglesia de este tiempo lo ha comprendido así y está aceptando el reto de hacer que el mundo pueda entender y aceptar que la paz que tanto buscamos solo es posible a través de la gracia bendita de Dios.

Algunos observadores han preferido analizar la totalidad de lo antes expuesto con una metáfora muy hermosa: Se nos ha dado una gran canción que todos tendrán que escuchar.[5]

¿Qué aprendimos del testimonio del apóstol Pablo? Que los cristianos somos una comunidad distinta al resto del mundo. Y estamos aquí para que el resto del mundo nos escuche. En los hombres y en las mujeres de la iglesia se ha confirmado el testimonio de Cristo (1 Corintios 1.6). El mundo lo sabe, de eso estoy convencido. ¿Lo sabe la iglesia? La pregunta necesita responderse con profundo respeto y seriedad. Si decimos que sí, ¿por qué vivimos como iglesia un testimonio que no se ajusta siempre a ese testimonio de Cristo?

En los próximos capítulos tendremos la oportunidad de analizar la diferencia que observamos entre el testimonio confirmado y esperado, y el testimonio que ofrecemos (generalmente) como Iglesia del Señor.

---

5   Esta frase se usa con mucho respeto y en honor a la memoria de un gigante que la usaba con maestría: el Dr. Cecilio Arrastía.

REFLEXIONEMOS
Dios está tras la tormenta

Su nombre era John Newton. A los once años había abandonado su casa y la escuela para convertirse en un marino mercante inglés dedicado al mercado de esclavos del África Occidental. De un carácter rudo y con una personalidad moldeada por un ambiente que consideraba justas las atrocidades y los atropellos sostenidos por la esclavitud, este hombre solía mofarse de todo lo que tuviese olor a religión y cristianismo.

Hay ambientes que perfuman el alma. Hay otros que marcan el espíritu con heridas que desfiguran el alma y parecen ahogar la «vertical divina en la horizontal humana».[6] Los encontramos en hogares y en trabajos, en escuelas y aun en algunas prácticas religiosas. Este era el caso de Newton. Su espíritu aventurero y su deseo por surcar los mares lo llevaron a tropezar y comenzar a descender a un abismo cuyas profundidades son tan insondables que parecen poder ahogar la luz de vida.

El mundo de Newton era uno que obligaba a ser indiferentes ante el dolor ajeno a todos los que querían sobrevivir en él. Especialmente, si el dolor contemplado era sufrido por gente de piel oscura, bronceada o cobriza. Una cosmovisión heredada por muchos de los que residen en las grandes metrópolis del mundo. Son mundos que encierran a los seres humanos en burbujas separatistas. Son burbujas a las que Dios desciende constantemente para preguntarnos por Abel, nuestro hermano. Casi siempre respondemos como Caín, con una visión equivocada de aquel o aquella por el que Dios nos pregunta. «¿Acaso soy yo guarda de mi hermano?» Claro que no; eres hermano de tu hermano.

Me parece que el mero hecho de que no existan mercados legales para la trata de esclavos no nos exime de patrocinar los mercados para la esclavitud moral, mental, emocional y/o espiritual que existen a nuestro derredor.

6 *Ibid.*

Hago referencia a los esclavos del consumismo y de la pornografía. Hago referencia a los esclavos del maltrato infantil y a los de la violencia doméstica. También hago referencia a los que sufren depresiones crónicas y a los esclavos de los vicios (legales e ilegales).

Muchos de los estudiosos del tema de la esclavitud en las Américas han concluido en que el número de esclavos traídos al Nuevo Mundo durante el siglo XVI, superó los diez millones. Al mismo tiempo, señalan que es apropiado considerar que el número que llegó a nuestras costas tan solo representa la mitad de los que fueron embarcados.[7]

En un ambiente tan hostil como el descrito, se podían escuchar voces proclamando alternativas celestiales. Una de ellas la de Bartolomé de Las Casas. De sus cruzadas para combatir todas estas atrocidades poseemos documentos en los cuales expresa que el único método de evangelización posible en un ambiente tan cruel tiene que ser el empleado por Cristo. «Los lobos no pueden evangelizar a las ovejas». «Los indios no pueden reconocer como evangelizadores a quienes tantos males les han hecho». «Pues igual que el agua arrojada al fuego modera su ardor, del mismo modo las palabras pronunciadas con dulzura apaciguan las almas que están en llamas».[8]

Los hombres de este tiempo están marcados por los hechos esclavizantes que encontramos a ambos lados del camino. Ese ambiente solo puede ser penetrado por una metodología evangelizadora que posea el «sabor» y el «aroma» de Cristo. Los ambientes que patrocinan y producen las crueldades observadas en países cuyos orfanatos discriminan por razones de raza y color, solo pueden ser sacudidos por una evangelización cristocéntrica. Aquellos que pertenecen a comunidades sacudidas por los resultados que trae consigo la masificación, vicios y males sociales, solo pueden ser transformados también por un mensaje cristocéntrico.

No todos los esfuerzos evangelizadores de hoy en día poseen esas características. Para muestra, un botón basta. Solamente hace falta darse cuenta de las respuestas que produ-

---

7   Existen muchos libros valiosos que discuten este tema y cuyos autores son eruditos cristianos en los campos de la historia y la teología. En la Bibliografía sugiero libros del Dr. Luis N. Rivera Pagán y de Jean Pierre Bastian.

8   Un buen trabajo para entender mejor a Las Casas es: *Los indios de México y Nueva España: Antología México*, Editorial Porrua, S.A.

cimos ante algunas preguntas clave que formularemos a continuación. Por ejemplo, el Rvdo. Benny Hinn ha puntualizado muy bien que el Señor le hizo entender que había algo «malo» en su predicación sobre la prosperidad y la teología de la superfé. ¿Cómo se predica prosperidad económica en la India? Amplíe el concepto y trate de predicar prosperidad económica y superfé en una comunidad de pacientes de HIV o SIDA. ¿Cómo hacerlo en metrópolis latinoamericanas, sin confundir la centralidad del evangelio? Para considerarlo mejor, tome en cuenta ejemplos como los planteados por la revista TIME, en la tercera semana de octubre de 1987, en los que se señalaban orfanatos brasileños que no admitían niños de color. En ese mismo artículo se destacó el hecho que en un hospital visitado se encontró a una niña de ocho meses de vida, violada y que sufría de una enfermedad venérea. ¿Habrá otra cosa que predicar en esos ambientes que no sea la gracia divina?

Soy un bautista arminiano. Esto significa que creo que la salvación del alma se pierde si usted no «persevera hasta el fin» (Mateo 10.22). Sin ánimo de lastimar la sensibilidad de centenares de hermanos y compañeros de milicia cristiana que son calvinistas, pretendo en algún momento no muy lejano escribir un análisis sobre la carta a los Romanos, en el que postularé que la predestinación («proorízo») solo es usada para referirse a Cristo y al cielo. Entre otras cosas, nos enfrentaremos a la realidad de Reina Valera, bajo la influencia de la visión calvinista a la hora de realizar sus traducciones bíblicas.

He realizado este paréntesis en la reflexión para poder sustentar la próxima. El culto a la personalidad pulula en esos ambientes más que en cualquier otro. Cuando los afectados emocionalmente vienen a Cristo, no por Cristo sino por el ministro que dirige el «espectáculo», corren el riesgo de caer irremediablemente de la gracia divina cuando ese ministro cae del escenario o de la palestra pública. El himnólogo Thoro Harris no lo pudo decir mejor:

¿Quién podrá con su presencia impartirme bendición?
Solo Cristo y su clemencia, pueden dar consolación.

Solo Cristo satisface, mi transido corazón
Es el lirio de los valles y la Rosa de Sarón.[9]

Otra voz excepcional en la vida de Newton fue la de
Thomas Kempis. Uno de sus trabajos literarios: *La imitación
de Cristo*, fue puesto en las manos de Newton. Años más tarde
el joven marino confesaría que el trabajo de Kempis le quemó
el corazón. Sin embargo, para que Newton se convirtiera a
Cristo se necesitó un poco más que un buen libro. Newton tuvo
que enfrentarse a una gran tormenta en el mar.

Del recuento que él mismo hizo sobre esta historia se
desprende que nunca antes había visto furia igual. El poder
del viento y la fuerza de las olas hacían pedazos la embarca-
ción. Sus compañeros gritaban desesperados y el fantasma de
la muerte había comenzado a rondar en sus pensamientos. En
medio de la cruel tempestad, un grito de desesperación es
arrancado de las entrañas de este joven marino que ve morir
a varios compañeros en medio de la turbulenta lucha. Sus
palabras son una promesa a Dios. Un compromiso de servirle
fielmente, como aquellos que describía Kempis, imitando a
Cristo. Una repetición de la escena apostólica frente a la
tempestad: «sálvanos que perecemos».

Hay ocasiones en que se precisa una tormenta mental,
emocional o física para hacernos mirar al cielo. Es en esas
ocasiones en que la tormenta en sí misma es desplazada a un
segundo plano por la efectividad y la finalidad de los planes
de Dios. Newton necesitó una tormenta. Adoniram Judson, la
persecución en India. El apóstol Pablo necesitó un «trauma
divino» camino a Damasco, seguido por tres días de ceguera.
La lista es interminable. Los resultados son similares. Hombres y mujeres que terminan sometiendo su voluntad a la
voluntad divina luego de una tormenta. Es Dios tras la tormenta. Es Dios en la tormenta. Es Dios desde la tormenta,
como en el caso de Job (Job 38.1). Es una crisis nuestra de la
que Dios se aprovecha para hacernos escuchar, analizar y
obedecer su voluntad. En situaciones normales, muchas otras
cosas obtienen el rango de prioridad. Nuestra capacidad para
sacar el tiempo necesario para Él se ve limitada por la incapacidad de concentrarnos en esa búsqueda y la insensibilidad

9 Thoro Harris, *El placer de mi alma*, Casa Nazarena de Publicaciones, 1931.

a su voz. Cuando llega la tormenta, parece que no tuviéramos ningún problema para dedicarnos a la búsqueda de la «vertical divina». Nada ni nadie es capaz de sacarnos de esa concentración para buscar y encontrar las respuestas divinas.

Newton sobrevive a la tormenta. Al llegar a tierra con los remanentes de aquello que una vez fue un barco mercante, se dirige a una capilla en la que se desploma frente al altar. Allí da gracias a Dios por haberle salvado dos veces. Primeramente el alma y luego la vida misma. La expresión de gratitud de Newton se revistió de un detalle muy especial. Le puso rima a sus palabras y luego le añadió música a las mismas. He aquí algunas líneas de esa composición:

Sublime gracia del Señor,
Que un infeliz salvó;
Fui ciego mas hoy miro yo,
Perdido y Él me Halló

Su gracia me enseñó a temer
Mis dudas ahuyentó
¡Oh cuán precioso fue, a mi ser
Cuando Él me transformó!

«Caminante, sí hay camino»

Su nombre es Gaspar, todo el mundo le llama Rey. Nació un 6 de enero hace más de setenta años. Desde muy temprana edad se le requirió trabajar duro. Si no lo hacía, sus hermanos no tenían para comer. Se había ganado el cariño de Don Antonio Vargas, un rico hacendado del pueblo que vio nacer a Rey. Don Antonio ya se estaba convirtiendo en leyenda entre los suyos, amén de poseer un alma caritativa y única. Los dependientes de sus panaderías sabían que mucha gente vendría a buscar pan «para Don Antonio». No son pocos los que le oyeron decir: «No hay razón para que se pase hambre, si Dios nos ha dado para compartir con los demás».

Rey partió a muy temprana edad a la ciudad de los rascacielos. Nueva York amenazaría con tragárselo si no se ajustaba a las condiciones anímicas y emocionales requeridas para triunfar allí. El ambiente de esa Babel de Hierro se encargó de marcarlo, convirtiéndolo en un hombre tosco, rudo, con una determinación superlativa y un corazón lejos de la gracia de Dios.

Rey poseía un tesoro inapreciable, una madre cristiana con raíces profundas en la vida de oración y el servicio al Señor. Abuela Panchita no se cansaba de repetir que Rey podría hallarse lejos de la presencia de Dios, pero la gracia eterna le alcanzaría. Dios se lo había garantizado así y ella no cesaba de orar día y noche por ello.

Rey regresó a Puerto Rico luego de casi treinta años en la gran ciudad. Como el hijo pródigo, regresó a la casa de sus padres, pero con unas variantes muy interesantes. Rey no necesitó una tormenta. Él era la tormenta. Entre otras cosas traía consigo el alcoholismo y las marcas dejadas en su corazón y alma por haberse ido voluntariamente a pelear al Pacífico durante la Segunda Guerra Mundial. Ver morir gente a izquierda y derecha es una de las experiencias más traumáticas que existen. La deshumanización se entrona en el alma de quienes lo experimentan en los campos bélicos o en las ciudades que sufren violencia a gran escalas. Ser recogido entre los muertos en una de esas refriegas añade a esas experiencias unos colores que nadie quisiera envidiar. Rey experimentó esto en una isla del Pacífico.

Su personalidad estaba matizada por el amor al teatro, la buena música y la poesía. La bohemia era parte de su *modus operandi*. Su experiencia en la vida y en la literatura le hacían pensar que sabía de todo y sabía mucho. Su sabiduría era necesaria «para ayudar a otros a alcanzar sus estrellas». Dentro de sus expresiones más dramáticas estaba aquella de Antonio Machado. Rey se veía a sí mismo como un hacedor de caminos. «No hay camino[...] se hace camino al andar».

Una tarde y sin previo aviso, Rey se encontró tomando tiempo para analizar lo que había estado haciendo con su vida. En sus conversaciones consigo mismo encontraba que estaba siendo alcanzado por la mano invisible de Dios. Sin duda alguna, estaba convirtiéndose en otra «víctima» de la importunidad de una anciana que oraba día y noche. Mientras le escuchaba, era inevitable que trajera a mi pensamiento las palabras que ella siempre le repetía: «Estos ojos no se cerrarán sin que te vean alabando a Dios. Su gracia y su misericordia son más fuertes que la dureza de tu corazón».

La tarde en que Rey le dijo sí al llamado de Dios fue inolvidable. La noticia se regó como pólvora por toda la parte oriental de la isla. Muchos escépticos se sentaron a cronometrar los días que Rey duraría en la casa de Dios. Alrededor de veinte años han pasado desde ese glorioso día. Rey se ha convertido en un Onésimo («Útil»). Dentro de los ministerios en los que Dios le usa se encuentra el de conectar ministerios y lograr que hablen el «mismo idioma». Su frases llenas de picardía siguen con él. Pero una cosa ha cambiado y es que Rey vive plenamente la gracia divina. En ella se ha convencido que «para el caminante sí hay camino; Cristo es Camino, Vida y Verdad».

Rey es uno de mis tíos paternos. En el desarrollo de los ministerios que Dios le ha encargado hemos encontrado una pasión única y una perspectiva del servicio que he encontrado en muy pocos cristianos. Rey se especializa en «abrirle espacios» a los ministros. He decidido usar esta frase para describir aquellos momentos y lugares que todo ministro desea encontrar alguna vez. Espacios para llorar y reír sin sentirse amenazado. Espacios para vaciar el corazón en un ambiente en el que sabemos que seremos entendidos y en el que no se afectará «nuestra imagen ministerial».

La experiencia adquirida a través de los años, antes y después de encontrar al Señor, capacitaron a Rey para saber cuándo usar en su conversación el tono del amigo; cuándo escuchar y cuándo intentar poner «otros espejuelos» a aquellos pastores y pastoras que se le acercan. Un comentario jocoso a flor de sus labios nos recuerda el valor de la risa y la importancia de no perder el buen sentido del humor. Hay momentos en que parece que está haciendo el ridículo, mas no le importa. Onésimo («Útil»), como se hace llamar a veces, está convencido de que un ministro amargado pierde casi toda su efectividad. Él dice: «El ministerio no puede ser proyectado a plenitud si tu rostro es el de un «chupa limón». Rey es muy útil en su ministerio.

Vivir la gracia de Dios incluye descubrir que Él nos invita a disfrutar su presencia con regocijo aun en los momentos de preocupación intensa, o mejor dicho, especialmente en esos momentos. Debemos mantener espacios para reír y disfrutar el gozo y la paz que puede producir Dios, inclusive en medio de la tormenta. Muchas veces Dios se vale de una persona especial para lograr que esto suceda. En el caso del apóstol Pablo, encontramos que se regocija con la llegada de unos hermanos llamados Fortunato, Acaico y Estéfanas (1 Corintios 16.17-18). Pablo señala que estos hermanos confortaron su espíritu. Le hicieron regocijarse. El apóstol exhorta a reconocer a estos hermanos. ¿Cómo le habrán confortado?

Como ministro del evangelio y pastor tengo una idea bastante clara de lo que esto significa, sobre todo viniendo de una familia pastoral. Los Fortunatos, Acaicos y Estéfanas de este tiempo son necesarios más que nunca. Muchas veces lo único que hacen durante el día es manejar un auto para un ministro preocupado, o para una pastora enferma. Otras veces, vienen con una invitación a almorzar en el momento en el que la presión parece llegar a su cenit. En muchas otras ocasiones parecen haberse quedado mudos por horas y horas. El ministerio «presencia» y «el de escuchar» son parte de sus herramientas más poderosas.

Los necesitan los ministros de música que se desesperan frente a las presiones de sus responsabilidades ministeriales. En esos momentos, «los útiles» les llaman para confortarles, para enfatizarles con mucho amor la importancia que tiene cumplir los compromisos adquiridos y un buen testimonio fuera del recinto sagrado. Los necesitan aquellos que son responsables de ministerios administrativos. Son los Jetros que llegan a tiempo para abrir espacios a nuevas perspectivas gerenciales y administrativas (Éxodo 18.13-27). Los necesitan evangelistas y pastores que se enfrentan a la necesidad de estar constantemente produciendo «alimento espiritual» para las congregaciones que enfrentan. Les sugieren nuevas lecturas y le proveen espacios para realizarlas. En fin, son gente especial con un ministerio de gracia muy especial.

He podido identificar un elemento común en casi todos los «útiles» que conozco, son vencedores de tormentas gigantescas. Son testigos fieles de que Dios cumple sus promesas y por eso han aprendido a no estar afanosos por nada.

Abuela Panchita ya se fue al cielo. Dios fue fiel a su promesa. Los ojos de la viejecita no se cerraron sin ver a Rey cediendo el trono de su corazón al Rey de reyes y Señor de señores. El Señor de la Gracia Sublime.

Cuatro cosas son de las más pequeñas
    de la tierra,
    Y las mismas son más sabias que los sabios:
    Las hormigas, pueblo no fuerte,
        Y en el verano preparan su comida.

Proverbios 30.24-25

3

Revolvamos el hormiguero

---

*Porque he sido informado acerca de vosotros,
hermanos míos, por los de Cloé, que hay entre vosotros contiendas. Quiero decir, que cada uno de vosotros
dice: Yo soy de Pablo; y yo de Apolos;
y yo de Cefas; y yo de Cristo.*
1 Corintios 1.11-12

Tengo varios pasatiempos en los que busco emplear el poco tiempo libre que dispongo. Uno de ellos es por supuesto la música, la composición y el arreglo de himnos y cánticos para mi Señor. En este mundo de la cibernética, ese pasatiempo se ha convertido en un ejercicio que obliga a la combinación de conocimientos de ingenierías acústicas y electrónicas con los conocimientos musicales. Confieso que en ese ejercicio casi se me ha olvidado lo que significa escribir música manualmente. Una computadora es capaz de grabar y escribir al mismo tiempo en el que uno está tocando desde una de esas maravillas electrónicas que llamamos teclados. Orquestaciones enteras se realizan allí sin necesidad de otro músico ni de otros instrumentos.

La facilidad para manejar muchos de estos programas musicales hizo que por un tiempo los músicos no se preocuparan por conocer muy a fondo la ciencia del manejo electrónico de datos. Hace unos pocos años, los músicos comenzaron a despertar a la realidad de lo necesario que se hace saber programación y detalles especializados sobre el funcionamiento y operación de sus máquinas. Una frase de un amigo ingeniero industrial definió este convencimiento: «Descubrimos el océano Pacífico».

Comenzar a entender ese mundo le cambió el vocabulario a más de uno. Antes, tan solo hablábamos de corcheas, claves de sol y compás binario. Ahora hablamos de «megabytes», «MIDI», tecnología audiodigital, acrónimos como «ADAT» y «SVHS» y otros cientos de conceptos que no me molestaré en intentar explicar. No es pedantería, sino el temor de encontrar que no los pueda explicar correctamente. En fin, este «entretenimiento» se ha convertido en una complicación que hay que aprender a disfrutar.

Para entretenerme y lograr distraerme de las presiones que vienen tomadas de la mano de mis responsabilidades, mantengo otras actividades o pasatiempos. Uno de ellos ha resultado ser el más excéntrico de todos, la investigación y lecturas sobre temas científicos.

A veces he llegado a pensar que participo en el mismo para no perder el «toque» desarrollado durante los largos años de estudio y de labor ligada al campo de la bioquímica, la farmacia industrial y la ingeniería farmacéutica. Por otro lado, los resultados obtenidos de este pasatiempo han sido de tal naturaleza, que me convenzo cada día más de que esta pasión forma parte de la agenda de Dios para permitirme encontrar «noticias del cielo que están a nuestro alcance».

Tal es el caso de los años dedicados al estudio de una población muy interesante, las hormigas. Estas amiguitas me han servido para tener un mejor entendimiento de muchas de las cosas que acontecen en nuestras iglesias. Por cierto, me han parecido más que adecuadas para entender a la iglesia de Corinto y la visión paulina que intenta lidiar con las situaciones interesantísimas que suceden en esa iglesia.

Por ejemplo, no son pocos los ministros del evangelio y líderes de nuestras iglesias que en más de una ocasión se han formulado esta pregunta: ¿Por qué siempre que la iglesia parece estar floreciendo aparece alguien a tratar de arrebatar lo que se ha conseguido al costo de mucho trabajo, sudor y lágrimas? Es más, esta situación es tan seria que son muchos los que opinan que en algunos sectores de América Hispana, el crecimiento y desarrollo de nuestras iglesias no es uno real, sino uno lateral. Esto es, iglesias que crecen porque otras disminuyen. Claro está, con el avivamiento que estamos ex-perimentando en toda América, es glorioso saber que esta aseveración no es aplicable a muchos sectores de nuestro hemisferio. El lector encontrará que las hormigas también me han ayudado a entender este fenómeno.

Ahora bien, si seria esta preocupación, mucho más lo es la que se genera a raíz de saber que toda iglesia que florece desarrollará (casi de manera inevitable) la fragmentación interna. Un fenómeno que, si bien no divide a la iglesia en grupos que adoran en lugares distintos, logra separarla en pequeñas «tribus», grupos de poder que siempre están inten-tando obtener y/o mantener el control de la congregación. Esto es un problema que pastores y líderes congregacionales jamás podremos evitar. Las hormigas nos han ayudado a entender mejor este fenómeno y a encontrarle alternativas.

En realidad, al analizar el primer capítulo de esta carta del apóstol Pablo, encontraremos que a este parece preocuparle el asunto. Como buen estudioso de la retórica grecorromana de la época, comenzará la presentación del tema con el uso de lo que es conocido como *probatio*: el enunciado de la tesis que da pie a todo el discurso. En este capítulo 1, el verso 10 funge como tal.[1] Esta tesis postula los argumentos e invita a los lectores a seguir el curso de acción que sugiere el escritor.

En este, el apóstol apunta a las disensiones y divisiones de la iglesia y la necesidad que ella tiene de superarlos. Solo así se podrá ser eficaz en delegar las responsabilidades que tenemos como pueblo de Dios. El *narratio*, los versículos 11-17, argumentan la tesis.

Nuestras amigas las hormigas sufren del mismo fenómeno que Pablo quiere discutir como tópico inicial con los corintios. Cuando se analizan con cuidado encontramos que la cantidad de especies que existen de hormigas (un poco más de 8,000)[2] es casi similar a la cantidad de denominaciones e iglesias independientes que existen. Si usted cree que exagero, permí-tame informarle que de los estudios realizados para Misión Global, con el Dr. Billy Graham, se desprende que en Puerto Rico había 8,500 templos cristianos. En una isla de 3,500

1 Ben Whitherington III, *Conflict and Community in Corinth: A Socio Rethorical Commentary on 1 & 2 Corinthians*, William B. Eerdmans Publishing House, Michigan, 1994, p. 94.
2 *Encyclopaedic Britannica*, vol. 1, «Ant», edición de 1985.

millas cuadradas hay más iglesias que escuelas. ¿Es esto bueno? Dejemos que lo analicen las hormigas.

Examinando a estas «amiguitas» encontramos algo muy intrigante. Aun cuando hormigas de una misma clase intentan compartir con otras en diferente hormiguero, estas últimas no se lo permitirán por sentirse invadidas por las primeras. La guerra será a muerte. Cualquier parecido con «algunas iglesias», ¿será puramente circunstancial? Si no se siente aludido, le invito a considerar que algunos «celos» congregacionales no excluyen siquiera a los miembros de otras congregaciones de la misma denominación. Estos celos son capaces de diezmar las congregaciones más saludables si no se toman medidas correctivas a tiempo.

Las hormigas pertenecen a un círculo exclusivo de insectos que poseen más de una forma de comunicación. Estas pueden hacerlo a través de una sustancia llamada feromona. Esta sustancia la secretan de sus cuerpecitos para dejar sus rastro a otras compañeras. También se pueden comunicar a través de la detección que realizan sus antenitas de un derivado de una sustancia química llamada formaldehído. Mencionamos todos estos «trabalenguas» bioquímicos con el ánimo de establecer que quien las diseñó estaba seguro de lo que quería hacer con ellas.

Un detalle significativo en esos estilos de comunicación lo obtenemos de la situación que acontece en un hormiguero cuando una o más hormigas pierden sus antenitas. Los especialistas en este campo señalan que en la mayoría de los casos, aquellas que pierden su capacidad de comunicarse con los otros miembros de la comunidad en la que viven se vuelven caníbales y comienzan a «matarse» unas a otras. Me parece otra vez que cualquier parecido con algunas iglesias cristianas no es del todo circunstancial. Para experimentar una situación similar, basta tener en el medio de la congregación a uno o más hermanos que hayan perdido la capacidad de comunicarse con los demás miembros de la congregación. O lo que es peor, que hayan perdido su capacidad para escuchar y dejarse dirigir por la voz del eterno Dios. El resultado es parecido al de la canibalización.

El apóstol Pablo abundará sobre este tema un poco más adelante. Explicará que Dios regaló el acontecimiento de Pentecostés para corregir los resultados obtenidos desde la torre de Babel. En esa torre se reparten lenguas e idiomas que dividen. El Espíritu de Dios desciende en Pentecostés para dar lenguas e idiomas que unen. El apóstol dedicará los capítulos 12 hasta el 14 de esta carta a los corintios para analizar por qué no ocurre esto en esa iglesia. Estoy convencido de que Dios ordenó a Pablo hablar de esto porque ya nos estaba viendo a través de los siglos. ¡Maravillosa gracia de Dios! ¡Alabémosle por su misericordia y sabiduría!

Cuando miramos la discusión que desarrolla el apóstol Pablo en el resto del capítulo 1 de 1 Corintios (11-17), encontraremos que tal es el caso de esa iglesia en el primer siglo. El apóstol señala que le ha informado que la iglesia que fundó y que ayudó a desarrollar está sufriendo una fragmentación colosal. Tal es la naturaleza de esta tormenta, que es posible encontrar en ella hasta cinco grupos de poder. Unos grupos de fuerza que deseo me permita analizar aunque sea de manera superficial. Creo que los resultados y las conclusiones a las que llegaremos pueden ser de gran utilidad para varias de nuestras iglesias, sin importar el país en el que estemos sirviendo al Señor.

Los de Cefas

Me parece que solo el uso del nombre arameo del apóstol Pedro quizás nos indique que estamos frente a un grupo de cristianos judaizantes legalistas que intentan imponer sus criterios religiosos-festivos en la congregación. Creo que es gente valiosísima en aras del mantenimiento de la pureza de ciertos elementos que no podemos darnos el lujo de perder en la casa de Dios. Son hombres y mujeres muy buenos y serviciales, pero viven y están convencidos de que la iglesia solo se salvará a base de unas disciplinas exageradas y estrictas. A base de un evangelio basado en el «No hacer» y en la observación de un régimen legalista en el cual las explicaciones que no se tienen se sustituyen, identificando los aspectos como misterios divinos. Todo aquello para lo que no tenemos una explicación a mano, lo despachamos clasificándolo como algo que está más allá de nuestro entendimiento, misterio de Dios. No me malentienda el lector. Sé que hay misterios incomprensibles. Pero aquellos que podemos estar faltos de sabiduría hemos recibido la promesa celestial de encontrarla con tan sólo pedirla a Dios.

No creo que esta exposición necesite muchas explicaciones, pues la iglesia de nuestros días está compuesta por no pocos hermanos y hermanas que cumplen con esta descripción. Es muy posible que en algunas de nuestras iglesias podamos encontrar una presencia bien marcada de este segmento congregacional que insiste en evaluar las prioridades de la vida en Cristo a la luz de lo que se come o se deja de comer, de lo que se viste o se deja de vestir, de lo que se canta en el templo o que se deja de cantar en él. Dentro de este grupo bien caen los que pretenden vivir un evangelio que esté sólidamente lleno de señales de lo alto. Me parece que es a estos y al próximo grupo que describiremos que el apóstol les señalará que mientras algunos piden un evangelio de señales y otros uno de sabiduría, Dios llama al apóstol a predicar un Mesías crucificado. O sea, su mensaje sería una clara ofensa a los legalistas que ven una maldición en todo lo que no se parece a lo que está descrito en el ceremonial que han establecido y una pura tontería para quienes buscan la racionalización de todos los procesos que experimenta la iglesia.

Quizás sea necesario señalar aquí que en las hormigas encontraremos algunas características interesantísimas para entender esta situación en nuestras congregaciones. La primera de ellas, no les gusta la basura ni la desorganización. Cualquier cosa que pueda ser vista como inservible se desechará y cualquier otra que no esté en su lugar se organizará o se dispondrá de ella. No existen otros términos ni entendimientos. En esto, encontramos un gran parecido con los que patrocinan el legalismo.

El otro detalle es que casi siempre sufren un fenómeno muy curioso, poseen dos bocas, una para cargar los objetos que encuentran en el camino y otra para comer. ¿Será posible que en la iglesia encontremos creyentes con dos bocas? Digo esto valiéndome del uso de la ironía, recurso literario que como veremos más adelante es utilizado con maestría por el apóstol Pablo. También lo hago basándome en la triste realidad que como pastor observo en los que predican y respaldan actitudes legalistas. Sus reglas casi siempre serán «inviolables» hasta el momento en que estas se conviertan en fuentes de sacrifi-

«inconversos» a quienes intenten disciplinar y organizar un poco nuestras desorganizaciones. No crea el lector que soy amante de cultos con una «liturgia» y un ceremonial catedralicio. Pero permítame invitarle a analizar cómo celebran la adoración en su congregación los que niegan la eficiencia de un orden lógico para el culto o servicio a Dios.

Sin duda alguna, encontraremos que casi todos los servicios de adoración siempre poseerán unas secciones que pueden identificarse con facilidad. ¿Hay una sección para culto de altar? ¿Hay una sección para cantar «coros de adoración»?[5] ¿Hay una sección para cantar coros de guerra espiritual? ¿Hay una sección para recoger las ofrendas? ¿Hay una sección para la predicación? ¿Hay una para los llamados y la ministración? ¿Siempre nos despedimos con una oración final y cantamos una alabanza? Permítame decirle que si ha contestado que sí a dos o más de las preguntas, usted ha descrito el orden de culto de su iglesia.

Por otro lado, estoy convencido de que ni Dios ni Pablo estaban reñidos con el servicio cristiano que es producto de mentes altamente preparadas y educadas. Muy por el contrario, muchas de las grandes bendiciones que podemos disfrutar actualmente, son producto de esas mentes. La Biblia, por ejemplo, jamás habría llegado a todos los idiomas que tenemos hoy en día sin la participación de aquellos que gozan de la sabiduría filológica y lingüística. Los medios masivos de comunicación visual y radial también forman parte de estas bendiciones. En fin, la lista podría ser interminable.

Por otro lado, este segmento de la congregación puede convertirse en un promotor de fragmentaciones cuando se transforma en lo más selecto. (Un sector excluyente consciente o inconsciente de los que no gozan de la misma capacidad y/o preparación.) También pueden convertirse en una tormenta cuando comienzan a concebir ejercicios para encontrar una explicación lógica a todo lo que acontece, se planifica o se elabora en la casa de Dios. Hace unos instantes declaré que hay misterios que solo pueden ser explicados con la interven-

---

5   En el libro *El despertar de la adoración* se concluye bíblico-teológicamente que adoración es todo lo que hacemos en respuesta a la presencia de Dios. Por lo tanto, quizás no sea apropiado hablar de coros de adoración. Podrían llamarse coros de alabanza, de reflexión o meditación.

SOBRE LAS ALAS DEL VIENTO

ción e iluminación del Espíritu de Dios. Añadiré a esto que hay otros que a Dios no le place explicar ¿Quién se atreve a cuestionarle ese derecho a Dios?

Sin querer ofender al lector, creo necesario realizar unas preguntas que entiendo requieren respuestas. Sabemos que la creación de Dios posee una lógica y un orden proposicional de un carácter inimitable. Que no quede duda de ello. Pero, ¿qué lógica posee el Calvario? ¿Qué lógica encontramos detrás del postulado que indica que Dios está regalando el cielo? ¿Qué análisis teológico puede explicar a la sociedad que Dios tenga que morir para dar vida? ¿Cuál es la razón detrás del amor de Dios? ¿Existe un razonamiento que pueda proveer la explicación de por qué Dios no puede rechazar al corazón contrito y humillado? Amado lector, permítame refugiarme en la única respuesta lógica que he encontrado a estas y a otras tantas preguntas:

> ¡Oh profundidad de las riquezas de la sabiduría y de la ciencia de Dios! ¡Cuán insondables son su juicios, e inescrutables sus caminos! Porque ¿quién entendió la mente del Señor? ¿O quién fue su consejero? (Romanos 11.33-34).

Los de Pablo

El apóstol identifica a este grupo usando su nombre griego,[6] con toda probabilidad describe a los que han llegado hasta desvirtuar el mensaje paulino de libertad y gracia, tornando el mismo en uno de libertinaje e irresponsabilidad. No hay dudas de que es a estos a los que el apóstol fustigará con vehemencia. Especialmente en el momento en que tenga que reprender los actos inmorales, los pobres testimonios maritales y la frívola posición de algunos al querer excusar tales atrocidades en la casa de Dios.

Sin duda, también se puede encontrar en este sector de la congregación a cristianos con poco o ningún compromiso con el Señor y su Iglesia. Esta actitud no es otra cosa sino el resultado de un pobre entendimiento de la gracia y el discipu-

---

6 Era común que los ciudadanos romanos del primer siglo usaran dos o tres nombres. Uno de ellos en su idioma natal, otro en griego y un tercero en latín. Es muy probable que «Paulos» fuera el nombre griego del apóstol. Desde otra perspectiva, se cree poco probable que el apóstol deseara usar su nombre hebreo, toda vez que este, «Saulo», sonaba muy parecido a una palabra griega usada para describir la forma de caminar de las prostitutas. Si desea más información, véase Wittheringthon III, *op. cit.*

lado. Los resultados de las acciones de este segmento de la congregación pueden ser nefastos.

Un ejemplo de ello lo encontramos al analizar la vida de uno de los seres humanos más extraordinarios que haya existido: Mohandas Karamchand Gandhi (Mahatma). Luego que los cineastas de Hollywood produjeran un clásico sobre la vida de este pacifista y hombre de estado, cientos de escritores se lanzaron a investigar y a escribir sobre su vida. Los artículos publicados parecían nunca acabar. En algunos de ellos se resaltó un dato acerca de Gandhi cuando este se trasladó a trabajar al sur de África, luego de graduarse en leyes en Inglaterra. Allí reveló que el cristianismo era la única religión sobrenatural del mundo. Años más tarde abandonaba esa idea sin convertirse al cristianismo y para abrazar inexorablemente su religión oriental. ¿Por qué Gandhi no se convirtió al cristianismo? La respuesta la hallamos en él mismo. En África del Sur decidió hospedarse en la casa de una familia muy cristiana. Comentando con ellos su desencanto por la segregación y el odio racial que observaba en la sociedad sudafricana, se dio cuenta de que esa familia cristiana no tenía el más mínimo deseo de comprometerse con un evangelio que busca el bienestar del prójimo. Aún más, durante meses observó a esta familia quejarse cada vez que se les invitaba a realizar algún sacrificio extra para el Reino de Dios y que estaban llenos de una apatía religiosa en general. En palabras de Gandhi, no mostraban evidencia sustancial de querer y poder vivir una vida transformada por el poder sobrenatural que predica el evangelio. Mahatma señaló que vio cómo su interés por el cristianismo se transformó en decepción. Cuando el Dr. Samuel Vila comenta este suceso, señala que Gandhi volvió a la India repitiendo que el cristianismo no podía ser otra cosa que una religión más en el mundo, no podía ser sobrenatural.[7] Según Mahatma, «alma grande», el cristianismo no podía influir siquiera en sus propios adeptos. ¿Qué habría pasado si esa familia cristiana le hubiese brindado un testimonio edificante?

La opinión de Gandhi acerca del cristianismo no varió mucho desde entonces. En cierta ocasión un seguidor de

7   Samuel Vila, *Enciclopedia de Anécdotas e Ilustraciones II*, Editorial CLIE, Terrasa, Barcelona, 1992, p. 285.

origen occidental le preguntó sobre esto y he aquí su respuesta:

Me impresiona el Cristo, pero no los cristianos.[8]

Un detalle abrumador. Ni siquiera las hormigas enfrentan una situación así. Hasta ellas saben bien que hay unos límites que no pueden ser violentados sin exponer la seguridad y la estabilidad de su comunidad.

No tengo duda alguna de que todos los apóstoles, incluyendo a Pablo, debieron haberse enfrentado a situaciones similares en más de una ocasión. El grito que somos cartas abiertas debe formar parte de esa experiencia.

Siendo manifiesto que sois cartas de Cristo expedida por nosotros, escrita no con tinta, sino con el Espíritu del Dios vivo; no en tablas de piedra, sino en tablas de carne del corazón (2 Corintios 3.3).

Los de Cristo

De todo el análisis que hemos realizado para escribir este libro sobresalen algunos detalles que parecen ser increíbles. Uno de ellos, el hecho de que casi todos los especialistas en esta carta concuerden en que la descripción de grupo realizada por Pablo no sea otra cosa que una ironía usada por el apóstol para hacer referencia a un grupo de la iglesia cuyos miembros tal vez se consideraban más santos y especiales que cualquier otro. Por cierto, no es la única ironía presente en la Primera Carta a los Corintios.

No es necesario realizar muchos esfuerzos para que nos demos cuenta de que la iglesia de Corinto no fue ni será la única en enfrentar esa situación. No podemos obviar el asunto de que en casi todas nuestras congregaciones encontramos personas con estas características. No queremos que se interprete el mal mensaje implícito detrás de estas palabras. Estamos convencidos de que la búsqueda de la santidad tiene que ser un elemento vital en la vida de todo creyente: «Y la santidad, sin la cuál nadie verá al Señor» (Hebreos 12.14b). Pero podemos vernos enfrascados en una lucha fratricida en la búsqueda y el mantenimiento de este proceso. En tales

8   Dr. Ravi Zacharias, «Conferencia para obreros cristianos: Misión Global», San Juan, P.R., 9 de marzo de 1995.

circunstancias, quizás hagamos las mismas «asignaciones» de siempre, pero los resultados serán totalmente opuestos a la santidad.

Los creyentes debemos estar conscientes de que en la búsqueda de las cosas eternas tendremos que enfrentarnos a muy buenas imitaciones de todo lo que sea necesario para alcanzar el blanco de la soberana vocación. Esto también me hace recordar a nuestras amigas las hormigas. El rastro químico que dejan tiene vida limitada. Luego de algunas horas, esta sustancia química se evapora. Cuando esto pasa o cuando algún «experimentador travieso» borra el mismo frotando el rastro con los dedos de su mano o usando un pedazo de tiza para escribir, encontraremos que las hormigas se desorientan durante un buen rato. En cuestión de uno o dos minutos volverán a encontrar el camino a casa. ¿Que cómo lo hacen? Las hormigas pueden muy bien intentar encontrar el rastro por su propia cuenta. Pero si este se ha evaporado (en aproximadamente dos horas y media) o ha sido borrado, la hormiga recurrirá a un fenómeno llamado menotaxis, se orientarán por el sol. Sus antenas hacia el cielo le dirán cuál era el ángulo en relación al astro celeste en el que ellas venían cuando le sucedió el percance que las desorientó y las dejó perdidas.[9]

¿No le parece esto similar al grito del salmista en el Salmo 121? Alzamos nuestros ojos a los montes, no porque de ellos venga el socorro. Lo hacemos porque el socorro viene de más arriba, del cielo. Del Señor que hizo los cielos y la tierra. El resultado es glorioso. El salmista señala que inmediatamente recobramos la seguridad en nuestros pasos: «No dará tu pie al resbaladero». Pero no es por nuestras fuerzas, sino porque el que nos guarda no se duerme. Él es más grande que el mismo sol. Por lo tanto, este no nos fatigará en nuestro transitar de día ni la luna lo podrá hacer en la noche. Esa seguridad de que siempre hallaremos orientación para nuestros pasos si buscamos las cosas de arriba, nos permite exclamar con gozo y confianza que el Señor guardará nuestras salidas y nuestras entradas desde ahora y para siempre. Usted podrá perder momentáneamente el sentido de direc-

---

9 *Encyclopaedic Britannica*, vol. 14, «Animal Behaviour: Taxes».

ción, pero no perderá el centro de su vida. Usted pertenece al cielo, a Cristo.

Ser de Cristo, en el «tono» que es usado aquí por el apóstol, no es precisamente algo de lo que podremos alegrarnos como cristianos. Aquí esta clasificación es usada para describir a cristianos capaces de mirar por encima del hombro a quienes no tienen las mismas experiencias espirituales que tienen ellos. Son grupos en la congregación que responden como lo más selecto en el orden espiritual y hasta pueden asegurar ser escogidos por el Señor para actividades que no son para todo el mundo. Es como si el apóstol estuviese señalando, que para que no se quedaran agendas sin representación, había hasta un grupo de Cristo.

A estos y a todos los otros el apóstol les lanza una pregunta candente: ¿Está dividido Cristo? ¿Se puede ser realmente de Cristo cuando esto excluye a otros que no invocan ni adoran como nosotros? El lector debe recordar que del encabezamiento de esta carta se desprende el llamado paulino a estar en santidad con los que invocan el nombre de nuestro Señor en todo lugar.

Ser genuinamente de Cristo jamás podrá ser predicado desde la plataforma que avala un grupo exclusivista. Que no quede duda de ello. Quienes somos de Cristo, tenemos una conducta distinta a la del resto de los que no lo son. Eso nos diferencia aun de los religiosos que intentan jugar a ser cristianos, pero no nos agrupa en un gremio elitista, que margina y separa, fragmenta y hiere el resto del cuerpo de Cristo.

Los de Cloé

El apóstol señala a este grupo como responsable de toda la información que recibe de la iglesia. Llevan y traen sus preguntas, sus problemas y por qué no, alguno que otro chisme del vecindario. Esto sí, «sin que nadie se entere». El apóstol entiende que en esta condición no le es posible ventilar las situaciones que afectan a los grupos sin identificar su fuente de información (1 Corintios 1.11).

La presencia de grupos similares en nuestras iglesias me obliga a regresar a la metáfora de las hormigas. Si no le parece muy elegante, trate de explicarlo de otro modo. Las hormigas son de los pocos miembros del reino animal que cuando enfrentan una inundación de agua, lo único que tienen que hacer para seguir con vida es mantener la boca cerrada. Lo leyó bien, las hormigas son a prueba de agua y para vencer una inundación solo requieren mantener sus bocas cerradas. Únicamente morirán aquellas que abren la boca. La Palabra misma se hace eco de este enunciado cuando señala que en el mucho hablar no falta pecado. Algo parecido podemos deducir cuando leemos que el salmista recomienda callar y esperar en el Señor.

Que nadie malentienda estas expresiones. Estamos convencidos de que existen momentos en el que es necesario expresarse y hablar hasta alcanzar las metas establecidas. Pero estamos igualmente convencidos de que hay muchos momentos en los que la mejor estrategia consiste en guardar silencio. Fue Dietrich Bonhoeffer el que señaló que quienes no pueden guardar silencio para escuchar a su hermano, llegarán a un momento en que tampoco podrán guardarlo para escuchar a Dios.[10]

Me parece que es en esta ocasión que el apóstol se aprovecha y lanza un postulado vital para la iglesia de todas las edades: Dios no busca uniformidad y sí unidad. Mientras estemos en este planeta, jamás experimentaremos la uniformidad. Pero gracias sean dadas a Dios que no es eso lo que procura. Lo que Dios quiere es que en nuestra diversidad haya espacio para trabajar y vivir unidos como Cuerpo de Cristo.

Yo planté, Apolos regó; pero el crecimiento lo ha dado Dios (1 Corintios 3.6).

10 *Carol Stream, «Leadership», Christianity Today*, vol. XVI, Nº 4, otoño de 1995, p. 43.

REFLEXIONEMOS
Somos uno en el amor

No todos tienen las mismas funciones en la casa del Señor, así como tampoco la misma visión ni perspectiva. Pero es necesario que todos hagamos lo que esté a nuestro alcance para lograr la unidad del Cuerpo de Cristo. Esto último resulta tan importante que no son pocos los que postulan que cada avivamiento experimentado en la historia de la Iglesia ha sido precedido de un proceso de convencimiento y sacrificio en pro de la unidad y de la humillación delante de Dios.

Un aspecto muy curioso de este análisis lo obtenemos al encontrar aspectos muy positivos que poseen nuestra amigas las hormigas. En su operación cotidiana vemos detalles que se me ocurre pensar deberían estar presentes en nuestras iglesias. Veamos:

Seguridad

Un artículo publicado en un revista dedicada al análisis geográfico y científico[11] destaca el hecho que la mayoría de las especies de hormigas en Hispanoamérica han designado un grupo de «hormigas soldados» para velar por la seguridad del hormiguero, o sea que nadie extraño puede entrar y para asegurarse que las obreras trabajen. Me estremece solo el pensar que puedan existir cristianos soldados designados por nuestras congregaciones para «velar que no seamos invadidos» aun por los que puedan compartir con nosotros el estilo de la adoración y el servicio. Pero es mucho más que un estremecimiento el que sufro con solo pensar que estos soldados velen por el trabajo de las obreras de la iglesia. En ánimo de compartir esta sacudida, tan solo piense por un instante en que el grueso del trabajo de nuestras congregaciones recae sobre las damas. Son estas las que más sufrimientos padecen en las iglesias. Me parece que a veces parecemos soldados exigiéndoles cada vez más y que en algunas congregaciones

11 *National Geographic*, vol. 188, Nº 1, National Geographic Society, Washington, D.C., julio de 1995, pp. 98-111.

las marginan y las oprimen. Pero muchas veces, ellas continúan trabajando convencidas de que lo hacen para el Señor y no para los hombres.

Capacidad de carga

En ese mismo artículo encontramos que si extrapolamos la fortaleza de las hormigas para compararla con la de los seres humanos, necesitaríamos personas capaces de correr treinta millas, a una velocidad de cuatro minutos por milla y con una carga de quinientas libras sobre los hombros.[12] ¿No se ha preguntado usted alguna vez qué impulsa a algunos creyentes a que parezcan incansables e invencibles? ¿Qué motivaba al apóstol Pablo? ¿De dónde emanaba su fuerza? Lea esto y reaccione (si puede):

> ¿Son siervos de Cristo? Yo lo soy más que ellos, aunque al decir esto hablo como un loco. Yo he trabajado más que ellos, me han encarcelado más veces que a ellos, he sido azotado mas que ellos y muchas veces he estado en peligro de muerte. En cinco ocasiones los judíos me castigaron con los treinta y nueve azotes. Tres veces me apalearon y una me apedrearon. En tres ocasiones se hundió el barco en que yo viajaba y, a punto de ahogarme, pasé una noche y un día en alta mar. He viajado mucho y me he visto en peligros de ríos, en peligros de ladrones y en peligros entre mis paisanos y entre los extranjeros. También me he visto en peligros en la ciudad, en el campo y en el mar. He pasado trabajos y dificultades; muchas veces me he quedado sin dormir; he sufrido hambre y sed; muchas veces no he comido; he sufrido por el frío y por la falta de ropa. Además de estas y otras cosas, cada día pesa sobre mí la preocupación por todas las iglesias (2 Corintios 11.23-28).
> *Biblia de Estudio*, Sociedades Bíblicas Unidas

Si usted realiza el ejercicio de añadir todo lo que le aconteció a este apóstol durante los años que siguieron a la redacción de esta carta, tendrá que preguntarse: ¿cuál era el motor de este hombre? ¿Qué lo motivaba a realizar estas acciones sobrehumanas? Solo hallaremos respuesta mirando al Espíritu de Dios. Es el mismo Espíritu que sostiene y hace cantar a la madre que está frente a la cama en la que agonizan sus hijos del alma. Es el mismo Espíritu que hace confiar a

12 *Ibid.* p. 100.

quienes se les amenaza de muerte por predicar el evangelio.[13] Es el mismo Espíritu que puede operar transformaciones milagrosas en hombres que eran considerados estorbos para la sociedad en la que vivían.

Ahora bien, un detalle simpatiquísimo lo encontramos en el hecho de que a las hormigas no les gusta abusar de esta fortaleza. Si una hormiga encuentra algo que sirva de alimento, estudiará el objeto y rápidamente se dirigirá al hormiguero para comunicarlo a las «amigas». Allí se determinará cómo y con cuántos se haría posible la transportación de ese objeto y/o insecto hasta el hormiguero. Los seleccionados irán, aparecerán «de la nada» y se distribuirán el trabajo en forma equitativa; y el que no trabaja no comerá. ¿Suena paulino, verdad? (2 Tesalonicenses 3.10b)

¿No le parece al lector bastante convincente el postulado paulino que señala que la sabiduría de Dios no sólo permaneció oculta a los hombres (1 Corintios 2.7), sino que lo insensato de Dios es más sabio que los hombres, lo débil de Dios más fuerte que los hombres? (1 Corintios 1.25).

Ahora bien, espero que haya entendido con este «testimonio» la necesidad de trabajar de forma organizada y la necesidad que existe de aprender a delegar y compartir la carga con otros.

Tengo la impresión de que todo el capítulo 1 de esta carta está cobrando una nueva dimensión para cada uno de nosotros. Basta con señalar las múltiples opciones que se presentan al tratar de identificar lo que el apóstol llama vil y que «Dios lo escogió para deshacer lo que es» (1 Corintios 1.28b). En ese renglón, sin duda alguna, estamos los pecadores que nos hemos arrepentido, pero también pueden ser incluidos aspectos y detalles de la naturaleza que pasan inadvertidos ante la mayoría de nosotros.

Capacidad para esperar

Tan solo pensar en todo lo que describe esta característica me hace saltar de alegría. Hace un tiempo, entomólogos (especialistas en el estudio de los insectos) se dedicaron a analizar qué pasaría con las hormigas que pierden el rastro

13 Se han identificado más de una docena de regiones y lugares en Hispanoamérica donde está sucediendo esto.

hacia su hormiguero en horas de la noche.[14] La respuesta fue poderosísima. Muchas de las especies estudiadas se reunían muy pegadas una de las otras bajo «el techo» de un refugio temporal. Allí pernoctarían hasta que llegara el amanecer. ¿No le parece increíble que hasta las hormigas reconocen que aunque la noche sea oscura, solo es cuestión de esperar hasta que salga el sol?

Necesitamos exponernos a esta enseñanza en más de una ocasión. No son pocos los creyentes que ante la aparente ausencia de la dirección o protección divina, en medio de la prueba o de la tribulación, se dejan apresar por la desesperación y no pueden esperar en el Señor. Las hormigas señalan que la noche oscura de la tormenta es un buen momento para cerrar filas. Para estar juntos y velar los unos por los otros. Es el mejor momento para alentarnos los unos a los otros y ayudarnos a esperar en Él. Es seguro hacerlo. No hay duda que no importa lo tenebroso que resulte el manto de la noche, nada ni nadie podrá impedir que amanezca. El sol va a salir. Es solo cuestión de tiempo.

El salmista lo sabía. Decía en el medio de una tormenta del alma y de la emoción: «Guarda silencio ante Jehová y espera en Él[...] Encomienda a Jehová tu camino, y confía en Él y Él hará. Exhibirá tu justicia como la luz y tu derecho como el mediodía» (Salmo 37.7,5).

Dentro de este testimonio vivo de lo que Dios espera de los creyentes podemos encontrar varias enseñanzas. Primeramente, si las hormigas pueden mantenerse juntas, defenderse y animarse, ¿por qué no podemos hacerlo nosotros? Cuando pensé que ellas lo logran aun cuando ni siquiera tienen cerebro, uno de mis hijos me respondió que tal vez por eso a nosotros se nos hace tan difícil lograrlo, «pensamos demasiado».

También encontramos la realidad que saben hacia dónde enfocar para conseguir la dirección necesaria en el momento preciso. Recordé inmediatamente mis experiencias con los huracanes tropicales. Estar sintonizados y buscar la información en los medios correctos se traduce en escoger entre la vida y la muerte. Cuando nos llega la hora del huracán (o como

14 Hay unas especies de hormigas en los países templados que no pueden operar en las noches.

tituló el Dr. Graham a uno de sus libros, *Avisos de tormenta*), ¿dónde buscamos información? ¿Hacia dónde enfocamos el alma para conseguir dirección? Lamento tener que decir que algunos recurren a las líneas síquicas mientras otros lo hacen buscando a los astrólogos. Otros «seudocreyentes» intentan resolver la situación mediante el tarot o la brujería. La respuesta a la dirección necesaria para superar y vencer la tormenta sólo viene de Aquel que tiene poder para ponerle bozales al viento. Su nombre es Cristo.

Las toneleras

Parafraseando a Calderón de la Barca en su «Diálogo de Segismundo»,[15] «en llegando a esta pasión», recuerdo que las hormigas de las especies que habitan en lugares templados se las arreglan milagrosamente para enfrentar los inviernos. Durante el verano, estas hormigas conducirán unos áfidos[16] hasta el hormiguero. Los llevarán hasta unas cámaras especialmente preparadas para estos y, que en cortes transversales de los hormigueros, pueden ser vistos como establos diminutos. A esas cámaras también se llevarán hojas cortadas en pedazos muy pequeños.

Esas hojas serán rociadas con una sustancia que puede ser encontrada en la boca de unas hormigas especialmente diseñadas para esto, mycelium. Esta sustancia tiene el poder de acelerar la descomposición de las hojas y producir hongos. Los áfidos se alimentan de este y ese hongo ayudará a los áfidos a producir glucosa.

Unas hormigas del hormiguero técnicamente los «ordeñarán» usando sus patas y antenas para hacerlo. Esas gotas de glucosa serán entonces llevada a una cámara en la que hay unas hormigas muy gordas, su nombre es toneleras. Estos «toneles» ambulantes, tienen la capacidad de almacenar esa glucosa en sus propios cuerpos, al mismo tiempo que les ayuda a metabolizar más glucosa. El propósito de esas toneleras es el de asegurarse que no falte el alimento en la «comunidad», sobre todo durante el invierno. Cuando llega este y no se puede ir a la superficie para buscar alimentos, la colonia de hormigas irá constantemente a la cámara de las toneleras para obtener

15 *Pedro Calderón de la Barca, La vida es sueño.*
16 Unos pequeños escarabajos.

de ellas su alimento. Es maravilloso que cuando las toneleras regalan su última gota de glucosa, el invierno se ha acabado y es posible regresar a buscar alimento fuera del hormiguero y regresar a los áfidos a sus hojas en el exterior.[17]

Estas hormigas toneleras nunca se postulan para reinas del hormiguero. Es más, es muy poco lo que se sabe acerca del resto del comportamiento de ellas. No se les conoce (hasta ahora) otro rol. Su labor se circunscribe a trabajar hasta el cansancio durante el verano, para que en el invierno haya comida (Proverbios 6.6-8; 30.24-25). ¡Quiera el Señor bendecir a las toneleras de cada congregación! Gente anónima que sabe hacer su trabajo. Gente sin nombre, ni apellidos ilustre, pero que son capaces de mantener la unidad y el sostenimiento de la iglesia, especialmente durante los «inviernos» que llegan a cada congregación de la sana doctrina.

La unidad del pueblo de Dios es la que está en juego durante el análisis de toda la primera parte de esta carta tan intensa. No existe motivo alguno para que esta unidad se descuide. La Iglesia del Señor pierde gran parte de su razón de ser, toda su efectividad y pertinencia ante los retos del mundo en el que vivimos si descuidamos esa unidad. Me permito señalar al lector que las hormigas nunca dejarán en el campo heridos, ni muertos caídos en sus combates.

> Somos pueblo del Señor, la nación que es santa.
> Somos uno en el amor//

Nuestro espíritu está unido al Espíritu de Dios.

---

17 *Encyclopaedic Britannica*, vol. 14.

Te acercas, sí, conozco las orlas de tu manto,
en esa ardiente nube con que ceñido estás;
El resplandor conozco de tu semblante
santo,
Cuando al cruzar el éter,
relampagueando vas.

José Zorrilla

4

Una agenda premeditada

*Pues ya que en la sabiduría de Dios, el mundo
no conoció a Dios mediante la sabiduría, agradó a Dios
salvar a los creyentes por la locura de la predicación.*
1 Corintios 1.21

Confieso que para comenzar a escribir este capítulo he tenido que luchar fuertemente con el deseo de dedicar el mismo a un análisis de la predicación como ciencia y como arte. Pero me parece que ese tema necesita todo un libro para poder analizarlo. Así que intentaré mantenerme en el centro del propósito de esta sección.

Debido a la triste realidad que vivo y sufro al escuchar sermones y predicaciones por radio, televisión, congresos, seminarios y en nuestras iglesias, estoy convencido de que debo adelantar las conclusiones a las que arribaremos luego de la discusión y el análisis que presentaré en este capítulo. La primera gran conclusión es que debemos devolver la cruz a nuestros mensajes. Tenemos que regresar a predicar sobre la cruz, el sacrificio de la cruz, el Señor de la cruz, el vencedor de la cruz y sobre los resultados que sólo produce el Calvario. ¿Lo leyó bien? Prediquemos la cruz, regresemos a predicar la cruz. Insisto, ¡prediquemos acerca de la cruz!

Cuando analizamos la introducción de esta carta (1 Corintios), observamos que en ella el apóstol Pablo apunta a temas gloriosos y a la vez muy ricos para cualquier predicador. Por ejemplo, no podemos pasar por alto un detalle singular de esa introducción. En ella el apóstol señala que si bien Dios lo llamó, también llamó a la Iglesia. Él, a ser apóstol y los miembros de ella, a ser santos. Es Dios llamando, siempre llamando. Él llama a servir. Todos en la Iglesia tenemos un llamado de ese Dios que convoca a su pueblo a rendir su labor con un alto sentido de responsabilidad.

Pablo puede seguir escribiendo sobre el llamamiento divino, pero prefiere destacar que lo que salva a los seres humanos no es el llamado suyo ni el de otro, sino lo que es el centro de lo que llama locura: la predicación. El centro de esa predicación, el centro de ese mensaje, el centro de ese *kerygma* es que Cristo Jesús es Dios hecho hombre y que murió por nuestros pecados en la cruz del Calvario, que resucitó de entre los muertos, que vendrá en gloria a buscar a su pueblo y que nadie tiene entrada a ese reino celestial sino a través de Él.

Cuando seguimos analizando la introducción de la carta, nos encontramos con preguntas difíciles de contestar. Una gran escritora sobre este tema, Antoinnette Clark Wire, nos regala otra perspectiva sobre esa introducción en un libro que tituló *The Corinthian Women Prophets: A Reconstruction Of Paul's Rhetoric*. En ese libro, y como parte del análisis que ella hace acerca de la retórica utilizada por el apóstol en la introducción, la autora se plantea una pregunta que encuentro valiosísima. ¿Por qué el apóstol tiene que dedicar tanto espacio y esfuerzo para aclarar su relación con la iglesia de Corinto?[1] Si él ha fundado esa iglesia y existe una relación padre-hijos entre ellos, uno esperaría que la comunicación entre las dos partes no tuviese la necesidad de tantas aclaraciones. Antoinette plantea con mucha agilidad teológica y pastoral, que tal vez esta introducción sea una señal que las fisuras en la iglesia hayan sido mucho más profundas de lo que podamos imaginar. El cisma que se percibe entre el apóstol y la iglesia que fundó es mucho más profundo de lo que podemos ver a «primera vista».

La fragmentación que observamos de esa relación que fue hermosa posee unas dimensiones que no se ven a simple vista. ¿Qué o quiénes fueron los causantes de esa fragmentación? ¿Cuáles fueron los síntomas que se manifestaron durante ese proceso? ¿Qué remedios ensayaría el apóstol para corregir y sanar un cisma de esas proporciones? Estoy inquieto en mi espíritu, pues sé que no son pocos los líderes cristianos que

---

1   Antonette Clark Wire, *The Corinthians Women Prophets* [Las profetisas de Corintios: Reconstrucción retórica de Pablo], Fortress Press, Minneapolis, 1990, p. 39.

deseamos tener respuesta a preguntas de este tipo y alternativas ante retos de esta magnitud, retos muy nuestros y del mundo cristiano de este siglo.

El apóstol nos regala dentro de su intrigante presentación unas pistas que considero muy poderosas para poder entender mejor a esta iglesia. Para ello, a veces apela a recursos retóricos. Son herramientas muy valiosas para cualquiera que necesita urgentemente comunicarse con un grupo de personas con la que ya no tiene muy buena comunicación. Uno de esos recursos es la ironía:

> Al parecer, ustedes ya son ricos y tienen todo lo que pueden desear y se sienten como reyes que nada necesitan de nosotros. ¡Ojalá fueran reyes de verdad, para que nosotros tuviéramos parte en su reino! (1 Corintios 4.8).

La ironía tiene su lugar en el espacio y tiempo de nuestras presentaciones. Pero debemos cuidarnos de cómo llevar a la gente que nos escucha a enfrentar con sus realidades más profundas, sin afectar su capacidad y sensibilidad de querer seguir escuchándonos. Existen circunstancias en las que debemos confrontar a la gente haciéndoles oír y enfrentar aquello que ellos piensan acerca de sí mismos. En este aspecto, el Espíritu Santo convirtió a Pablo en un genio en acción. Hemos visto la ironía, pero en otras ocasiones recurrirá a usar un lenguaje fuerte y de admonición severa:

> ¿Qué prefieren ustedes: que vaya dispuesto a castigarlos, o que vaya a verlos con amor y ternura? (1 Corintios 4.21)

Podemos dedicar muchas páginas de este libro a la presentación y discusión de ejemplos sobre los estilos literarios usados por este increíble escritor de cartas y fundador de iglesias. Mas esa no es la intención de este libro. Además, creo que hay numerosos y valiosísimos especialistas que han realizado estudios en esta área que merecen el reconocimiento y el respeto de todas las escuelas de estudios bíblicos que tenemos.

Lo que no podemos obviar es que siempre (y repito que siempre), el apóstol Pablo se esmerará en que la médula de sus exposiciones sea cristocéntrica. Dicho de otra manera, Pablo es un enamorado de Cristo y sería capaz de presentarlo hasta en las reuniones de negocio de nuestras iglesias. Estoy convencido de que allí también haría llamamiento a la conversión y no me sorprendería que algunos miembros de la iglesia resolvieran convertirse a Cristo.

Es muy importante ese énfasis cristocéntrico que realiza el apóstol en casi todos los diálogos que entabla con esta iglesia. Decimos diálogo porque no podemos perder de vista que la carta misma nos señala el proceso de preguntas y respuestas que se ha entablado entre el apóstol y la iglesia (1 Corintios 5.9; 7.1). La iglesia en Corinto necesita devolverle el cristocentrismo a su vida y propósito como iglesia. Para el apóstol es sencillo, una iglesia que no es cristocéntrica no podrá ser de Cristo. El «Heraldo del Calvario» hará énfasis en el centro del mensaje de Cristo y el significado de la cruz ¿Por qué?

Una iglesia que no es cristocéntrica:

- no entiende correctamente su razón de ser
- discrimina con facilidad
- es fácil víctima de los males que denuncia
- no posee autoridad para corregir esos males que le aquejan tanto a ella como a la comunidad en la que sirve
- no entiende su espiritualidad
- no tiene espacio para el Espíritu
- claudica en el uso correcto de temas vitales en su teología como iglesia
- no inspira a otros a ser de Cristo

Una iglesia que no es cristocéntrica, no entiende correctamente su razón de ser.

¿Cuál es la razón de ser de la iglesia? ¿Para qué fundó el Señor su Iglesia? Las respuestas que han brindado los especialistas en este tema le han estado dando la vuelta al mundo durante los pasados veinte siglos. Un educador y teólogo que se ha ganado mi respeto identifica a la Iglesia como la familia extendida de Dios. Esto es, un núcleo relacional con responsabilidades que incluyen el pasar a las próximas generaciones los testimonios del poder, los hechos y las maravillas que Dios hizo en el pasado y en el presente.[2]

2 Robert Pazmiño, *Cuestiones fundamentales de la educación cristiana*, Editorial Caribe, Miami, FL, 1995, p. 29.

Para él, la Iglesia es el Cuerpo de Cristo donde el don de la enseñanza ocupa y tiene un rol vital, si es que la Iglesia desea ser un centro de edificación y de crecimiento corporativo y espiritual. Solo en medio del proceso de esta actividad se podrá celebrar la vitalidad y el significado real del señorío de Cristo. Pazmiño añadirá que es allí y solo allí donde se podrá observar y aquilatar la necesidad de un proceso consciente para la santificación de ese Cuerpo de Cristo. El resultado de ese proceso es el crecimiento y la madurez de la fe de los creyentes.[3]

Los recursos para definir el concepto de «Iglesia» son interminables. El lector habrá notado que en vez de recurrir a una definición puramente teológica, he decidido puntualizar la definición de uno cuya especialidad primordial es la Educación Cristiana. Las razones son obvias. Estoy convencido de que la parte educacional es la espina dorsal de todos los ministerios y funciones de la iglesia cristiana. Pero permítame decirle cuál es la opinión del apóstol respecto a lo que es la Iglesia. Dios ha fundado la Iglesia para glorificarse a través de ella en todo el mundo. Ella es el Cuerpo de Cristo y en ella Cristo es la Cabeza. Cristo opera en ella a través del Espíritu Santo. Es de esa Cabeza de donde se derivan origen, meta, significado, sentido, vida y crecimiento de la Iglesia.

Es glorioso saber que aquello que ha podido ser puesto bajo la responsabilidad de los ángeles y serafines, Dios lo ha puesto sobre los hombros de un ejército de pecadores arrepentidos. Aquella responsabilidad que muy bien pudo poner sobre los hombros de profetas y miembros de un solo pueblo o nación, Dios decidió ponerla sobre los hombros de gente de todo pueblo y nación.

Ahora, ¿cómo poder delegar responsablemente esa tarea si lo indispensable no forma parte de nuestros presupuestos como pueblo escogido por Dios? ¿Cómo entender que podemos cumplir con el propósito eterno, si el Cristo que le da propósito a su Iglesia no es el centro de la misma? A la iglesia de Corinto llegaron «nuevos maestros» con nuevas teologías que provocaron que la iglesia claudicara en sus posturas y decidiera abrazar otro centro, otro propósito medular, matizado con

---

3   Pazmiño, *op. cit.*, p. 41.

unas pocas tonalidades de cristianismo. Esas nuevas posturas las usaban como adornos y camuflajes, funciones que solo pueden ser trabajadas correctamente cuando forman parte del entendimiento cristocéntrico de la iglesia. La Cena del Señor, los carismas del Espíritu, lo fundamental de la resurrección, la preeminencia del amor y otros temas similares forman parte de esto que describimos. Solo pueden ser apreciados en su justa perspectiva cuando la iglesia es cristocéntrica. Solo allí poseen ese valor y producen unos resultados ultraterrenales. Desde otro contexto, solo serán marginados a desempeñar funciones religiosas en nuestro ámbito cristiano.

Nosotros, la iglesia de la última década, del último siglo de este milenio, estamos experimentando una situación similar a la de la iglesia de Corinto. Los «nuevos maestros» han llegado y siguen llegando. Los resultados de su labor entre nosotros han sido los mismos. Hemos estado perdiendo el cristocentrismo en muchas de las áreas vitales de la iglesia y de su propósito. Nuevos maestros están buscando hacer que la iglesia gire hacia el humanismo (el ser humano como filosofía central), hacia el androcentrismo (el hombre como centro), las riquezas y la jerarquización del poder. Por otro lado, hay otros buscando que la iglesia se vuelque hacia el ostracismo espiritual (encerramiento) y denominacional.

Para que el lector pueda tener un cuadro más claro de lo antes expuesto, permítame pedirle que conteste algunas preguntas. ¿Por qué encontramos tantas iglesias enfatizando en los beneficios materiales que se derivan de nuestra fe? ¿No le parece a usted que la ambición humana, el afán de poseer, se ha colado en la Iglesia? No creo que sea muy difícil observar que detrás de ese énfasis podremos encontrar la misma filosofía y tendencia que ha alimentado a la humanidad durante siglos: el que tiene las riquezas posee el poder para controlar a aquellos que no lo tienen.

No malinterprete, el que escribe está convencido de que la iglesia de este último siglo tiene la obligación de desarrollar sus destrezas hasta alcanzar ser pertinente a un mundo cada vez más cibernético. La mecanización de sistemas, la incursión y el uso correcto de los medios masivos de comunicación y el desarrollo de destrezas multiculturales forman parte de este entendimiento. Pero una cosa es avanzar en esta dirección para que Dios sea glorificado y otra es hacerlo para glorificar a otros. Un «metroindicador», medidor muy sensible del norte que nos orienta como iglesia, es el examinar a cuántos hermanos sacrificamos en el camino «en virtud» de alcanzar estas metas.

Anunciar el evangelio del reino, en base a los beneficios materiales que se pueden obtener sobre la fe, es predicar a un Dios que margina haciendo poderosos y controladores a unos y dependientes serviles a otros. Soy escueto y muy sincero con el lector. A veces, mientras observo algunos movimientos eclesiásticos, me parece estar frente a un grupo cuya base de predicación es el pensamiento positivo disfrazado del nombre de Cristo. Otras veces me parece estar frente a una reunión sobre Dianética.

En otras ocasiones, observando actividades televisadas, he tenido la impresión de estar disfrutando de una reunión de estas compañías que se surten de vendedores que progresan o se hunden en un sistema de multiniveles. Me pregunto, ¿qué habría pasado si Cristo hubiese accedido a responder a la pregunta apostólica sobre el itinerario y orden de los sucesos que debían esperar estos? (Hechos 1.1-8). ¿Qué si Cristo les hubiera revelado allí a sus apóstoles que no le quedaba mucho tiempo de vida a la mayoría de ellos? Imagine ese cuadro por un momento y verá que las posibilidades de continuar predicando con el empuje que tenían de seguro se habría afectado significativamente.

Una iglesia que no es cristocéntrica discrimina con facilidad

Me parece que para entender esto mejor solo necesitamos enfrentarnos a las realidades que vivía la iglesia de Corinto. En esa iglesia los que no hablaban lenguas eran marginados e incluidos en un grupo de menor jerarquía. Pero esta no era la única clasificación.

En esa Iglesia usted podía hablar en lenguas, pero si no era «un sabio» no podía ser considerado como parte de «los del corazón del rollo». Pero esto no es todo. Si usted hablaba lenguas y era sabio, pero no era rico, sin duda su don de lenguas no lo considerarían genuino y su sabiduría no la clasificarían como significativa y por lo tanto a usted lo dejarían fuera de las reuniones importantes.

Tome en consideración que el énfasis de esa iglesia eran los dones, la sabiduría y la prosperidad. ¿No le parece que nos están describiendo una iglesia de los años noventa en el siglo veinte?

No quiero perder la oportunidad de hacer unos señalamientos que son vitales para que el lector pueda seguir leyendo y entendiendo lo que lee. En *El despertar de la adoración* tuve la oportunidad de realizar todo un análisis acerca de los dones del Espíritu.[4] En ese libro postulo la realidad histórica y espiritual que subraya que el don de lenguas fue, es y seguirá siendo una herramienta vital y poderosa en la vida de la Iglesia. Nadie debe impedir que se hable en lenguas dentro o fuera de la Iglesia. Pero ni el don de lenguas ni ningún otro nos llevará al cielo. Ningún don puede ser centro de nuestro mensaje. Solo Cristo puede ocupar ese lugar. La historia de la Iglesia confirma que siempre que nos hemos desviado de ese centro focal, hemos terminado discriminando y enfrentando unas tormentas eclesiásticas de características monumentales.

Lo mismo ocurre con la sabiduría humana y con nuestro entendimiento y conceptualización de lo que significa ser sabios. Cuando el Espíritu inspira al apóstol a puntualizar que Cristo es sabiduría, justificación, santificación y redención, lo hace con mucha intención (1 Corintios 1.30). Cuando Dios nos permite leer a Cristo como sabiduría, lo hace para que ampliemos nuestra percepción y entendamos que Él no tiene reparos en escoger lo débil para avergonzar a los fuertes de este mundo. Que puede y de cierto ha escogido lo que para algunos llaman necio, para avergonzar a los que se creen sabios (1 Corintios 1.27). El resultado es uno neto y sorprendente: nadie puede entonces jactarse. Hay que gloriarse en el Señor (1 Corintios 1.28-31).

No podemos perder de vista que la sabiduría es considerada como un don de Dios. Algo que hay que demandar, pedir y buscar. Una herramienta cuyo principio es el temor a Dios. Cuando internalizamos a Cristo como sabiduría nuestra, in-

---

4   *Op. cit.*, cap. 10, pp. 171-183.

ternalizamos la capacidad y la oportunidad de profundizar en la revelación de Dios. Nos adentramos un poco más en esa dimensión en la que Dios revela lo profundo y lo escondido de la gracia eterna. El único propósito de todo ese andamiaje es el de ganar más almas para Cristo, mientras Él es glorificado. Más adelante analizaremos algunos aspectos sobre el concepto de la sabiduría.

Mientras tanto, sepa el lector que esa sabiduría revelada nos permite sentir, intuir y demostrar que cuando soplan vientos de tormentas en nuestras vidas, «hay que alzar los ojos a los montes», no porque de ellos venga el socorro, sino porque nuestro «socorro viene de Jehová que hizo los cielos y la tierra». Cuando somos amenazados por torbellinos llamados divorcio, cáncer, SIDA o desempleo, hay que dejar de escuchar a los hombres y comenzar a escuchar a Dios.

¿Y qué sucede con las iglesias «donde los seres pensantes» son los llamados a tomar las decisiones de las mismas? Casi siempre, estos «seres pensantes» son aquellos cuyo poder adquisitivo es indispensable para mantener el presupuesto operacional de la iglesia. En mi experiencia personal he tenido que bendecir a Dios por permitirme disfrutar la experiencia de pastorear unas congregaciones que han sabido manejar con maestría el balance necesario entre aquellos con mucho poder adquisitivo y aquellos que no tienen ninguno. Pero algunos de los testimonios de otras congregaciones de mi país y fuera de este han sido muy dolorosos. Para que lo entienda, considere la siguiente escena de la vida real en Puerto Rico:

> Unos niños pobres de un residencial público son invitados a la iglesia por un miembro de una iglesia metropolitana y al llegar a la puerta de ella son instruidos a sentarse en la parte de atrás del santuario y nadie se acerca siquiera a saludarlos, como si estuvieran afectados por una enfermedad contagiosa.

La persona que me relata esta historia lo hace con lágrimas porque él vivió esta experiencia; él era uno de esos niños. Logró vencer el estigma del residencial y se convirtió en un abogado influyente y en un juez con mucho prestigio en mi país. Ya convertido en letrado, optó por aceptar la invitación de unos colegas miembros de esa congregación, quienes insistían en que la iglesia había cambiado y que ya no encontraría allí esas actitudes.

Me dijeron que estaban experimentando una renovación espiritual. Ya cantaban coros de adoración, levantaban las manos y hasta patrocinaban los Congresos de Adoración y Alabanza. Comencé a ir y te confieso que me impresionó mucho lo que vi allí. Me impresionó tanto que una mañana, pasando por el «caserío»,[5] encontré a Paco «la vieja» y lo invité a que fuera conmigo a la iglesia. Él se sorprendió muchísimo. A él también lo habían botado de allí cuando éramos unos «chamaquitos». Ante mi insistencia, no tuvo más remedio que decirme que sí y el domingo por la mañana estaba vestidito con sus mejores vaqueros (mahones) y una camisita nueva que mi mujer le compró (porque su primera excusa para no ir era que no tenía ropa adecuada para ir a esa «iglesota»). Llegamos a la iglesia y todos me saludaban a mí, pero a Paco no le dieron siquiera una tarjetita para poner su información como visita. Dejé solo a Paco por unos minutos en lo que escuchaba a alguien que necesitaba un consejo profesional. En esos instantes, uno de los diáconos que no sabía que Paco andaba conmigo lo botó de la iglesia.

Esta historia la escuché de los labios de este hombre durante los servicios fúnebres de Paco, quien murió de SIDA diez semanas después de haber sido echado de esa iglesia. El juez no ha vuelto más a esa ni a ninguna otra congregación.

Una iglesia que no es cristocéntrica es fácil víctima de los males que denuncia

Pablo postula que Dios no decide salvarnos mediante el uso de la sabiduría humana, sino que lo hace mediante el contenido de la predicación (*kerygma*). Esa locura divina, la de la predicación de la cruz de Cristo y de su resurrección, no puede ser sustituida jamás. Es revelada al corazón del hombre por la predicación y la obra del Espíritu Santo. He ahí la demostración, finalidad y propósito de la sabiduría celestial.

El apóstol hace esta exposición porque, de cierto, ya había vivido las experiencias de otras congregaciones que habían equivocado el centro del mensaje. Algunas terminaron predicando un evangelio judaizante, con circuncisión y fiestas

5 Nombre común que se le ha dado a los residenciales públicos en mi país.

litúrgicas. Los resultados de ese mensaje y de esas decisiones fueron iglesias esclavizadas por sistemas religiosos que oprimen. Un aspecto irónico en sus mensajes es que en estas seguían invitando a la gente a la libertad que da Cristo.

Una iglesia que no es cristocéntrica puede ser vulnerable a las presiones e influencias del mundo que le rodea. El mundo puede dictarle lo que es correcto y lo que no lo es. Si no lo entiende así, le invito a que lea cuidadosamente los próximos párrafos, analícelos y responda a las preguntas que allí se formularán.

Nuestras iglesias pueden estar experimentando excelentes bendiciones con los movimientos de adoración y alabanza. Podemos estar involucrados en excelentes dinámicas de renovación y poseer excelentes facilidades para nuestra membresía. Todo esto es excelente, pero:

- ¿Continuamos experimentando problemas con las drogas, el alcohol y otros vicios en los miembros de nuestra congregación?

- Hay congregaciones que poseen docenas de jóvenes en sus filas que adoran y cantan, que levantan sus manos y hasta forman parte de ministerios de la iglesia. Alabamos a Dios por esto; pero muchos de ellos, luego salen de las iglesias a sumergirse en las tinieblas que les ofrecen las actividades «sociales» de sus alrededores. Les podremos encontrar en las madrugadas en las calles, en los «bares» y en cualquier otro lugar en los que el uso de bebidas, drogas y cigarrillos son el orden de la noche.

- ¿Y los embarazos en adolescentes? ¿Han disminuido en nuestras congregaciones? ¿Y la promiscuidad?

- ¿Cuál es el nivel de casos de adulterio en nuestras iglesias? ¿Cuál es el de divorcios?

- ¿Ha disminuido la violencia doméstica en nuestras filas?

- ¿Cómo están los niveles de deserción escolar entre nuestros miembros?

No se preocupe, no pretendo seguir haciendo preguntas. Creo que ya entendió el mensaje. Definitivamente lo que estamos ofreciendo en nuestras iglesias está encontrando una competencia fuera de ella que la hace más atractiva que nuestro mensaje. La transformación que estamos predicando parece que está carente de muchos testimonios que la susten-

SOBRE LAS ALAS DEL VIENTO

ten. Tenemos que regresar a predicar la cruz y las transformaciones y renovaciones que solo ella puede producir.

Una iglesia que no es cristocéntrica, no posee autoridad para corregir esos males que le aquejan tanto a ella como a la comunidad en la que sirve.

Aunque lo que va a leer a continuación le haga brincar de enojo, léalo. No pierda esta oportunidad. Durante los últimos veinticuatro meses me ha escandalizado el énfasis que la iglesia le ha estado dando a los demonios y a las tinieblas. A este espectro se le han sumado recientemente los ángeles. La invasión de ambos lados ha sido tan «espectacular» que en muchos escritos que he analizado, observé cómo Cristo y el Espíritu Santo se convierten en meros espectadores de una lucha entre los ángeles y las potestades de los aires y de la tinieblas.

Quiero que sepa el lector que patrocino la alabanza y la adoración y que en mi hogar se han compuesto sobre quinientos himnos, canciones espirituales y coros de guerra espiritual. Pero esto no significa que deje de ser increíble lo que he estado observando a mi alrededor. Hasta los ángeles saben que a la hora de pelear con Satanás, el arma más efectiva es la represión en el nombre del Señor (Judas 9). ¿Sabremos cantar con más poder y mejor tonalidades espirituales que los que están día y noche ante la presencia del Todopoderoso? ¿Por qué el arcángel Miguel no cantó una alabanza a Dios en esa batalla?

Entienda esto muy bien: la alabanza de guerra y la alabanza de adoración tienen su lugar en la vida y la experiencia del creyente. Ese lugar es privilegiado y de gran importancia. Conozco muy bien esto, pues he tenido el honor de dictar conferencias y predicar sobre esto a lo largo y a lo ancho de toda la nación y parte de este hemisferio. Pero me parece que la canción ha estado desplazando a Cristo y los ángeles y los demonios se están «robando» todo el «espectáculo».

Los resultados son evidentes. Creemos que hemos recibido nuevas unciones y que tenemos el poder para vencer el mal. Lo testificamos porque pensamos que el mejor indicador está en la cantidad de gente que llena nuestras iglesias. Las sorpresas serán muy grandes para los que no despierten a tiempo. Mucha gente no significa necesariamente mucha unción; en especial si gran parte de esa «mucha gente» sigue viviendo inmersa en sus ataduras, delitos, pecados y vicios. Una iglesia que no es cristocéntrica no tiene poder para combatir los males que le aquejan.

No basta cantar de Cristo (esto es tan importante que le garantizo que lo volverá a leer más adelante). No basta cantar con Cristo, ni por Cristo, ni para Cristo. Hay que vivir a Cristo. No basta levantar su nombre en alto. Hay que ponerle en el centro de nuestras vidas y no dejarle descender de allí. Para que esto sea posible, tenemos que morir a nosotros mismos y resucitar a una nueva criatura en Cristo. Y esto solo puede ser posible mediante la cruz.

Una iglesia que no es cristocéntrica, no entiende su espiritualidad

Permítame formular una pregunta: ¿qué significa ser espiritual? Mientras más nos acerquemos a una respuesta correcta, mayor será nuestra oportunidad de entender los reclamos paulinos a las iglesias de todos los tiempos.

Le invito a considerar que Pablo le está escribiendo a una iglesia que profetiza, habla lenguas, posee discernimiento de Espíritu, fe carismática y muchos otros dones que usted y yo conocemos. Es más, algunos de sus miembros eran capaces de entregar sus cuerpos para ser quemados (1 Corintios 13.3). En el aspecto de las ofrendas resultaron ser extraordinarios (2 Corintios 9.7-15). En el de la guerra espiritual eran unos siervos con conocimientos profundos (2 Corintios 10.3-6). Lo que nosotros practicamos como novedoso (la milicia espiritual que somete en obediencia hasta los pensamientos a Cristo), ellos lo practicaban y lo discutían abiertamente. Desde este punto de vista, esa iglesia era la «envidia» de cualquier pastor de almas. ¡Cuántos querrían pastorear una iglesia así!

Por favor, lea el siguiente pasaje de la poderosa Palabra de Dios:

> De manera que yo, hermanos, no pude hablaros como a espirituales, sino como a carnales, como a niños en Cristo. Os di a beber leche, y no vianda; porque aún no erais capaces, ni sois capaces todavía (1 Corintios 3.1-2a).

Los que se emocionan al poder encontrar argumentos para defender sus posiciones, estarán gozando mucho al darse cuenta de que el verbo usado por el apóstol en este versículo está en tiempo pretérito, «erais». O sea, que cabe la posibilidad que ya no lo fueran, luego de recibir toda esa experiencia espiritual y de mayordomía responsable.

Le invito a seguir leyendo lo que sigue a continuación:

Os di a beber leche y no vianda; porque aún no erais capaces (1 Corintios 3.2a).

¿Se mantiene en su posición defensiva?

Ni sois capaces todavía, porque aún sois carnales (1 Corintios 3.2b-3a).

¿Le interesa saber por qué el apóstol Pablo les llama carnales? Le invito a leer el resto del pasaje:

Pues habiendo entre vosotros celos, contiendas y disensiones, ¿no sois carnales y andáis como hombres? Porque diciendo el uno: Yo ciertamente soy de Pablo; y el otro: Yo soy de Apolos, ¿no sois carnales? (1 Corintios 3.3b-4).

¿De quién es usted? Sí, ya sé que me dirá que es de Cristo. Pero, ¿acaso no pertenece a los grupos que se pasan criticando a Billy Graham porque no «tumba» a la gente o a Benny Hinn porque sí la «tumba»? ¿Acaso no pertenece usted a los grupos que solo pueden cantar los coros de Marcos Witt, Miguel Cassina y Marcos Vidal porque en los himnarios no hay «unción»? O peor aún, ¿no pertenece usted a los que no cantan los coros porque solo los himnos han sido «procesados teológicamente»? ¿De quién es usted? ¿A quién le pertenece? Sé que más de un lector estará riendo luego de leer esto, pero no es mi propósito el que usted se ría. Son muchas las iglesias y las denominaciones que se están dividiendo por no haber enfrentado a tiempo estas situaciones y/o por no haberlo hecho con responsabilidad.

¿Quiénes son los espirituales en nuestras congregaciones? ¿Lo son quienes vienen en sus automóviles en medio de la «Tercera Guerra Mundial» e inmediatamente que llegan a la iglesia levantan las manos en forma automática y ya están «conectados» con el Espíritu de Dios? Me parece que estamos pisando un terreno que es muy serio y que debemos examinarlo en el plano personal todos y cada uno de los que nos acercamos con responsabilidad a exponer y/o a enseñar la Palabra de Dios.

Una iglesia que no es cristocéntrica, no tiene espacio para el Espíritu

Para mí, esta sección se presenta como la más dolorosa. Muchas congregaciones que han observado los comportamientos y escenarios antes expuestos han resuelto asumir unas posturas destructivas para su espiritualidad. Estoy convencido de que el enemigo se ha hecho valer de algunas crisis para provocar que algunas iglesias se vayan al otro extremo de esta discusión: la de cancelar y anular toda posibilidad para el libre movimiento del Espíritu de Dios en la iglesia.

Algunos de los que leen esta sección estarán preparando sus defensas para argumentar la autoridad que puede tener alguien que ni siquiera usa lenguaje inclusivo en su presentación escrita para discutir algo así. Otros argumentos se basarán en que la iglesia en la que usted adora trae consigo una historia de muchos años de labor y permanencia en el Señor. En fin, los argumentos son incontables y usted está en su derecho de esbozar todos los que encuentre pertinentes a esta discusión.

Ahora bien, permítame señalar algunas cosas que son vitales en este análisis. Muchas de nuestras denominaciones históricas (y algunas carismáticas) han estado reportando unas disminuciones alarmantes en sus membresías, un éxodo masivo de sus filas durante los últimos años. Algunos pretenden enfrentar esta situación con cinismo y se atreven formular que «los que están son los que son» y «los que se van nunca lo fueron».

La Biblia me enseña que la iglesia del primer siglo crecía constantemente porque el Espíritu le añadía ese crecimiento. Esto puede ser interpretado de muchas maneras. O el Espíritu ya no añade a más nadie, le quedan pocos por añadir, o no hemos permitido que el Espíritu haga su labor entre nosotros.

En otro contexto, iglesias carismáticas denominacionales también han estado sufriendo una evolución neta cercana a cero. Muchas reportan crecimientos laterales; membresías que dejan una congregación para trasladarse a otras (lo analizaremos un poco más adelante en este libro). Las respuestas que esgrimen parecen ser las mismas.

En ánimo de no extender demasiado un aspecto que sé muy bien todos conocemos, me parece que debo comenzar por señalar que nuestros problemas pueden ser solucionados si nos proponemos desarrollar una vida de iglesia balanceada. Estoy convencido de que Dios patrocina el balance y el equilibrio. Cerrar las puertas a las manifestaciones carismáticas es ir en contra de la Palabra de Dios.

> Así que hermanos, procurad profetizar y no impidáis el hablar en lenguas (1 Corintios 12.39).

Burlarse de ellas porque no las entendemos, o porque nos enseñaron que no eran correctas en la iglesia, resulta un peligro muy grande. En muchos casos, la burla por ignorancia estará seguida de la necesidad de mantenernos alejados de esas experiencias carismáticas, con el fin de esconder realidades muy nuestras que no queremos que sean puestas al descubierto.

Por otro lado, abrirse solo a experiencias espirituales, sin Palabra y sin educación bíblica, patrocinará una multitud de errores doctrinales que terminarán alejando al Espíritu de Dios de nuestras congregaciones. ¿Un ejemplo? ¿Pertenece usted a una congregación que ha suspendido sus Escuelas Bíblicas para dar énfasis a la adoración? ¡Mucho cuidado! ¡Revise sus planes de trabajo en oración y realicen cambios en sus programas de estudio bíblico! De no hacerlo, les adelanto que están muy próximos a que se levante entre ustedes un falso profeta que se lleve la mitad de la congregación consigo.

La iglesia que me honro en pastorear al escribir estas líneas ha logrado un balance entre los himnos y los coros, los dones del Espíritu y el trabajo secular que tiene que desarrollar. El 92% de la membresía está asistiendo a las Escuelas Bíblicas dominicales y el 38% de toda la congregación está compuesta por jóvenes. Allí hay espacio para el Espíritu, porque Cristo es el centro de nuestra vida y canción.

Una iglesia que no es cristocéntrica claudica en el uso correcto de temas vitales en su teología como iglesia

Una iglesia que no es cristocéntrica no puede manejar correctamente los temas vitales que forman parte de su teología académica y práctica. Esto no necesita mucha discusión. Cuando no somos cristocéntricos, somos presa fácil de todo viento de doctrina. Algunas preguntas pueden arrojar más luz sobre esta discusión. ¿Por qué nos parece que casi nunca estamos preparados para sostener diálogos bíblico-teológicos con los movimientos que son heterocristianos? Algunos creyentes les tienen temor a estos diálogos y los miembros de esas sectas lo saben muy bien.

La misma crisis se experimenta en temas como la salvación del alma (Hechos 4.12; Efesios 2.8) y las operaciones y el lugar del Espíritu (Juan 16.13). Muchas de estas debilidades pueden ser corregidas si devolvemos a Cristo al centro de nuestro mensaje. No hay otro Nombre en el que podamos obtener una salvación que es regalo de Dios y de entender esto se encarga el Espíritu de Santo que no habla de sí, sino que glorifica a Cristo. Volvamos a predicar la cruz.

Una iglesia que no es cristocéntrica, no inspira a otros a ser de Cristo

Invito a los lectores a pasar revista de las cosas que hemos considerado hasta aquí. Luego de esto, analicemos si nuestras conductas y comportamientos como creyentes inspiran a otros a ser de Cristo. Analicemos si lo hacen nuestras iglesias. Sé muy bien que luego de esos análisis resolveremos devolver a Cristo al centro del mensaje que predicamos y al de la vida que vivimos. Después de todo, vivimos para glorificarle y para ser alabanzas con zapatos para su honra y majestad (Efesios 1.6,12).

REFLEXIONEMOS
Un solo cuerpo

Durante la semana en que corregía la versión final de este capítulo, los medios de comunicación brindaron un amplio reportaje a la situación experimentada por dos hermanitas, las mellizas Brittany y Abigaíl Hensel que acababan de celebrar su sexto cumpleaños. Pero esta no era la noticia. Tampoco el que fueran mellizas. La amplia divulgación se debía a que por fin los padres de estas niñas habían accedido a mostrarlas al público. Hasta ese momento, solo eran conocidas por la ciencia médica y la comunidad en la que residen. Las mellizas Hensel están unidas.

Lo que esto significa es que poseen dos cerebros, columnas vertebrales, dos corazones, dos estómagos, tres o cuatro pulmones y todo esto en un solo cuerpo. Sí, leyó bien, un solo cuerpo. Dos manos y dos pies, una sola cadera, un solo sistema excretor y solo dos riñones.

El caso es tan raro que se produce en uno de cada cincuenta mil embarazos y de estos el 40% no llega a nacer. Estas niñas tienen que arreglárselas para hacer todo juntas. Si una tiene sueño y la otra deseos de trabajar, tienen que ponerse de acuerdo. Si van a amarrarse los zapatos, una tiene que prestarle su mano a la otra. Si una quiere tomar jugo o agua, la otra tiene que sostenerle el vaso a la que vierte el líquido.

La salud de esa niñas es extraordinaria. Verlas y oírlas a través de una entrevista en la televisión, mostró a seres completamente normales y muy saludables mental y físicamente. Es más, las vi asustadas cuando el reportero de la ABC mencionó en la entrevista las posibilidades y riesgos de una operación. Se abrazaron una a la otra como quienes saben que están unidas para siempre. Se abrazaron como aquellas que entienden que separación significa muerte. Es más, la madre de las niñas señala que están tan unidas, que si Brittany tiene infección de oídos, Abigail puede tomar las medicinas para que Brittany se cure. Dentro de las «dificultades» más grandes que enfrentan sus padres está el que una quiere ser piloto, mientras que la otra quiere ser dentista. Lo seguro es que lo que vayan a hacer, lo tendrán que hacer unidas en un solo cuerpo.

La Iglesia del Señor es un solo Cuerpo, el Cuerpo de Cristo. Los intereses de sus miembros pueden ser distintos. Las necesidades también lo son, al igual que los deseos, actitudes y motivaciones, que varían de individuo en individuo. Pero no tenemos alternativa, debemos arreglarnos para mantenernos juntos. Separarnos del Cuerpo significa la muerte.

En ciertos momentos, alguno tendrá deseo de dormir mientras el resto estará deseoso de trabajar. Tenemos la obligación de resolver esos y todos nuestros asuntos sin otra alternativa que la de estar y permanecer unidos. Después de todo, la gracia de Dios y su redención es solo una. Es una la santificación, una la justificación y es uno el Espíritu Santo. Únicamente la cruz puede lograr que experimentemos y entendamos esto.

Si alguno se ofendió con el escrito porque no está de acuerdo con la interpretación y la aplicación de este pasaje, tendrá que arreglárselas para que se le quite el mismo, pues usted y yo formamos parte del mismo cuerpo. Si lo desea, oraré para que Dios me dé la medicina del cielo con tal de que todos podamos curarnos.

Para esto se ha recetado la sabiduría divina, para recordarnos que somos pueblo del Señor y Cuerpo de Cristo. En 1 Corintios 1.30 se nos recuerda que en la congregación no existe un dueño de la sabiduría. Tampoco existe un grupito dueño de la justicia, la santificación y la liberación. Todo pertenece al pueblo del Señor. Recuerde muy bien: Un solo Cuerpo...

No me mueve, mi Dios, para quererte
el cielo que me tienes prometido,
ni me mueve el infierno tan temido
para dejar por eso de ofenderte.

Tú me mueves, Señor, muéveme el verte
clavado en una cruz y escarnecido;
muéveme ver tu cuerpo tan herido;
muévenme tus afrentas y tu muerte...

Teresa de Jesús
(Teresa de Zepeda y Ahumada, ca.1560)

5

Una carta ensangrentada

Pues me propuse no saber entre vosotros cosa alguna,
sino a Jesucristo, y a este crucificado.
1 Corintios 2.2

Su nombre es Etán Haber. Cuando le vi por vez primera, el reloj marcaba las nueve y media de la mañana de un lunes que parecía haberse decidido a pintar la naturaleza con su melancolía. En sus manos, Etán trae una carta; una carta ensangrentada. Se le ha concedido tenerla por ser el Administrador de las oficinas del Primer Ministro israelí y por ser uno de sus mejores amigos. Aquellos que se la han «obsequiado», lo hicieron con gran dolor, pues tuvieron que sacarla de un cuerpo abatido por las balas, el cuerpo de Rabín.

La hoja de papel solo tiene escritas las letras de una canción muy popular del folklore israelita. Una canción dedicada a la paz. Rabín la cantó junto a 150,000 personas antes de ser asesinado. Al morir, su sangre mancha unas frases de esa canción, que Etán comparte con el mundo entero:

El sol brillará en el horizonte; por siempre brillará
todos tendremos que irnos de aquí,
pero no muchos regresarán; de la tumba
Solo lo harán aquellos que lleven el gozo en su corazón;
el gozo de la victoria
La victoria que solo da la paz.
(Fragmento del Shir Ha-Shalom.)

Los ojos del rey de Jordania, inundados en lágrimas, fueron captados por las cámaras de la televisión. Mas no era el único que lloraba. Frente al féretro de Rabín, reyes y reinas del

111

SOBRE LAS ALAS DEL VIENTO

mundo entero lloraban su muerte. Al hacerlo, casi todos usaban sobre la cabeza su *kipá* [gorro] israelita. Habían sido convocados a la ciudad de Dios por la muerte de uno cuyo funeral comenzó con una canción. Esa canción-oración de alabanza al Dios eterno es una muy antigua. La misma describe y tributa alabanzas a Dios por haber salvado a su pueblo y llevarle del Sinaí a la tierra prometida. Rabín, mártir de la paz, aun con su muerte seguía provocando que el mundo se reuniera y que cantaran al único y sabio Dios.

Me parece que no existe ser humano sobre la faz de la tierra que haya podido enunciar un epitafio más conmovedor y completo que el que realizó Etán Haber. Durante los días que siguieron a la muerte de Rabín leímos o escuchamos docenas de expresiones dolorosas acerca de la muerte de ese mártir de la paz. La revista *Time* del 13 de noviembre de 1995, hizo algo que casi nunca acostumbra a realizar. Sus artículos sobre la vida y la muerte de Isaac Rabín comenzaban con un texto bíblico. Un versículo que siempre hemos relacionado con los acontecimientos finales de Jesús en Jerusalén.

Y le preguntarán: ¿Qué heridas son estas en tus manos? Y él responderá: Con ellas fui herido en casa de mis amigos (Zacarías 13.6).

Este texto me obligó a reflexionar. Porque aunque siempre lo hemos relacionado con la muerte de nuestro Señor y Salvador, de la exégesis bíblica de este texto solo se desprende el asesinato de Joram a manos de Jehú (2 Reyes 9.24); una muerte similar a la de Rabín.

Pero esto no resultó el elemento más poderoso en este proceso reflexivo. Tampoco lo fue darme cuenta de que en las listas de magnicidios que ofrecieron los medios de la prensa escrita aparecieron los nombres de los presidentes de Vietnam del Sur y de Estados Unidos de América, ambos asesinados el mismo mes y el mismo año, noviembre de 1963.

Luego de sus muertes, nos envolvieron en una cruenta guerra que mató a cuatro millones de vietnamitas y sesenta mil estadounidenses (entre ellos miles de puertorriqueños). Tampoco lo fue leer las palabras que Simón Peres ofreció al mundo mientras trataba de explicar la muerte de su amigo:

112

La última canción que cantó fue la Canción de la Paz (*Shir Ha-Shalom*). Cuando guardó la canción en su bolsillo la bala atravesó la canción.[1]

Lo más impresionante fue darme cuenta de que mientras el mundo seguía estupefacto ante el magnicidio de Rabín en Israel, no muy lejos de allí pero muchos años antes, ocurrió otro asesinato que fue más que un magnicidio, se ha clasificado como deicidio: el asesinato de Dios.[2]

Los mismos judíos, otra vez en contra de un mensaje celestial, empuñarían su odios para matar no a un rey ni a un príncipe, sino para asesinar al Rey de reyes y Señor de señores. Fue este el que estableció el modelo de la muerte por la paz. Sobre Él escribía Pablo que la muerte en la cruz garantizaba el proceso de justificación cuya resultante es la paz con Dios (Romanos 5.1). Ese mártir de la cruz, aunque no nos dejó una canción de la paz ensangrentada, ha dejado y sigue dejando millones de cartas abiertas bañadas por su sangre derramada en el Calvario.

Quizás no cantó a la paz, pero de cierto ofreció una paz que el mundo no puede dar (Juan 14.27). Si la muerte de Rabín nos dejó un legado de verdades angustiosas relacionadas a la paz del mundo, la muerte de Jesús nos dejó una sola verdad para el mundo; una verdad que el mundo no ha podido combatir ni hacer callar jamás.

Yo soy el camino y la verdad y la vida; nadie viene al Padre sino por mí (Juan 14.6).

No sabemos si cantó o no a la paz, pero sí sabemos que cantó camino a Getsemaní. Y si lo que Cristo cantó es lo que se supone que fue su canción (últimos versos del himno final de la celebración de la Pascua)[3], cantó frases como las siguientes:

Alabad a Jehová, porque Él es bueno;
Porque para siempre es su misericordia[...]

---

1 (Simón Pérez, *Times*, 13 de noviembre de 1995, p. 61.

2 Tomás de Aquino, príncipe del escolasticismo medieval, fue uno de los primeros teólogos en clasificar así el asesinato de Jesús. Su visión de la gracia de Dios en Cristo era de tal magnitud, que se negaba a creer que la virgen María hubiese podido nacer sin pecado. K.S. Latourrete, *Historia del cristianismo*, vol. 1, Casa Bautista de Publicaciones, El Paso, TX, 1979, p. 605.

3 Una descripción concisa y muy completa de todo lo relacionado con la composición de la Fiesta de la Pascua puede encontrarse en *El mundo del Nuevo Testamento*, vol. I, escrito por J. Leipoldt y W. Grundmann, Ediciones Cristiandad, Madrid, 1971, p.218-220

Jehová está conmigo; no temeré
Lo que me pueda hacer el hombre[...]
Todas las naciones me rodearon[...]
Me rodearon y me asediaron;
Mas en el nombre de Jehová yo las destruiré[...]
Mi fortaleza y mi cántico es Jehová[...]
Voz de júbilo y de salvación hay en las tiendas de los justos;
La diestra de Jehová hace proezas[...]
es sublime[...] hace valentías[...]
No moriré, sino que viviré
Y contaré las obras de JAH[...]
La piedra que desecharon los edificadores
Ha venido a ser cabeza del ángulo[...]
Este es el día que hizo Jehová;
Nos gozaremos y alegraremos en Él[...]
Bendito el que viene en el nombre de Jehová[...]
Jehová es Dios
Atad víctimas con cuerdas a los cuernos del altar[...]
Alabad a Jehová, porque Él es bueno[...]
Porque para siempre es su misericordia.
(Extractos del Salmo 118)

Sabemos que también cantó en la cruz. Sus palabras centrales, las que son descriptas como el centro de la muerte sustituta, fueron tomadas del Salmo 22:

Dios mío, Dios mío, ¿por qué me has desamparado? (Salmo 22.1).

¡Es glorioso que el Rey de reyes escogiera gritar una canción en el momento más difícil del Calvario, en el momento más difícil para toda la humanidad! Con toda seguridad estos conocimientos bíblicos, además de estar «inscritos» en Él por ser Palabra viva de Dios, también formaron parte de su preparación infantil. ¡Bienaventuradas aquellas que se preocupan por sembrar Palabra viva en los corazones de sus pequeñitos! Cuando lleguen los días en los que no hay contentamiento, esta Palabra surgirá como manantial que hará cantar el alma. Esta canción, analizada por el Dr. Cecilio Arrastía, resulta en toda una exposición de la cercanía de Dios: «Nadie que puede decir Dios mío, tendrá a Dios lejos de sí».[4]
En realidad, antes de que Cristo se encarnara para habitar entre nosotros, no fueron pocos los que anhelaron poder dis-

4   Cecilio Arrastía, *Reflexiones desde el Calvario*, 1978, p. 77.

frutar de su presencia. Su inspiración produjo en ellos canciones inigualables, himnos de alabanzas al eterno Dios.

La misericordia y la verdad se encontraron; la justicia y la paz
se besaron. La verdad brotará de la tierra, y la justicia mirará
desde los cielos (Salmo 85.1-12).

Solo existe un lugar donde el corazón de Dios, que se
identifica con la miseria humana (misericordia), se encontró
con la verdad encarnada en forma superlativa. Solo existe un
lugar donde la justicia divina pudo darle un beso a la paz. Es
el mismo lugar en el que nos convertimos en justicia de Dios
(2 Corintios 5.21). Solo existe un lugar donde los hombres
intentaron infructuosamente enterrar la verdad, pues al hacerlo esta se levantó desde lo profundo de la tierra ante la
mirada gloriosa de la justicia celestial. Ese lugar es la cruz.
Ese instante solo puede experimentarse desde la muerte y la
resurrección de nuestro Rey y Salvador. Es por eso que Pablo
predica la cruz. Es por eso que nos invita una y otra vez a
predicar la cruz. Es por eso que debemos revisar nuestros
sermones y volver a predicar más sobre la cruz. Los pastores
y los evangelistas debemos predicar más sobre la cruz. Los
maestros y líderes evangélicos debemos enseñar más sobre la
cruz. Prediquemos la cruz y al concluir volvamos a la cruz.

La canción de paz de Isaac Rabín fue atravesada por una
bala. La canción con la que Dios le habló a los hombres
(«Escucharé lo que hablará Jehová Dios; porque hablará paz
a su pueblo»; Salmo 85.8), fue atravesada por unos clavos y
una lanza. La canción de Rabín se convirtió en lamento que
hizo llorar desde el príncipe Carlos y el presidente Clinton
hasta a Arafat. La canción de Dios en Cristo se ha convertido
en canción de victoria eterna para aquellos que creemos al
mensaje del Príncipe de paz.

¡Paz, paz, cuán dulce paz es aquella que el Padre me da!
(Himno escrito por el Rvdo. W.G. Cooper.)

La muerte de Jesús es mucho más que significativa para
todos los creyentes. Su muerte y resurrección son las bases
fundamentales de todo el evangelio. En el idioma de Josh
McDowell, Cristo Jesús se juega toda su credibilidad en esos
dos hechos. Su palabra estaba empeñada en que si era real-

mente Dios encarnado, moriría y resucitaría de entre los muertos. Si no lo podía cumplir, sería un farsante o aun peor, un lunático capaz de creerse sus propias mentiras.[5]

Para el apóstol Pablo estaba muy claro que a Cristo no le interesaba pasar por el mundo solo como un gran maestro con una filosofía de vida retadora y una enseñanza magistral. O era visto como Emanuel, Dios con nosotros, o simplemente no le interesaba ser considerado y punto. Para esto, su muerte y su resurrección tenían que ser acontecimientos que trascendieran a la fe. Su muerte tenía que ser históricamente verificable. También tendría que serlo su resurrección. En estos dos acontecimientos no podría haber margen para error alguno.

He aquí la razón del énfasis que ponen los evangelistas del Nuevo Testamento en la descripción de esa muerte en el Calvario. No se podía dejar espacio para la especulación de los escépticos. Veamos algunos ejemplos de lo antes expuesto. Juan, que estaba a los pies de la cruz como testigo de primera línea de estos hechos, nos describe la siguiente escena:

> Mas cuando llegaron a Jesús, como le vieron ya muerto, no le quebraron las piernas (Juan 19.33).

Para los creyentes, este versículo sería más que suficiente para dar fe de la muerte de Cristo. Después de todo, es la Palabra de Dios la que lo expresa de esa manera. Pero Dios, que conoce los corazones de los seres humanos, sabía que escépticos cuestionarían la verdad de estas palabras. De ahí que permitió que Juan observara y documentara lo siguiente:

> Pero uno de los soldados le abrió el costado con una lanza y al instante salió sangre y agua. Y el que lo vio da testimonio y su testimonio es verdadero; y Él sabe que dice verdad para que vosotros también creáis (Juan 19. 34-35).

Estos dos versículos son poderosísimos. Es más, tiendo a creer que ni el mismo Juan conocía su alcance. De primera intención, la costumbre romana era la de romper las piernas de los crucificados con el fin de acelerar sus muertes. Entiéndalo, si usted fuera condenado a morir en una cruz, luego de estar un tiempo crucificado, comenzaría a experimentar espasmos toráxicos. Lo que esto quiere decir es que la fiebre por

5   Josh McDowell, *Evidencia que exige un veredicto*, 1980.

las heridas expuestas, combinada por los efectos iniciales de la pérdida de sangre y el comienzo de los efectos de una posible tetania, le producirían unos dolores tan terribles que usted querría morirse enseguida. Lo que es más triste aún, esos espasmos no le permitirían respirar, a menos que estuviera dispuesto a impulsarse con los pies para inhalar y dejarse caer (sostenido por los brazos) para exhalar. Si a usted le rompieran las piernas, no podría respirar y se moriría.

Esto, en Roma, era considerado un acto de misericordia. Si no le «ayudaban» de esta forma, se arriesgaban a que usted pudiera estar hasta tres días colgando de esa cruz y soportando todos esos sufrimientos antes de encontrar la liberación de la muerte. Recuerde siempre que nuestro Señor sufrió esto por usted y por mí.

Una gran pregunta que siempre se han hecho los estudiosos de este tema es por qué muere Cristo tan pronto en ese Calvario. Si a los otros dos reos hubo que romperles las piernas para «ayudarles a morir», ¿qué le sucedió a Jesús que murió tan pronto? La respuesta la ofrece Juan sin saber que lo estaba haciendo. Es más, el Espíritu Santo le compele a usar una frase legal romana que certifica que fue testigo presencial de lo que acababa de describir («El que lo vio da testimonio...»). ¿Qué fue lo que vio Juan? A una voz podríamos contestar que vio una lanza atravesar el costado de nuestro Señor, pero eso no es lo significativo. El testigo del Gólgota nos señala que al instante que esto ocurriera, pudo ver sangre y agua salir de ese costado.

Esa frase es fundamental para el evangelio. ¡Alabado sea el Señor que permitió que estuviese en las Escrituras! Esta frase encierra en sí misma todo un diagnóstico del **deicidio del Calvario.** Sin tener que buscarle mucha profundidad científica a esto, debo decir que cada especialista en anatomía humana, médico forense y profesor de medicina que le ha tocado analizarla, tuvo que concluir en lo mismo. Sangre y plasma (descrita como agua por la limitación lingüística e ignorancia del escritor), solo pueden ser encontrados simultáneamente en esa cavidad toráxica cuando al paciente se le ha roto el corazón. ¿Entiende usted esto? A Cristo se le rompió el corazón en la cruz. Es más, usted y yo se lo rompimos allí. Y nadie puede sobrevivir a esto. Que no quede duda al respecto:

CRISTO JESÚS MURIÓ EN LA CRUZ DEL CALVARIO y lo hizo por ti y por mí.

Probada la muerte de Jesús como acontecimiento histórico-científico, tenemos la obligación de intentar hacer lo mismo con la resurrección. Para esa tarea, no existe ni ha existido alguien mejor que el apóstol Pablo. El Espíritu Santo se consiguió el mejor exponente que haya existido para la demostración de este caso. ¿Su mejor exposición sobre este tema?: El capítulo 15 de 1 Corintios.

En ese capítulo 15 el apóstol desglosa su defensa más férrea y sus argumentaciones más contundentes para sustentar la tesis de que Cristo resucitó de entre los muertos. Le invito a leer parte de ese capítulo para que luego retomemos la discusión y el análisis del mismo.

> Ahora, hermanos, quiero que se acuerden del evangelio que les he predicado. Este es el evangelio que ustedes aceptaron y en el cual están firmes. También por medio de este evangelio se salvarán, si se mantienen firmes en él, tal como yo se los anuncié; de lo contrario, habrán creído en vano. En primer lugar les he enseñado la misma tradición que yo recibí, a saber, que Cristo murió por nuestros pecados, según las Escrituras; que lo sepultaron y que resucitó al tercer día, también según las Escrituras; y que se apareció a Cefas, y luego a los doce. Después se apareció a más de quinientos hermanos a la vez, la mayoría de los cuales vive todavía, aunque algunos ya han muerto. Después se apareció a Santiago y luego a todos los apóstoles (1 Corintios 15.1-7).
>
> *Biblia de Estudio*, Sociedades Bíblicas Unidas

Si leyó cuidadosamente, habrá encontrado innumerables tesis y datos doctrinales, además de varios detalles interesantísimos. De primera intención, el apóstol comienza señalando que lo que está por exponer ya es conocido en esa iglesia, pues formó parte de la enseñanza básica que él ofreció en la misma. Los corintios habían aceptado ese evangelio y están firmes en él. El apóstol añade inmediatamente, que es la única forma en que uno se puede salvar: manteniéndose firme en el evangelio. Si uno no se mantiene firme en él, «habrá creído en vano».

A continuación, el apóstol expone de manera concisa en qué consiste el mensaje que les predicó a los corintios, el contenido de la predicación paulina. Ese mensaje no es suyo. El apóstol señala que lo que predica es lo que recibió como enseñanza: «la misma tradición que yo recibí»: He aquí ese resumen:

Cristo murió, según las Escrituras
Cristo fue sepultado, según las Escrituras
Cristo resucitó, según las Escrituras.

¡Alabado sea Dios! ¡Cuánta profundidad en tan pocas palabras! Tantas complicaciones que le hemos añadido al mensaje de gloria y lo sencillo que el apóstol lo expone aquí. Esta posición es el corazón del credo apostólico.[6] Jesús tuvo una muerte, una sepultura y una resurrección reales. Para un apóstol con un trasfondo fariseo como el de Pablo, resucitar significa tener un cuerpo material.

Una vez que repasa el catecismo o enseñanza básica para nuevos creyentes, el apóstol Pablo se lanzará a la tarea de presentar una lista de comprobación o verificación de esa monumental resurrección. El apóstol se da a la tarea de hacer esto, pues está convencido de que la resurrección de Jesús es tan importante que todo el mensaje del evangelio depende de la veracidad de ella. Cristo se jugó todo a una carta, la resurrección. Si Cristo era capaz de resucitar, sería indiscutible su alegato de que era Dios hecho hombre. Si no lo hacía, era un fiasco. De ahí que el apóstol esgrimirá una serie de argumentos que comprobarán que la resurrección de Jesús es un hecho histórico. Un acontecimiento para el que no es necesario tener fe, pues puede ser comprobado históricamente. Esta presentación paulina sería considerada en la actualidad como una argumentación historiográfica.

Veamos, el apóstol no solo postula que Jesús resucitó. A renglón seguido comienza a presentar evidencias y testigos que pueden ser interrogados. El primero de ellos es Cefas. Curioso es el hecho que Pablo llame al apóstol Pedro por su nombre arameo. A veces sospecho que en sus cartas a esta iglesia siempre se ve obligado a decirle a los miembros de esta iglesia que él conoce muy bien a los integrantes «de la junta de directores» de la iglesia en Jerusalén. Los conoce tan bien que les puede llamar por sus nombres arameos. Pedro o Cefas, había estado en esa iglesia acompañado de su esposa (1 Co-

6 Witherington, p. 299.

rintios 9.3-5). En realidad, hasta los hermanos carnales de Cristo habían estado allí con sus respectivas esposas (1 Corintios 9.5). El resucitado se le apareció a Cefas, al más rudo de los apóstoles y al más renombrado de ellos.

Se le apareció a aquel que necesitaba una «barrida» sicológica para eliminar de su siquis los efectos de la negación, la mentira y el falso juramento. En esa ocasión, el resucitado se las arregló para descender al nivel del pescador testarudo. Del análisis del texto original que describe este encuentro (Juan 21.15-23), se desprende que las primeras dos veces que el Señor le pregunta lo hace acerca de su amor *Ágape*.

Simón Ioánnou, ¿Agapás mé pleos toutón?
(Simón hijo de Jonás, ¿me amas [con amor ágape]?)

Las primeras dos veces el apóstol responde acerca de un amor filial:

Nay, Curie, su oídas oti Filo
(Sí, Señor, tu sabes que te quiero)

La tercera ocasión en que el resucitado interpela al «hombre-piedra»,[7] le pregunta de la siguiente manera:

Simón Ioánnou, ¿Fileis me?
(Simón hijo de Jonás, ¿me quieres?)[8]

Cefas se puso triste. Creo que cualquiera de nosotros se hubiera entristecido. El Cristo resucitado sabía muy bien que hay cosas que podía dejar para que fueran resueltas por el Espíritu Santo, pero había otras que necesitaban una atención inmediata, una sobredosis del amor que venció la muerte. El resucitado se le apareció y al hacerlo generó un testimonio que ha resultado eterno.

La próxima evidencia usada por el apóstol es la aparición del resucitado al grupo de «los doce». Con toda probabilidad se está refiriendo a los once apóstoles restantes y a los que prefiere llamar por el nombre con el que por lo general se conocía a ese grupo que rápidamente se convertía en una institución. Es muy curioso el hecho que Pablo no mencione las

---

7 «Petros» significa piedra.
8 Traducciones directas realizadas por el autor usando HKAINH DIAQHKH (NT griego), The British and Foreign Bible Society, 1977.

apariciones anteriores que aparecen en los Evangelios. Me parece que al obviarlas su intención no es el de minimizarlas ni mucho menos negarlas. Sospecho que el apóstol conoce la autoridad que tiene la institución apostólica y como tal, preferirá mantenerse en el hecho de que un grupo tan distinguido, sea en su totalidad una de las más grandes evidencias de esa resurrección.

El siguiente argumento es contundente a tal punto que en una corte de justicia acabaría por volver loco al juez de turno y le obligaría a aceptar la evidencia sin tener que ver ningún otro dato. El apóstol señala que hay más de quinientas personas que pueden ser interrogadas sobre la resurrección, pues fueron testigos presenciales de una aparición masiva de quien había vencido a la muerte y a la tumba. Con toda probabilidad Pablo está haciendo referencia a ese glorioso día en que el Señor de la gloria ascendió a los cielos y fue cubierto ante la vista de la multitud por una nube que muchos envidian. Según el apóstol, se trata de una multitud de testigos, de los cuales muchos pueden dar fe del testimonio apostólico. Pueden ser contrainterrogados, pues el apóstol señala que muchos están vivos aún. En otras palabras, lo que el apóstol está insinuando es lo siguiente: «Si no me creen a mí, pregúntenle a ellos que estaban allí».

Esas experiencias que narra el apóstol no son extraídas de la casualidad. Ciertas características nos han llevado a pensar que realizó una investigación muy profunda acerca de todo lo concerniente a aquel que le derribó camino a Damasco, le dejó ciego, le cambió el nombre y le comisionó a ser embajador en cadenas de un evangelio que liberta. No es difícil especular que luego de su conversión, cerca del año 36 d.C., este apóstol haya usado los tres años que la Biblia señala (Gálatas 1.16-18) en prepararse y realizar múltiples averiguaciones acerca de los del Camino (Hechos 19.9,23; 22.4; 24.14,22), su fe y su líder. No es de extrañar que ya hubiese desarrollado investigaciones bastante profundas desde que se propuso perseguirlos. La personalidad paulina indica que ese era su estilo.[9] Esos tres años le sirven para aprender el contenido del mensaje cristiano, el *kerygma*. Aprende un poco acerca de las tradicio-

9   Un trabajo formidable respecto a esta personalidad y su mensaje lo ha desarrollado Günther Borkamm. Véase la Bibliografía.

nes que ya circulan entre las comunidades cristianas y me parece que sin querer, articula un buen plan de presentación a los contextos socioculturales que le rodean. En esas investigaciones, con toda seguridad, también entrevistó a varios de esos testigos que le confirmaron lo que había oído de otros y lo que él mismo había visto, no era alucinación sino realidad.

En este proceso, al cabo de esos primeros tres años, el apóstol va a Jerusalén, entrevista a Cefas (Gálatas 1.18), escucha su versión de los hechos y se topa con alguien que él identificará como el hermano del Señor (Gálatas 1.19). Jacobo era nada más y nada menos que el pastor de la iglesia en Jerusalén. Es un personaje tan interesante que me he atrevido a especular bastante sobre él, a partir de las informaciones que nos regala la historia sagrada. Insisto en que el párrafo siguiente es especulativo, aunque confieso que cada vez que miro los datos, me convenzo de que existe una alta probabilidad que sean absolutamente correctos.

Esta reunión debió ser celestialmente iluminadora para el apóstol de Cilicia. Para entender por qué enfatizo en esto, invito al lector a considerar un detalle que nos es provisto en el Evangelio de Juan:

> Estaba cerca la fiesta de los judíos, la de los tabernáculos; y le dijeron sus hermanos: Sal de aquí y vete a Judea, para que también tus discípulos vean las obras que haces. Porque ninguno que procura darse a conocer hace algo en secreto. Si estas cosas haces, manifiéstate al mundo (Juan 7.2-4).

¡Qué hermosura! ¿No les parece? Los hermanos de Jesús parecían pertenecer al grupo de los mejores especialistas en relaciones públicas que existían en la época. Le invitaron a darse a conocer en los lugares que realmente eran importantes. En un campo como Galilea, agrario y «poco civilizado»,[10] le sería muy difícil dar a conocer su mensaje. ¿No les parece conmovedor? Le invito a leer el próximo versículo para que entienda algo que estaría oculto, a no ser por los comentarios editoriales que encontramos en ese poderoso Evangelio juanino: «Porque ni aun sus hermanos creían en Él» (Juan 7.5).

---

10 Véase a Theissen en su trabajo sobre el contexto sociológico del entorno cristiano del primer siglo.

¿Lo leyó bien? Estos hermanos del Señor eran una partida de hipócritas, tratando de salir de su hermano y de las consecuencias de tener a un «renegado» o a un «desquiciado» desacreditando a la familia. No lo podían tener en la región en la que vivían. El versículo 12 de ese capítulo señala que el Señor había levantado una gran controversia en esa región. Jesús siempre fue controversial. En realidad, sigue siéndolo y su Iglesia nunca dejará de serlo.

Me parece interesante señalar que miro con sospecha a la iglesia cristiana que se acomoda a las circunstancias que le dicta su entorno, con tal de evitar la controversia que siempre generará el Señor de la Iglesia a través de ella. Si el gobierno se conforma y declara que es correcto apoyar el aborto, la Iglesia tiene que estar allí para ser controversial y decir que no. Si las estructuras religiosas y gubernamentales se sujetan a decir que es correcta la pena de muerte y el divorcio, la Iglesia del Señor necesita estar allí para ser controversial y demostrar los puntos bíblicoscristianos. Si algunas de las estructuras religiosas se definen con posiciones que niegan el poder de la cruz, la resurrección del encarnado y su Segunda Venida en gloria, la Iglesia está obligada a ser controversial y dejar escuchar su voz postulando lo contrario.

Por otro lado, si las estructuras creadas por la sociedad, el gobierno y/o las religiosas señalan sus apoyos a la discriminación y a la deshumanización de mujeres, niños o las minorías étnicas, la Iglesia también debe ser controversial y postular que en Cristo Jesús no hay varón ni mujer, judío ni griego, esclavo o libre, sino que todos somos uno en Cristo (Gálatas 3.8).

Al retomar la discusión del tema central de esta sección, tengo que puntualizar que Jacobo, el hermano del Señor, no creía en Cristo. Se encontraba entre quienes lo «echaron» de Galilea. A tal extremo era su negativa a aceptarle, que en el evangelio juanino se nos dice que cuando Cristo quiso ir a la fiesta de los tabernáculos, tuvo que hacerlo en secreto, por su cuenta y sin sus hermanos. La pregunta obligada es la siguiente: ¿qué hizo que Jacobo aceptara el Señorío de Jesús, la divinidad de su hermano materno?

Me parece que no es muy difícil pensar que este detalle no era desconocido para el apóstol. Solo hay que tratar de imaginar la conversación que tendría el apóstol Pablo con Jacobo, buscando la explicación a este enigma. ¿Cómo va de no creer lo que dice el hermano, hijo mayor de su increíble madrecita, a ser el pastor de la primera Iglesia que adora y proclama que ese medio hermano es Dios hecho hombre? La respuesta me parece obvia. Permítame crear un posible diálogo en esa conversación desarrollado por mi imaginación a la luz de los sucesos bíblicos.

Pablo: ¿Cómo es eso que no creías en Jesús y ahora eres pastor de una de sus iglesias?

Jacobo: Verás, la historia no es muy complicada. Todo comenzó el día en nos llegó la noticia que le habían apresado. Mamá sufrió un ataque de tristeza. Nos urgía a que le acompañáramos a la ciudad para estar cerca de Él. Como era parienta de la esposa de Zacarías, tenía unos privilegios que casi nadie disfrutaba en estos lares. Al principio no queríamos, pero por tratarse de ella, mis hermanas (Mateo 13.55-56) y algunos de nosotros accedimos a su petición. Él, que por la Ley de Moisés estaba obligado a velar por nosotros, nos había abandonado casi por completo cuando cumplió sus treinta años (Lucas 3.23). Ahora teníamos que tratar de ayudarle en medio de un problema que se había buscado.

Deberás saber que nos mantuvimos de lejos durante todo el rápido proceso. Sabíamos que definitivamente estaban violando un sinnúmero de leyes en el mismo, pero no podíamos decir nada. Teníamos gran temor de que nos apresaran por ser hermanos de Él. Mamá sí pudo estar con Él hasta llegar frente al calvario. Aquello fue impresionante. Hasta ese momento no podía comprender por qué me daba la impresión de que Él había propiciado todo aquello, que su intención siempre había sido esa.

La guardia romana le hizo pedazos; estaba tan y tan desfigurado que me hizo llorar de rabia y de pena. Aunque pensaba que estaba loco, nadie, ni siquiera un loco merece ser víctima de un abuso tan cruel y despiadado.

Le vi morir y sentí que algo de mi madrecita moría también. En aquel momento no podía explicar por qué, pero te aseguro que sentí que estaba con Él en aquella cruz, y que yo también moría con Él. Ahora sé muy bien por qué. Unos amigos de Juan consiguieron que nos concedieran el privilegio de enterrarlo. Creo que se apeló a la costumbre y la piedad para justificarlo.[11] Le vi morir y le vi enterrar. (Jacobo comienza a suspirar profundamente y sus ojos se humedecen).

Transcurrieron algunos días y comenzaron a llegar rumores que algunas personas le habían visto vivo en los alrededores de Jerusalén. Al oírles, enseguida pensé que eran cuentos de camino de aquellos que le querían mucho. Lamento que no haya sido distinto conmigo. Oyendo a los otros hablar acerca de sus experiencias con Él, sé muy bien que me perdí muchas poderosas palabras. (El llanto se apodera de todos los que se encuentran en el salón. Jacobo casi no puede expresarse.)

Una mañana... ¡alabado sea Él que escogió esa mañana!, salía al campo a recoger la cosecha del día y una brisa suave comenzó a soplar desde las lomas. Esa brisa no era normal; un perfume singular venía en cada bocanada que podía inhalar. Cuando logré subir la loma que estaba frente a nuestra choza... no podía creer lo que veían mis ojos. Pensé que estaba alucinado...(el llanto se hace profundo y comienzan a mezclarse los sentimientos de los presentes.) Él estaba allí sentado... y me sonreía como solo Él podía hacerlo. Cuando

---

11 Los romanos no gustaban de enterrar a los crucificados para completar la lección que pretendían dar con cada crucifixión. Los judíos postulan desde el libro de Tobías que era un requisito de piedad hacerlo, sobre todo si se avecinaba una de las fiestas (Tobías 1.17-19).

quise correr del lugar, me llamó por mi nombre. A mí, que no le había creído, que había ayudado a echarlo de casa, Él me llamaba por mi nombre. Cuando me volví hacia Él, no me atreví a mirarle a los ojos, pero no fue necesario. Casi al instante sentí que me estrechaba entre sus brazos...¡Caramba! Daría mi vida entera con tal de que el mundo sintiera ese abrazo. Me habló con palabras que no olvidaré jamás... «He vencido a la muerte... quiero comisionarte para que se lo digas al mundo y te ocupes de los que crean en mí».

(El llanto se transforma en gozo). Salí corriendo a buscar a mis otros hermanos. Cuando les encontré y les relaté lo sucedido, me tuvieron por loco. En ese momento recurrí a una herramienta que no he abandonado jamás, les invité a venir y ver personalmente al resucitado y lo que solo Él puede hacer. Mis hermanos le vieron y postrados caímos a sus pies.

Desde entonces le llamamos Señor (Hechos 1.14). Quiero que sepas que yo, que me crié con Dios, que me levanté cada mañana junto a Él, que desayuné y comí con Dios, necesité verlo resucitado para poder creer en Él.

Desde entonces, soy pastor de una de sus iglesias.

El apóstol Pablo sigue su discusión dando como evidencia otra presentación del Resucitado a unos que él llama los apóstoles; esto es, a aquellos comisionados por el Señor, testigos presenciales de su ministerio y de su resurrección.[12]

Por último, el apóstol señalará que cree en la resurrección corporal de Jesús, porque él mismo tuvo el privilegio de verle resucitado con poder y gloria. Es más, el apóstol señala que él fue el último en ver al Resucitado y por lo tanto es el último clasificado como apóstol.

La resurrección es tan importante que el apóstol indica que si no fuese real, no habría razón para el mensaje del evangelio.

---

12 Estos son los requisitos apostólicos que Pedro describe en Hechos 1.21-22.

El apóstol señala que nuestra fe es vana. El pecado no se ha vencido y esto es solo un espectáculo religioso más. A renglón seguido se le escuchará gritar:

> Mas ahora Cristo ha resucitado de los muertos; primicias de los que durmieron es hecho. 1 Corintios 15.20

Esa resurrección es real, como lo fue su muerte. Su testimonio es una carta ensangrentada que ha trascendido los siglos. Más que una carta, es un contrato que garantiza la victoria de cada creyente en el Resucitado. Esa muerte en la cruz y esa resurrección son los portaestandartes de nuestra esperanza de gloria: «Porque Él vive, nosotros también vivimos». Porque Él venció la muerte, tenemos seguridad de vida eterna y de nuestra victoria sobre la muerte. Esta carta ensangrentada nos hace cantar frente a la muerte y hasta poner nuestra vida en sacrificio por Él. Después de todo, la victoria sobre la muerte está asegurada en blanco y negro sobre un contrato ensangrentado.

> Anulando el acta de los decretos que había contra nosotros, que nos era contraria, quitándola de en medio y clavándola en la cruz. Colosenses 2.14

> ¿Dónde está, oh muerte, tu aguijón? ¿Dónde, oh sepulcro, tu victoria? (1 Corintios 15.55).

REFLEXIONEMOS
Al mirar en el espejo

Y miré en el espejo de la cruz y me vi a mí mismo. ¡Qué experiencia más dolorosa verme tal como soy! Tenía temor de mirarme en él; tal como soy de pecador, mortal, débil e incapaz. Me miré en el espejo y vi mi castigo, mi pecado y mi negación. Yo, que tantas veces jugué a ser más grande que Dios; ahora tenía que mirar hacia arriba. Y no lo hacía para verlo a Él, como pensé y me dije a mí mismo. A los pies de la cruz, miré hacia arriba para ver mi pecado. Sí, mi pecado clavado en aquella cruz. Entonces entendí que en mi afán por ser más grande que Dios había descendido a un lugar más abajo que mi propio pecado. Fue entonces que lloré...

Y miré en el espejo, el espejo de la cruz; y me vi a mí mismo. ¡Qué experiencia más asombrosa! Descubrí allí que podía ver mi llanto. Aquel que estaba en la cruz lloraba con un llanto que podía ser el mío, que debía ser mío; que era mío. Mi llanto estaba en Él, ya retratado en aquella cruz. Mi dolor del alma abatida por estar lejos de Dios era el dolor reflejado en aquel espejo. El dolor del rostro de cada madre que llora. El dolor del alma de cada esposa que gime. El dolor del corazón de cada hijo que despierta a la conciencia que está lejos de la casa del Padre. Entonces me di cuenta de que no hay dolor humano que no pueda ser encontrado en esa cruz. Mi orgullo epidermal no me había permitido verme tal cual soy y aquel día frente al espejo, no me pude ocultar de esa triste realidad. Mi realidad...

Y miré en el espejo, el espejo del Gólgota, y me vi a mí mismo. ¡Qué experiencia más tierna y poderosa! Descubrí que allí podía verme. No como soy, sino como Él anhela que yo pueda ser. Descubrí que no era tan solo su anhelo. También anhelo ser como Él anhela que sea. Mi falso orgullo y mi arrogancia dejé colgados del espejo. Este espejo hecho de carne y de cielo, de amor y consuelo, me permitía ver mi muerte y mi vida. Mi juicio y condena. Mi absolución y mi liberación. Mi salvación y el disfrute de una vida nueva.

Y miré en el espejo, el espejo del Calvario. ¡Qué experiencia maravillosa! Descubrí que frente a esa confrontación era imposible esconder mi realidad y la realidad celestial. Pero ya no tenía miedo, no me dolía el alma. Allí vi no lo que sería mi muerte, sino lo que ya fue. Pues Él murió por mí en aquella cruz. Allí descubrí no lo que será mi vida, sino lo que ya es. Al mirarme en el espejo del Calvario me he visto a mí mismo y junto a mí he visto a Dios.

Y miré en el espejo del Calvario, tal como soy de pecador, sin más confianza que la provista por Aquel que ocupó allí mi lugar. ¡Qué experiencia más hermosa! Ya no tengo temor de mirarme en el espejo; en el espejo de la cruz de Cristo...

Mizraim Esquilín,
Luquillo,
P.R. marzo de 1996

Nadie tendrá que decirle cuándo el Espíritu
Santo viene a su vida. Usted lo sabrá.
Sentirá un súbito aumento de poder
que no se parece a nada
que jamás haya conocido

Benny Hinn
Bienvenido, Espíritu Santo,
Editorial Caribe,
Miami, FL, 1996, p. 219.

6

Poderosos... ¿para qué?

Porque el reino de Dios no consiste
en palabras, sino en poder.
1 Corintios 4.20

En el mes de junio de 1992, mi esposa tuvo que ser intervenida quirúrgicamente. A causa de esta operación, la iglesia que pastoreo me sugirió que tomara el mes de julio para pasar con ella algunos días fuera del país. Me pareció que esta sería la única manera que ella pudiera descansar de las complicaciones del diario vivir.

Nos enviaron de vacaciones a unos bosques en el estado de Connecticut y ya de regreso a Puerto Rico pasamos un día en la ciudad de Nueva York. Por lo tanto, decidimos reservar una habitación en un hotel que se encuentra en la calle 57, entre la 9a. y 10a. avenidas. Allí se estaban celebrando dos convenciones demócratas estatales dentro del programa de la convención nacional de ese partido. Oklahoma y Texas eran los estados que participaban de esa celebración.

Nunca estuve en el ambiente político, así que esa noche nos recluimos muy temprano en la habitación y no salimos hasta la hora del desayuno. Nos tocó desayunar al lado de los ventanales que dan acceso al estacionamiento de ese hotel. En la mesa que estaba al lado nuestro se sentó un «americano de no pocos abriles en su rostro» y de una cara muy familiar. Ese rostro lo había visto en algún sitio, pero no acababa de identificarlo. Junto a él, otro caballero más joven le hablaba con mucha pasión.

Las mesas en ese restaurante padecen el mal de casi todas las de los hoteles dedicados al hospedaje de gente de negocios y comercio. Están tan cerca una de las otras que es casi imposible mantener la privacidad de las conversaciones. Debido a esto, y por el tono de voz que usaban y quizás por la costumbre pastoral de ser capaz de estar atendiendo dos y tres conversaciones simultáneamente (no me pregunte cómo es posible, pero casi todos los pastores consultados poseen la misma virtud o defecto), me llamaron la atención algunas cosas que decían.

El más joven revelaba algunos detalles de su más reciente viaje a Singapur y de sus dificultades para aprender ruso. Una nota sobresaliente en su conversación fue acerca de un negocio que requeriría la inversión de cien o ciento cincuenta millones de dólares más para que «alguien» estuviese convencido de que el asunto era en serio.

Tengo que admitir que pensé en muchas cosas. Relacioné que los «políticos» de la delegación de Puerto Rico se estaban hospedando en el U.N. Plaza y que el Trump Plaza estaba tan cerca que imaginen lo que le comenté a mi esposa. En español y muy sigiloso le dije que creía que el mas joven debía ser un «supervisor glorificado». Una especie de funcionario de poca jerarquía que estaba tratando de impresionar a un oficial corporativo con mucha antigüedad y autoridad decisional. En Puerto Rico acuñamos una frase en el mundo de los negocios y de la política para esa clase de funcionario: «sopla-pote». Uno con mucho «verbo encendido», con muchas flores sobre su desempeño, pero que en realidad solo trata de impresionar, pues del análisis de su realidad política, profesional o comercial se desprende que es como un cero a la izquierda. Definitivamente, eso era lo que parecía el cuadro que se ensamblaba frente a nosotros. El «viejo» era víctima de una faena a cargo de alguien que quería impresionarlo de una manera singular.

Ese cuadro que imaginé, se podía sustentar con facilidad con otras experiencias vividas en la Babel de Hierro. El mundo que se dibuja en Nueva York hace posible que cuadros de este tipo se vean con relativa facilidad. Es también responsable que uno (de manera irresponsable), acostumbre a formarse cuadros mentales de la gente que ve y oye, sin profundizar un poco más antes de hacerlo.

De pronto, el estacionamiento se llenó de ómnibus y automóviles repletos de agentes de seguridad. Sin necesitar ser especialista en la materia, supe inmediatamente que se trataba de agentes del Servicio Secreto de los Estados Unidos. Mil preguntas e intrigas pasaron por mi mente en uno ó dos segundos.

Definitivamente, no era por nosotros que se encontraban allí. Una pregunta sin respuesta era que no podía descifrar qué personalidad podría estar en ese hotel que necesitara protección de esa agencia. La respuesta era cada vez más difícil de hallar porque el hotel, que no era de mala calidad, tenía unos precios que hasta yo los podía pagar. No imaginaba quién podría ser esa persona tan importante.

Sin que me diera cuenta, los dos personajes que estaban al lado nuestro desaparecieron y cuando me fui a levantar para «salir» del lugar, la mano de un americano como de «10 pies de estatura» (les aseguro que me pareció que era así de alto; tal vez se debía a la tensión que respiraba) se posó en mi hombro y me dijo en un inglés bostoniano:

Don't worry, everything is under control; Mrs. Clinton is next to arrive. («No se preocupe, todo está bajo control; la Sra. Clinton llegará de un momento a otro».)

Una sensación parecida a la de un viento helado, muy frío, se ocupó de llenarme de pies a cabeza. Se trataba nada más y nada menos que de la esposa del entonces candidato a la presidencia de los Estados Unidos de América por el Partido Demócrata de ese país, William Jefferson Clinton.

Varios segundos después, una microbús se estacionó al lado del vidrio (cristal) por el que estábamos mirando y allí estaba ella. Exactamente como se nos había informado, Hillary Rodham Clinton había llegado a ese hotel en la calle 57. Pero aún me faltaba el fiasco más grande. El «viejo americano» de la mesa contigua era Jim Weight uno de los líderes de la mayoría del senado federal y el «sopla-pote» que le acompañaba resultó ser Jay Rockefeller, senador por uno de los estados de Nueva Inglaterra, quien había sido invitado a conocer a la futura primera dama del país.

Nada, que este jibarito puertorriqueño que escribe, había estado juzgando a la gente en base al comportamiento de los políticos puertorriqueños y no había leído bien cómo se juega el «juego del poder» en esas esferas estadounidenses. Ese poder que puede detener a la ciudad de Nueva York y juntar demócratas y republicanos ricos para celebrar victorias antes de que estas ocurran. Desde ese día el concepto del poder cobró un nuevo significado para mí.

La palabra poder es uno de los conceptos más avasalladores que existen. Es una de esas palabras que nunca pasan de moda. A través de todas las épocas observamos juegos de poder en todas las esferas de las sociedades humanas. Lo vemos en los niveles políticos, niveles en los que es importante hasta robar cámara para poder estar en el grupo de los que están guisando. Preguntémosle a todos esos representantes, diputados y congresistas que siempre se las arreglan para estar presente en todas las conferencias televisadas. Una cantidad cada vez más alarmante de ellos han estado apareciendo frente a las cámaras de toda Hispanoamérica, pero esta vez para rendir cuentas por acusaciones de malversación de fondos, uso indebido de sus influencias, patrocinio de sus campañas por los grandes que trafican con drogas y vidas y hasta por conspiración. El coqueteo y el uso del poder político y económico ha sido capaz de «dañar» a más de un buen ser humano.

Lo vemos en las esferas industriales, en donde las estructuras de poder están siempre al acecho de la cabeza del más débil. Los gerentes y los directores participan en el juego de la supervivencia cada veinticuatro horas. Los «pares» y los subalternos andan «cortando cabezas», cazando cabezas para ser ellos los poderosos, los que reparten el pastel. Lo vemos en las esferas de los medios de comunicación masiva en los que una gran audiencia puede crear un ídolo con la misma facilidad con la que lo destruye. En fin, la lista es larguísima. Una cruel realidad que todos estamos viviendo, experimentando y sufriendo a diario.

Pero existen diferentes clases y dimensiones de poder. En este capítulo me gustaría considerar algunos de ellos y enunciarlos a la luz de un pensamiento esgrimido por Bertrand Arthur William Russell. Sí, el mismo filósofo nacido en Gran Bretaña en 1872 y que es considerado el profeta del humanismo liberal. Este enemigo del evangelio y de la fe definió el concepto «poder» de la manera siguiente:

> El poder es la producción de efectos intencionales y el amor al poder es el deseo de producir esos efectos.

A renglón seguido, Russell añadió lo siguiente:

> El poder no es una finalidad en sí mismo, sino los medios para obtener esa finalidad[...] El objetivo final de aquellos que lo poseen deberá ser la promoción de la cooperación social.[1]

A la luz de lo que Russell señala en todo ese tratado, los que buscan el poder por el deseo de tenerlo, jamás gozarán del poder real, pues no alcanzarán sus metas; definiendo metas como productos de cambios. Si se me permite adelantar una conclusión, deberé decir que el poder esgrimido por el Hijo del Hombre tenía como una de sus metas, deshacer las obras del diablo (1 Juan 3.8b).

Dentro de los poderes humanos más impactantes está el poder económico. El poder que todo lo quiere controlar y poseer. No creo que haya sido un mero ejercicio de retórica que William Cantelon, en su libro *El funeral del dólar*, al igual que Taylor Caldwell, el autor de Captains and Kings [Capitanes y Reyes], hayan mencionado la existencia de un pequeño grupo de potentados que juega a controlar económicamente el mundo. Ellos lo llaman la sociedad «Iluminati». Los definen como un puñado de zares económicos que deciden dónde habrá guerra, dónde puede surgir un nuevo presidente, dónde habrá bonanza económica y así sucesivamente.

Me parece que no están tan lejos de la realidad. Pude constatar alguna evidencia al respecto, por supuesto a un nivel mucho más bajo, en mi experiencia en el mundo corporativo donde el gerente ejecutivo (en inglés CEO) de uno de los diez bancos más grandes del mundo era al mismo tiempo gerente ejecutivo de la corporación para la que yo trabajaba. A la vez, este genio de las finanzas era miembro de cinco o seis juntas corporativas adicionales. Todas dentro de las mejores

---

1 Ambas citas se encuentran en *A History of Philosophy*, vol. 8, *Modern Philosophy: Part II*, pp. 239-240. Este forma parte de una colección escrita por Frederick Copleston, S.J. 1967, Image Books, New York.

veinticinco del mundo de acuerdo a la tabla que clasifica las corporaciones por su producción de dinero.

En círculos por debajo de ese nivel se discutía abiertamente cómo en la década del setenta, Venezuela se había cavado su propia tumba al ponerse del lado de la OPEP (Organización de Países Exportadores de Petróleo) y no de parte de las naciones industrializadas. La crisis actual de esa república es una respuesta que ellos llamaban premeditada.

Otro antitestimonio lo vivimos con el «pobre» Saddam Husseim, quien pensó que solo hacía falta poder militar para hacerse dueño del 40% del petróleo del mundo. Nunca supo el número de «la tablilla del camión que le pasó por encima». Una alianza casi mágica lo desbancó, pasándole un ejército con características inimaginables por encima de la «flor y nata» de sus mejores elementos humanos y terrenos. Gente que nunca antes había logrado ponerse de acuerdo, allí estaban haciéndolo y reunidos para asegurarse que Saddam no se levantara del golpe propinado.

Algunos hablan del poder militar. Yo me niego a considerarlo con seriedad porque creo que este poder siempre ha estado al servicio de uno que es mayor que él. Los que aman la milicia describen su punto de vista señalando que vivieron con desdén la realidad de que no se les permitiera pelear una guerra en Indochina que era a lo que aspiraban y cómo un pueblo con cerbatanas y cadenas se ganó a los B-52 y a los helicópteros del 1º de caballería de los E.U.A. Para sorpresa de nadie, los billetes dentro de las hamburguesas de Mc Donalds: Big Mac, las latas de Pepsi y los automóviles de la General Motors han puesto a Hanoi a comer de la mano de Washington. Esto demuestra que el poder militar ha estado siempre al servicio del poder económico.

Pero aun los que blandean ufanos el poder económico tienen sus días contados. Se les acaba la cuerda. Los Howard Hughes nacen y mueren, los Howard Hunt corren igual suerte. Los Nixon suben y caen, los Kennedy nacen y mueren, los Reagan triunfan y se apagan, los muros de Berlín se levantan y se derrumban, los Gorbachov triunfan y luego fracasan. Asimismo les pasa a los Noriega, los Pinochet, los Somoza y le pasará a Fidel. Un ejemplo de esto lo vimos en Chuck Colson. Su oficina estaba a veinte pies de la oficina oval en

Casa Blanca. El señor Colson confesó tener el poder no constitucional de levantar el teléfono y enviar un destacamento militar a cualquier parte del mundo. Declaró que tenía el poder de volar en un avión militar a cualquier parte y en cualquier momento. Es muy importante señalar que Colson fue preso por el escándalo de Watergate. Este poder está nuevamente ante la opinión pública y lo estamos acariciando en un escándalo que no comenzó con las inversiones de Whitewater.

En diciembre 27 de 1992, se proyectó en «Dateline», del canal televisivo NBC, un reportaje en el que se acusaba a la corporación Wal-Mart de explotación infantil en fábricas del Lejano Oriente. La cadena CNN reseñó como noticia el reportaje y la acusación. Al tratar de verlo u oírlo otra vez nos encontramos con que tanto NBC como CNN se negaron a repetir el documental y a hacer comentarios al respecto. La revista *TIME* de la primera semana de enero de 1993, tan solo le dedicaba doce líneas en la página de los etcétera. Al indagar por escrito con otras cadenas, los muchachos de la iglesia que pastoreo consiguieron una copia provista por otra cadena de ventas, Kmart. Al verla cuidadosamente, entendimos algo muy importante. Uno de los miembros de la junta de directores de esa corporación era la señora Hillary Rodham-Clinton. Nunca me ha interesado la política, pero me parece que el telón está a punto de cerrarse.

Mas hay Uno que abrió sus manos y en vez de empuñar armas o cuentas bancarias, destiló sangre. En vez de conspirar habló de redención. Cuando pudo maldecir habló de perdón. Y siendo igual a Dios, decidió ser colgado en el púlpito más alto y desde allí cambiar la historia de la humanidad y lo hizo sin necesidad de conjugar el verbo «tener». El «Rey de quien yo soy» ha trascendido la historia y permanece incólume a través de ella.

Otro poder que me gustaría señalar, aunque solo de manera superficial, es el de la naturaleza. ¿Quién puede permanecer de pie frente a un huracán como Hugo, con vientos sostenidos de 120 m/hr, con ráfagas de 200 m/hr que agrietaron los aleros de casas de cemento que están en las montañas de Buenavista-Carrión, cerca de la cordillera en donde se encuentra el Yunque? ¿Quién se sostiene frente al temblor de la tierra? Uno de los jóvenes de la iglesia que pastoreo regresó de un viaje de cuarenta y un días atendiendo víctimas del terremoto en California (trabaja con FEMA; Agencia Federal para el manejo de Emergencias por sus siglas en inglés). Sus historias son desgarradoras. Me decía: «Pastor, es tenerlo todo y veinte segundos más tarde no tener nada. Una anciana acomodada de setenta y nueve años vivía con su esposo y su hija en un sector privilegiado. El temblor le arrebató al esposo y a la hija. La dejó con ambas piernas fracturadas. Los paramédicos la atendieron seis horas después del temblor. Cuando se comunica conmigo, me dice que luego de esto nadie la ha atendido, la gente le cobra por cualquier servicio. Nadie hace nada gratis. Sus piernas tienen gangrena y hace tres días que no prueba comida. En el momento en que estaba hablando conmigo, una nueva sacudida la llevó a un ataque de histeria y se cortó la comunicación. No fue posible reanudarla sino hasta dos horas más tarde. Con voz ahogada por el llanto me decía que fue necesario que temblara la tierra para darse cuenta de que no era distinta a un negro, a un chicano ni a un deambulante».

Hay un poder que cambia la perspectiva de las tormentas. No necesariamente apagará el turbión, mas hará posible que estemos sobre él y le veamos desde la altura de Dios. Es un poder que nos permite ser llevados en manos del Espíritu aun en medio de los crueles ataques que a veces desatan la naturaleza, el mundo y el reino emocional. Es una de las fieles promesas que nos ha dado el Señor: «Por tanto no temeremos aunque la tierra sea removida y se traspasen los montes (Salmo 46.2). El poder de la presencia de Dios. Él no prometió detener el temblor. Pero sí prometió estar con nosotros.

Uno de los poderes más «sabrosos» que existen sobre la faz de la tierra es el de la risa. «La risa: remedio infalible», es una de las secciones de la revista de más venta en el mundo entero (*Readers Digest*). Leyendo en la Palabra de Dios he llegado a la conclusión que uno de los problemas más grandes que enfrentamos es haber perdido el buen sentido del humor. En los años más recientes, hay gente que no se sabe reír ni podrá hacerlo a menos que los chistes sean hechos por los seudocomediantes de bromas subidas de tono. Es más, nuestras iglesias están llenas de gente que llega a ellas con cara de «viernes santo a las tres de la tarde». Amargados, reflejando en sus rostros el dolor que llevan en el alma y dibujando muecas en vez de sonrisas, a causa de los vacíos y angustias del corazón. Los pastores hemos olvidado que nuestra gente necesita aprender a reír, a reírse de ellos mismos, a reírse de la vida. El apóstol Pablo nos decía varias veces: «Gócense en el Señor, otra vez se los digo, gócense».

Una edición de la revista *Time* del mes de octubre de 1985 decía que luego de un estudio, que costó unos quince millones de dólares, la Asociación Médica Estadounidense y la asociación que agrupa a los sicólogos clínicos de Nueva Inglaterra, habían llegado a la conclusión que la gente padecía de fobias, ansiedades y depresiones, entre otras cosas, por haber perdido la capacidad de reír espontáneamente. Por lo que, señalaban que la gente desarrollaba más líneas de expresión por esta misma razón (en mi casa le llaman arrugas). Que solo una fuerza positiva podía ser eficaz para erradicar los efectos de estas condiciones en los seres humanos que la padecen. Confieso que me reí del estudio, pues recordé que sin gastar un solo peso, mi abuelita paterna me abrió una vez el libro de los Proverbios y me leyó algo que dice;

> El corazón alegre hermosea el rostro[...] Mas el espíritu triste seca los huesos (Proverbios 15.13; 17.22).

Ya lo ha dicho la himnóloga: «¿Cómo podré estar triste? ¿Cómo entre sombras ir? ¿Cómo sentirme solo y en el dolor vivir? Si Él cuida de las aves, cuidará también de mí». Civilla D. Martin escribió este himno en 1904, en la sala de la casa de una amiga a la que había ido a visitar. Esta amiga estaba muy enferma y su estado de salud además de penoso, le producía unos dolores increíbles. Cuando Civilla llegó a su habitación, la amiga le recibió con una sonrisa hermosísima.

La hermana Martin se sintió tan sorprendida por la paradoja existente entre el dolor y la sonrisa dibujada en el rostro de esta amiga, que no pudo más que preguntarle cómo era que podía sonreír. La amiga de Civilla se enderezó como pudo hasta lograr sentarse. Al hacerlo, señaló a través de la ventana de la habitación hacia el patio de la casa. En el mismo, unos pequeños gorriones[2] jugaban con mucha candidez en el suelo.

---

2 En inglés se conocen como «sparrows». De ahí que el himno en inglés se titula *His Eye is on the Sparrow*.

La amiga de la hermana Martin le dijo las mismas palabras con las que inicia ese himno tan poderoso. Unas preguntas eternas: «¿Cómo podré estar triste? Si Él cuida de esos gorriones, cuidará también de mí». Civilla convirtió en poesía la respuesta eterna y en canción del alma y testimonio del Espíritu el momento de prueba de esta hermana enferma.

> Feliz cantando alegre, yo vivo siempre aquí.
> Si Él cuida de las aves, Cuidará también de mí.[3]

Un poder aún más rico es el de la alabanza; el de la canción que adora al Señor. Es indiscutible que esta puede convertirse en terapia para el creyente y en función liberadora (Salmo 32.7b). Una de la experiencias más sensacionales que haya sentido jamás la viví con una joven que pude ver cantar momentos antes de que el mayor de sus hijos partiera a la eternidad .

Pero ninguno de los poderes presentados hasta aquí encierra el mismo del que trata este versículo Paulino. La iglesia a la que el apóstol escribe es una iglesia que había experimentado el poder de la fe que echa las montañas a la mar, el poder de los dones de lenguas y de profecía. Había experimentado el poder de la sabiduría y el del dinero. Es más, conocían hasta la «virtud» de entregar sus cuerpos en servicio por los demás (1 Corintios 13.3).

Sin embargo, ninguno de estos poderes pudo evitar que esta iglesia se fragmentara entre los de Cefas, posibles legalistas con una visión que aísla la gracia divina. Los de Apolo, posibles pregnósticos que creían que el poder de la racionalización teológica era lo más sublime y necesario para ir al cielo. Los de Pablo, posibles practicantes de un estilo peyorativo y libertino del mensaje paulino acerca de la libertad y la gracia. Y los de Cristo, posibles santurrones que no podían comulgar ni relacionarse con los demás. Esta iglesia, con todos sus poderes, había sido incapaz de oponerse a la práctica nefasta

---

3   Esta historia y cientos de historias similares aparecen en *Amazing Grace: 366 Inspiring Hymns Stories for Daily Devotions*, escrito por Kenneth W. Oesbeck, Kregel Publications, Grand Rapids, MI, p. 143. El himno está registrado junto a toda una colección a nombre de Charles Gabriel, prolífico compositor conocido por la utilización de sus himnos y colecciones en las campañas del legendario evangelista Billy Sunday. Es por esto que muchos himnarios le adjudican a él la composición del mismo.

de un hijo que sostenía relaciones sexuales con la nueva esposa de su papá.

Ante esta iglesia, borracha de poder y del vino que se bebían los ricos en los bacanales, el apóstol Pablo resuelve enseñarles un mejor camino. El camino del poder del cual consiste el reino de Dios.

Si hablamos lenguas humanas y angélicas, si repartimos nuestros bienes, si tuviésemos profecía y entendiésemos todo misterio y toda ciencia y no tenemos amor, de nada nos sirve. Este es el poder del que se compone el reino de Dios. El poder transformador del amor. Poder que puede cambiar y transformar las realidades humanas más aberrantes y hacerlas nuevas para la gloria de Dios.

Hace unos instantes señalaba los resultados del estudio publicado por la revista *TIME* y los patrones de fobias (temores), depresiones y angustias allí identificados. Una de las realidades más grandes está también allí identificada, nuestros temores ante el ejercicio del poder. Sé muy bien que en la agenda de algunos lectores ya se han plasmado notas acerca de la manipulación que se ejerce a base del poder. No podemos esconder que nuestros temores están allí presentes. Pero santa y poderosa es la Palabra de Dios que señala que el poder del amor echa fuera el temor (1 Juan 4.18). Si alguno teme aún al amor de Dios, la invitación de hoy es a una decisión de riesgo. Sumergirse en su amor para que este eche fuera nuestros temores.

Solo el amor de Dios nos permite entender el plan de salvación divina. Sólo al sumergirnos en ese amor podemos ver como iguales a los menos aventajados, desvalidos y desposeídos de nuestro entorno inmediato y del mundo. Ese poder fue el responsable de llevar a Cristo al Calvario. Ese amor invita a abrir posibilidades. Ese amor desciende hasta nuestro nivel para luego elevarnos a las dimensiones de Dios. Ese amor es capaz de transformar nuestros sentidos de pérdida en bendiciones reales que provienen de la mano amorosa de Dios. Es el amor que transforma a Saulo de Tarso, a Zaqueo y a Pedro. Amor que nos puede transformar a ti y a mí.

Hay aspectos de ese amor que no podemos comprender. Son manifestaciones de este que trasciende a nuestro entendimientos de Dios. Pero es innegable que su presencia se con-

SOBRE LAS ALAS DEL VIENTO

vierte en aceite que unge nuestra existencia y nos permite
saborear la presencia redentora de Dios, no importando cuál
sea nuestra situación.

Un amigo sudamericano me señaló una vez que nosotros
los puertorriqueños muchas veces no alcanzamos a entender
las dimensiones profundas del amor de Dios porque tenemos
una fe citadina, primer mundista. Que para entender esas
dimensiones del amor de Dios hay que bajarse de las cabalga-
duras que nos conducen a algunos hacia Damasco en vez de a
Jerusalén.

Hay que entender que cuando Pablo habla del poder de
Dios lo hace en plural. Esto es así, porque el Nuevo Testamento usa varios términos para describir y hacer referencias a ese
poder. Ese poder es uno que proviene del Espíritu Santo y es
multifacético. A lo largo de todo el Nuevo Testamento veremos
que sus resultados y operaciones son distintas. Veamos algunos ejemplos de ellos:[4]

- **Dúnamis**
  Mateo 6.13   «Tuyo es el reino y el poder»
  (1411)   «PODER MILAGROSO»
  (1410)   «CAPAZ» (ROMANOS 16.25)
  Hechos 1.8; 3.12; 4.7,33; 6.8; 8.10; 10.38

- Exousía
  Mateo 9.16   «Tiene poder para perdonar»
  (1849)   «PRIVILEGIO, FUERZA, CAPACIDAD,
                      MAGISTRATURA SOBREHUMANA Y
                      POTENTADO»
  Hechos 1.7; 5.4; 8.19; 26.18

- **Megaleiotes**
  Lucas 9.43   «Estaban todos maravillados»
  (3168)   «ESPLENDOR, MAGNIFICENCIA,
                      MAJESTAD»

- **Arché**
  Lucas 20.20   «Para entregarle al poder y la autoridad
                      del gobernador».
  (746)   «Poder humano, Autoridad»

---

4   El número entre paréntesis corresponde a la clasificación Strong de ese concepto o término.

- **Kratós**
  Efesios 1.19   «Según la operación del poder de
                            su fuerza»
  (2904)   «DOMINIO»
                            Efesios 6.10 «Fortaleceos en el Señor
                            y en el poder»
  Colosense 1.11   «Fortalecidos con todo poder»

- **Ischus**
  Pedro 2.11   «Los Ángeles son mayores en fuerza
                            y en potencia».
  (2479)

                            1 Pedro 4.11

El término dúnamis es usado ciento diecinueve veces en el Nuevo Testamento. Pablo lo usa treinta y seis veces en sus cartas y, de ellas, quince veces en 1 Corintios y diez en 2 Corintios. El apóstol usa este término para señalar que la demostración esencial del poder de Dios está en la resurrección de Jesús (2 Corintios 13.4).

Porque aunque fue crucificado en debilidad, vive por el *poder* de Dios.
Pues también nosotros somos débiles en Él, pero viviremos con Él por el *poder* de Dios para con vosotros.

Si usted leyó las citas bíblicas suplidas aquí, se habrá dado cuenta de que no nos han dejado margen para ensayar con otras cosas. El Reino de Dios no consiste en palabras. Todo lo concerniente al Reino de Dios tiene que ver con poder. ¿Vive usted en ese poder?

REFLEXIONEMOS
Un testimonio de poder

Culmino esta exposición con una experiencia paradójica. Luego de experimentarla, la mujer que la vivió testificó del amor de Dios. Me tocó pastorear a un matrimonio joven con una niña. Ella es orientadora universitaria y él divide su tiempo entre la carrera militar y las instituciones correccionales del gobierno de los Estados Unidos de América. Una mañana, mientras ella manejaba el automóvil hacia su trabajo, sufrió un accidente muy grave. Es más, cuando me llamaron para informarme al respecto, me indicaron que la joven se encontraba en la unidad de manejo de traumas del Centro Médico de Río Piedras, Puerto Rico. Este complejo médico es un combinado de una docena de hospitales y una escuela de medicina y está considerado como una de las mejores unidades de tercer nivel en toda la América hispana. Un orgullo para todos los puertorriqueños. Su unidad para el cuidado y atención de quemados ha recibido infinidad de premios a nivel mundial y de la nación estadounidense. Un tanto igual le ha sucedido a la unidad que atiende los pacientes con traumas severos.

Al llegar allí me encontré con antiguos compañeros de estudio y estudiantes que ya honran su juramento hipocrático. La condición de la joven era muy grave. El impacto le había partido el hígado, la vesícula, algunas costillas y le había ocasionado una acumulación impresionante de sangre en su tórax. Una lesión en la cabeza, una hemorragia interna masiva y una fractura abierta en su pierna izquierda eran acompañadas por fracturas múltiples de sus caderas. Estábamos frente a un seguro cadáver. Aun cuando los médicos no habían comenzado a experimentar las complicaciones que siguieron a lo que hasta aquí se ha descrito.

Mientras oraba en uno de los pasillos con el esposo de esta joven, los jefes departamentales de todo el complejo conferenciaban sobre la situación de la joven y uno de los galenos se me acercó para que le ayudara a convencer al esposo de la joven de que le permitiera operar de emergencia a la accidentada. Someterla a una operación en esa condición era exageradamente riesgoso. No hacerlo era sentenciarla a morir. Mientras se firmaban las autorizaciones para el procedimiento, recordé una esquina de ese hospital en la que muchas veces me han invitado a orar. Luego de trasladarnos hasta ese lugar, comenzamos a clamar mientras esperábamos por los resultados de la intervención quirúrgica. Allí observé cómo toda una multitud se paralizaba en los pasillos de todos los pisos al escuchar las oraciones mezcladas con llanto que salían de los labios y del corazón de este joven.

Algunas personas se nos unieron en la oración. Una de ellas era una señora que me sorprendió por la paz que trasmitió a todos los que estábamos allí. Mientras seguíamos orando, ella comenzó a cantar un coro que dice así:

//Grande es el Señor, Creador Omnipotente
Canta y danza al Rey que viene pronto.
De felicidad el corazón se llena, Grande es el Señor//

//¡Oh!, ¡Oh! ¡Oh! Hosanna al Altísimo//
Grande es el Señor.

Era singular el hecho que mientras ella cantaba esa alabanza, se inclinaba a realizar unas caravanas de reverencia, como si alguien estuviese frente a ella para recibirlas. He visto esto muchas veces en las iglesias, pero aquella tarde había algo distinto en todo «el asunto».

Mientras cantábamos y orábamos, el joven esposo se puso de pie y comenzó a alabar a Dios. Las nubes que habían estado ocultando el sol hicieron un hueco entre ellas y un rayo de sol se posó sobre su cabeza. Sus manos se levantaron en alto y siguió en una experiencia de alabanza que no había sentido nunca. En ese momento, uno de los médicos que efectuaba la operación salió al pasillo y nos gritó: «Sigan orando, hemos logrado detener la hemorragia».

Nos abrazamos y comenzamos las presentaciones de rigor. Al llegar a la hermana que llegó a cantar en el Espíritu, descubrí que se trataba de la madre de la joven accidentada. «¡No os entristezcáis, el gozo del Señor es vuestra fuerza!» (Nehemías 8.10b).

Al concluir esa intervención comenzaron a llegar muy malas noticias. Los médicos no creían que se recuperaría y de hacerlo, con toda probabilidad estaría condenada a ser un vegetal.

Las veces que fui a verla a la unidad de cuidado intensivo, el cuadro que encontraba era desgarrador. Este muchacho le hablaba, lloraba y cantaba en el oído a una joven en estado comatoso, hinchada desde la cabeza hasta los pies y con severas complicaciones en todos sus sistemas vitales. Las palabras de este joven forman parte del testimonio que relataré a continuación.

La ciencia médica me dice que me resigne,
que de cierto morirá;
Ellos son poderosos, pero mi Dios lo es más[...]
Cuando oré por ella Dios me lo garantizó y
Él además de ser poderoso
Es fiel, Él es fiel[...] Él es fiel[...] Él es fiel».

Varias semanas pasaron en ese suplicio. Una tarde la fe volvió a sorprender al mundo. Una enfermera que cambiaba unos electrodos se alarmó al ver que la paciente en estado comatoso había abierto sus ojos y le miraba fijamente. Todos llegamos a pensar que se trataba de un reflejo involuntario. Esa misma noche los sistemas colapsaron y decidieron quitarle las máquinas que le asistían para mantenerle viva. Varias veces se había «ido» y habían logrado traerla de vuelta, pero esta vez no tenían esperanza. Se esperaba que en cuestión de minutos dejara de respirar y que finalmente muriera.

No lo hizo. Siguió respirando y lo hacía normalmente. Al otro día volvió a abrir los ojos, pero esta vez habló y le comunicó con dulzura a la enfermera de turno que tenía sed y dolor. A esta se le cayó de las manos la bandeja de instrumentos que traía y rápidamente trajo consigo a una batería de médicos que no creían lo que veían sus ojos. Los directores médicos de todos los departamentos de los hospitales del complejo comenzaron a realizar visitas periódicas. Estas visitas aumentarían con el paso de las semanas y junto a ellos requerirían la asistencia de estudiantes de diversas especialidades médicas. Aquella que esperaban ver morir, no solo estaba viva, sino que había comenzado a recuperarse tan rápidamente que nadie vacilaba al describir todo el proceso como milagroso. Uno de los más renombrados especialistas determinó que no se podría levantar jamás. Estaría confinada de por vida a una cama de posición. Su recuperación cambió el pronóstico en veinticuatro horas. Esta vez se dijo que tardaría unos seis meses en poder levantarse de allí, «si tenía suerte». Esta joven de cierto no tenía suerte, tenía bendición. La mano poderosa del trino Dios estaba realizando lo acordado con el esposo de esta en un momento de oración en el espíritu. A las seis semanas había sido dada de alta en silla de ruedas, comiendo con su mano.

Una mañana gloriosa llegó a nuestro templo, en su silla de ruedas a dar gracias a Dios y a los hermanos por todas sus atenciones y cuidados. La presenté a la iglesia para dar gracias a Dios. Le pedí que me permitiera traerle al frente para esta oración. Lo próximo que vimos fue cuando se levantó de la silla de ruedas y siguió caminando sin ayuda hasta el altar. Su esposo venía tras ella empujando una silla de ruedas vacía. El poder de Dios en acción. La meta de ese poder, cumplir una promesa hecha a un fiel siervo y esposo que clamaba a Dios y pedía el cumplimiento de las promesas divinas.

El llanto y el poder de Dios se apoderaron de la congregación y antes de que ella comenzara a orar, hicimos silencio para escucharle hablar:

Ustedes no saben lo que significa para mí estar aquí. Doy gracias a Dios por ello. Pero quiero contarles algo que Dios me ha pedido que se lo diga a su pueblo. Me parece que ninguno de los aquí presentes tiene siquiera una idea de lo que sucede en un momento tan crítico como el que pasé. En cada uno de esos momentos, cuando estaba entre la vida y la muerte, se libraron unas batallas campales. Voces que sabía venían del mismo infierno me gritaban que mi fe era vana, que Dios me había puesto en esa situación. Me gritaban que no me salvaría. Se reían en mis oídos. Por otro lado, voces del cielo cantaban en mi otro oído y me inspiraban a seguir confiando en mi Señor. La voz de mi esposo fue un instrumento vital para esta lucha. Le escuchaba leyendo salmos, cantando alabanzas y orando y llorando al Señor.

Una tarde, en la que mi espíritu abandonó mi cuerpo, me sentí subiendo a un lugar muy especial. Es tan hermoso, que no lo puedo describir con palabras. No sé si podrán creer lo que les diré, pero era tan hermoso que aun cuando una voz me recordó que tenía un bebé, le señalé al que me hablaba que sabía que se encargarían de ella y que por favor me dejaran allí. En ese momento me sentí rodeada de un gran resplandor y supe que el amor del Todopoderoso Dios me envolvió.

Oí la voz más dulce que jamás había oído, sus palabras fueron muy tiernas: «Tu tiempo aún no ha llegado. Ve y dile a mi pueblo que le amo y que iré muy pronto por él. Te encargo esa misión».

Wanda y Paquito son dos testimonios vivos de lo que puede hacer el poder de Dios. El poder de Dios que sana enfermedades y destruye las obras del diablo. El poder de Dios que ama y es capaz de librar a sus hijos de las garras de la muerte. El poder de Dios que llama a los suyos al cielo, para que moren en lugares preparados con poder y virtud. El poder de Dios que será capaz de arrebatarnos al cielo para estar junto a Él por toda la eternidad. Wanda y Paquito andan por el mundo cumpliendo una misión encargada con poder: el poder del Dios vivo.

Porque el Reino de Dios no consiste en palabras, sino en poder (1 Corintios 4.20).

Santo tiene aquí un doble sentido, como muestra claramente el contexto. Significa la majestad de que está henchido el mundo y asimismo la pureza que se opone a la impureza humana. Gloria sin pureza es el carácter de todos los dioses paganos. Y pureza sin gloria es el carácter de todas las ideas humanísticas acerca de Dios. El humanismo ha transformado la inaccesibilidad de Dios en la sublimidad de sus mandamientos morales. El humanismo ha olvidado que la majestad de Dios, tal como la experimenta el profeta, entraña la conmoción de los cimientos, donde quiera que Dios aparezca y el velo de humo, cada vez que Dios se muestre. Cuando se identifica a Dios con un elemento de la naturaleza humana, como ocurre en el humanismo, aquel terrorífico y aniquilador encuentro con la majestad resulta ya imposible. Pero «Santo» significa perfección moral, pureza, bondad, verdad y justicia. La gloria de Dios puede llenar el mundo entero, sólo porque Él es santo en este doble sentido. La gloria de los dioses que no son santos en este doble sentido, únicamente puede llenar un solo país, una familia o una tribu, una nación o un estado, una sola esfera de la vida humana. Por consiguiente, no poseen la verdad, la justicia y la pureza del Dios que realmente es Dios. Son demonios que aspiran a la santidad, pero que se ven excluidos de ella porque su gloria es una majestad sin pureza. Digamos, pues, sobre todo en estos tiempos de ahora: ¡Tú sólo eres santo!

Paul Tillich[1]

1   Parte de su análisis de Isaías 6, "La experiencia de la santidad", en *Se conmueven los cimientos de la tierra*, Libros de Nopal de Ediciones Ariel, S.A., 1968, pp. 141-142.

7

Celebremos la fiesta

Así que celebremos la fiesta, no con la vieja levadura, ni con
la levadura de malicia y de maldad, sino
con panes sin levadura, de sinceridad y de verdad.
1 Corintios 5.8

Hay lecturas que son más que refrescantes y a la vez escandalosas. Hace un tiempo leí una que cumplía cabalmente todos los requisitos para ser clasificada en los dos grupos, *El reino de Dios es una fiesta*,[2] de Tony Campolo. Confieso que para mí este autor es de quilates insuperables y a la vez se presenta con opiniones muy controversiales, sobre todo para quienes nacimos y nos criamos frente a un evangelio un tanto conservador.

Campolo se las arregla para hacernos entender que existe una fiesta en el reino de Dios que va desde los diezmos hasta la cruz de Cristo. Para lograrlo atraviesa toda una gama de análisis muy suyos, pero al mismo tiempo muy veraces y lógicos. El centro de su discusión es que tenemos que lograr hacer de la iglesia una fiesta. En esta fiesta hay «sabores distintos» para gustos distintos, hay renovación espiritual, hay hasta escándalos gozosos al Señor y se proponen algunas sugerencias para generar el deseo de buscar ese gozo.

Me parece que Tony no está muy lejos de la opinión paulina sobre el reino de Dios. Para el apóstol Pablo, los creyentes tenemos el llamado a celebrar una fiesta constante en Cristo. El lector debe entender bien que no tenemos el llamado a organizar esa Fiesta. Ya hubo Uno que se encargó de hacerlo.

---

2 Tony Campolo, *El reino de Dios es una fiesta*, Editorial Betania, Miami, FL, 1993.

El tiempo verbal de la expresión paulina revela que la Fiesta está ya establecida y que se nos pide mantenerla perpetuamente. Sin lugar a dudas, el apóstol Pablo está haciendo uso de esta imagen festiva por encontrarse cerca de la Pascua y del Pentecostés (1 Corintios 16.8). Pero el hecho es que nos llama a celebrar y a celebrar vamos. No celebraremos el Pentecostés judío, pero sí el del Espíritu, el de la presencia de Dios.

El apóstol también entiende que existen elementos que no nos permiten disfrutar de esa poderosa celebración. Él llama a estos elementos «levaduras» que arruinan la celebración del gozo de la presencia de Dios en su pueblo. Una disposición maligna y actos malvados. Actitudes e injusticias condenables presentes en el pueblo que celebra la presencia de Dios.[3] Para entenderlo mejor, permítame expresarlo la versión de este texto que nos regala la Biblia de Estudio de las Sociedades Bíblicas Unidas:

> Así que debemos celebrar nuestra Pascua con el pan sin levadura que es la sinceridad y la verdad, y no con la vieja levadura ni con la corrupción de la maldad y la perversidad.

Sin necesidad de tener que realizar exégesis profundas, sabemos que estamos frente a un llamado del apóstol y del Espíritu para vivir en santidad. Una vida alejada de todo lo que sea inmoral, corrupto, malvado, falso e injusto. El apóstol señalará que la presencia de estos elementos echarán a perder la fiesta.

Nunca podremos ser liberados de estos elementos nocivos, mediante el uso de fuerzas y/o estrategias humanas. El apóstol nos señala que para esto se necesita la intervención de Dios. En palabras de Ben Witherington III:

> Pablo no es un moralista utópico. El imperativo siempre se construye en base a lo que Cristo ya ha realizado en la cruz y lo que el Espíritu ha hecho en la *Ekklesia* y en cada creyente individual.[4]

Nuestra vieja naturaleza va más allá que las crisis inmorales que observamos en la Iglesia. Esa vieja levadura se

---

3 Archibald Thomas Robertson, *op. cit.*, p. 165.
4 Ben Whiterington III, *op. cit.*, p. 159. Traducido por el autor.

manifiesta como deseos y esfuerzos para perjudicar al prójimo. Lo observamos en creyentes que se deleitan en ser persistentes en sus vicios deliberados. Lo observamos en la persistencia de algunos que realizan el mal con deleite.[5] La pregunta más importante que debemos hacernos es cómo puede el creyente conseguir que el Espíritu de Dios lo libre de esa «contaminación» para poder continuar celebrando la fiesta. Pero antes de analizar las posibles respuestas, necesitamos investigar un poco el contexto y la situación que genera esta declaración paulina.

De primera intención chocamos con que el apóstol no señala que somos afectados por el hongo, la sustancia líquida ni la espuma que logra la fermentación. El apóstol señala que nos afecta la levadura, que muy bien puede ser un pan que sobró y que se podía usar para hacer que la masa creciera. En otras palabras, el problema no es el de enfrentar una fuerza externa que nos hace daño, sino el de enfrentar un problema interno que surge entre nosotros con elementos nuestros y que nos arruinan la fiesta.

El contexto nos regala la espantosa escena de un joven de la iglesia que es capaz de arrebatarle la esposa a su papá para irse a vivir en concubinato con ella. Lo que es peor aún, la iglesia tolera a este joven, tal vez por formar parte de la elite socioeconómica de esa iglesia. El apóstol concluye que la iglesia no puede darse el lujo de tolerar esta situación, la acusa de envanecimiento. Además, le ordena que tome cartas en el asunto y señala que el joven debería ser reprendido por Dios de tal manera que su cuerpo sufriera una experiencia tan traumática que le llamara al arrepentimiento. Que perdiera su carne, a fin de salvar su espíritu en el día del Señor. Es hermoso ver que la objetividad paulina le permite combinar la disciplina con el ejercicio de la misericordia.

Inmediatamente el apóstol nos regala su señalamiento sobre la fiesta y nos insta a que de ningún modo validemos estas conductas. No podemos siquiera sentarnos con los que estando en la casa de Dios, conociendo a Dios, adorándolo y sirviéndolo, continúen practicando la fornicación, la avaricia, la idolatría, el vocabulario deshonesto, las borracheras y el

5. William Greathouse, *et al Comentario Bíblico Beacon*, p. 383.

robo (1 Corintios 5.9-11). Según señalamos antes, del verso 9 se desprende que este es un asunto viejo y que el apóstol ya les había escrito al respecto. Este argumento prepara la escena para señalar que esta iglesia, como muchas de las nuestras, tenía dificultades para enfrentar esas tormentas que también nosotros tenemos que encarar y resolver.

Nuestra iglesia, la iglesia cristiana que le ha tocado vivir la última década de este milenio, padece de ese mismo mal. Es con mucha dificultad que le podemos hacer frente a las conductas erráticas que poseen algunos de nuestros miembros, especialmente si forman parte de familias que llevan muchos años con nosotros. El apóstol no agota la discusión del tema en este capítulo. En el capítulo 6 nos señala que los injustos, los fornicarios, los idólatras, los adúlteros, los afeminados, los que se echan con varones, los ladrones, los avaros, los borrachos, los de vocabulario deshonesto y los estafadores no podrán entrar al Reino de Dios (1 Corintios 6.9-11). Concluye diciendo que lo sabe muy bien, pues en la misma iglesia hay testimonio de personas que tenían esas conductas y por el poder del Cristo de la cruz y del Espíritu Santo las transformaron.

Si me permite calificar someramente esa expresión, comenzaré señalando que el apóstol está condenando todas y cada una de esas conductas en creyentes. Porque si los que no conocen al Señor las practican, nosotros los entenderemos pues Cristo no los ha transformado. Pero cuando estas cosas las practican los creyentes, se arruina la fiesta.

Hay creyentes practicando la injusticia. El profeta Miqueas advierte que no hay posibilidades de adorar a Dios ni mucho menos agradarle, si no estamos dispuestos a hacer justicia, amar misericordia y a humillarnos delante de nuestro Dios (Miqueas 6.6-8). Hay creyentes practicando una vida sexual libertina. Si el SIDA aumenta en medio de nuestras congregaciones a la misma velocidad que en el resto de la sociedad, este indicador apunta a que en nuestras iglesias no estamos siendo distintos al resto del mundo. Hay creyentes practicando la idolatría. Idolatramos posesiones, las profesiones, los títulos y las familias. Idolatramos a los pastores, los ministerios y las organizaciones denominacionales. Idolatramos a las líneas síquicas y las de los astrólogos. Idolatramos la adoración y la alabanza, las canciones espirituales y a sus intérpretes. Es importante recordar que el apóstol le señala a la iglesia, en 2 Corintios 5.10, que todos hemos de comparecer ante el tribunal de Dios para dar cuenta de lo bueno y lo malo que hayamos hecho mientras estábamos en el cuerpo.

Se adultera contra la compañera y contra el compañero al que le prometimos fidelidad frente a Dios y los testigos. Se adultera contra la fe y contra el evangelio cuando dejamos de ser fieles y nos pasamos «coqueteando» con otras filosofías y dogmas de fe. Adulterar no es otra cosa que cambiar y afectar el carácter genuino de algo que sabíamos íntegro. Alterar el mensaje del evangelio para que se parezca a lo que queremos creer y deseamos practicar, es adulterio.

Mis próximos planteamientos deben leerse desde esta perspectiva: estoy convencido de que Dios ama a todos los pecadores de los que yo formo parte. Dios no excluye a los pecadores, sino que amándoles, nos llama al arrepentimiento y a una nueva vida en Cristo.

Los homosexuales, las lesbianas y quienes comparten sus prácticas tienen un gran problema con el Dios del cielo. Desde mediados de la década del cincuenta, algunos teólogos comenzaron insistentemente a promover que la iglesia liberalizara el ejercicio de esas prácticas dentro de sus comunidades y en sus púlpitos. Algunos lo hicieron para congraciarse con los esfuerzos políticos desarrollados por estos grupos. Otros lo hicieron para tener una forma de justificar sus conductas inmorales. Trabajos teológicos como los de Blair (1955), los de McNeil (1976) y los de Scroggs (1983), promovían estas tesis argumentando, entre otras cosas, nuevas interpretaciones sobre los pasajes bíblicos que las condenan.

También se señala en ellos que Dios no condenó a Sodoma y a Gomorra por la homosexualidad, sino por haber faltado a las reglas de la hospitalidad (Génesis 19). Algunos de los elementos usados en esas tesis (citadas por lo grupos prohomosexualidad y lesbianismo como fuentes de autoridad) señalan que se ha sacado de contexto el término «conocer» (*yadah*) y que en algunos pasajes bíblicos sobre Sodoma y Gomorra no se hace referencia a conductas homosexuales ni lesbianas. Que el castigo de Sodoma y Gomorra se debió a que ellos violaron las reglas de hospitalidad.

Las respuestas a estos planteamientos son numerosas. Para este libro he seleccionado algunas que considero medulares al ejercicio de la sana doctrina. El término *yadah* es el mismo que se usa en Génesis 4.1 para decir que Adán «conoció» a Eva y que por esto ella dio a luz a Caín y luego a Abel. Ese término es usado en el mismo capítulo 19 de Génesis (v. 8) para decir que Lot tenía dos hijas que no habían conocido varón. La única versión bíblica que el pueblo judío ha autorizado en el idioma inglés se llama *Tanak*. Cuando usted lee este pasaje en esa versión, descubrirá que los judíos han traducido Génesis 19.5 diciendo que los sodomitas querían tener intimidad con los ángeles.

Si el argumento violado es el de la hospitalidad, y este es de tanta importancia para Dios como para quemar unas ciudades, ¿por qué no cae fuego del cielo para consumir a los hombres de Gabaa que queriendo abusar del levita, terminaron abusando de la concubina (Jueces 19.1-30)? ¿Por qué no desciende fuego del cielo en Belén de Judea cuando los moradores de la aldea le negaron la hospitalidad a Dios encarnado? Estos argumentos y otros similares surgieron en un coloquio con la profesora Heisha Fernández, poderosa sierva del Señor que está escribiendo un libro sobre este tema.[6]

Desde el punto de vista bíblico, algunos de los defensores de las posiciones homosexuales sostienen sus puntos argumentando que Jesús nunca se expresó al respecto. Me parece que una lectura a Mateo 19 aclara cuál es la posición correcta a este respecto. En ese pasaje, Jesús avala la posición bíblica del Génesis: «Varón y hembra los hizo» (Mateo 19.4). Al hacerlo, Jesús está validando todo el plan maestro que el cielo ha gestado para el matrimonio. Ese plan no confirma el matrimonio para procrear, sino para combatir la soledad: «No es bueno que el hombre esté solo» (Génesis 2.18). Lo establece como la institución divina para disfrutar la creación asistiéndose de forma idónea, al punto que la mujer es llamada con un título de igual jerarquía que el del varón, se le llama Varona (Génesis 2.23). Se legitimiza esta institución divina como una en que la pareja vivirá conociendo la intimidad y los secretos mutuamente: «Estaban ambos desnudos, Adán y su

6 Otro libro singular que discute este tema es *La segunda venida de Sodoma*, escrito por F. LaGard Smith, Editorial Betania, Nashville, TN, 1996.

mujer, y no se avergonzaban» (Génesis 2.25). Se valida esta institución divina como una que es responsable de la mayordomía de la creación divina (Génesis 1.28-30). **Cristo no guarda silencio ante este tema.**

Uno de los más grandes problemas que he encontrado en la pastoral proviene de gente que practicando estas conductas, se encuentra entre la espada y la pared. Esto es, desean esas conductas pero están imposibilitados de hacerlo por varios factores. En la Enciclopedia Británica leemos que en 1974 la Academia de Siquiatría de la Asociación Médica Estadounidense, le quitó la clasificación de enfermedad mental a la homosexualidad. Allí mismo se señala que lo hicieron por presiones políticas y de los activistas homosexuales.[7] El 37% de los médicos en siquiatría se opusieron a ello.

Esto le crea un singular problema a los terapeutas y a sus pacientes. Cuando los segundos desean salir de sus ataduras, orientaciones y conductas, los primeros se encuentran pisando «terreno difícil» que les puede costar sus prácticas privadas si se les encuentra tratando como «necesitados de terapia» a personas que deben clasificarse como «normales». Por otro lado, Master y Johnson revelan que en sus clínicas, y sin la presencia del Espíritu de Dios, más de la mitad de los homosexuales tratados han cambiado a conducta heterosexual y más del 75% de los bisexuales se han normalizado en su aspecto sexual. ¿Se imagina usted cuáles serían los resultados contando con la presencia de Dios? El apóstol Pablo da testimonio de esto cuando nos dice que en la iglesia de Corinto ya había testimonios de vidas transformadas de esas condiciones a la perfecta voluntad de Dios. ¡Alabado sea el Señor! El apóstol no deja fuera de esta discusión a aquellos que les gusta aprovecharse de las ataduras de estos seres humanos. A ambos grupos les recuerda que hay poder en la cruz, en Cristo y en el Espíritu Santo para liberar y transformar nuestras vidas.

Los ladrones, de cuello blanco o azul, los del púlpito o los laicos de han incluidos en esta lista del apóstol Pablo. También incluye a los que se emborrachan con espíritus destilados. Estoy convencido de que también ha incluido a los que se

7 «Homosexuality», *Encyclopaedic Britannica*, edición XV, Encyclopaedic Britannica Inc., 1985.

emborrachan de poder, riquezas y vanagloria. Si un borracho por el alcohol pierde sus inhibiciones y el respeto a él mismo y a sus semejantes, también lo harán los que se emborrachan con lo antes expuesto; los resultados serán similares y/o peores. Pablo condena esta conducta como una que no le cae bien a Dios, que nos descalifica como ciudadanos del reino y que arruina la fiesta.

A este listado añádale los que usan dos tipos de vocabulario, el del templo y uno cargado de palabras descompuestas, insultantes y de maldición. Inmediatamente el apóstol hace una declaración que no deja de sorprendernos a todos cada vez que la leemos: en la iglesia de Corinto había estafadores. ¿Habrá este tipo de personas en las nuestras? ¿Se las arreglarán para ocupar de vez en cuando el púlpito? ¿O quizá ocupen ese lugar de manera permanente? A ellos, Dios les ofrece ser transformados por el poder de su Espíritu y les advierte a través de Pablo que de no hacerlo, serán dejados fuera del reino y de la fiesta.

La pregunta que hemos dejado en el tintero es cómo operar ese cambio. Me parece que la respuesta la encontramos en 1 Corintios 1.2, cuando Pablo nos señala que hemos sido llamados a ser santos. Sin santidad nadie verá al Señor (Hebreos 12.14). ¿Cómo se opera ese proceso?

La Biblia nos dice que la santificación que Dios ofrece y pide es todo un proceso que consta de los siguientes elementos:

- La sangre de Cristo
- La palabra de Dios
- La presencia de Dios el Padre
- La oración
- La presencia de Jesús;
  Dios el Hijo
- La Presencia del Espíritu Santo;
  Dios entre nosotros

Veamos estos conceptos en detalle.

La sangre de Cristo

La Biblia nos dice en Hebreos 9.13-14 que la Sangre de Cristo es más que suficiente para santificarnos:

Porque si la sangre de los toros y de los machos cabríos, y las cenizas de la becerra rociadas a los inmundos, santifican para la purificación de la carne, ¿cuánto más la sangre de Cristo, el cual mediante el Espíritu eterno se ofreció así mismo sin mancha a Dios, *limpiará vuestras conciencias de obras muertas para que sirváis al Dios vivo*? (Cursivas del autor)

En otras palabras, cuando usted y yo aceptamos a Cristo como Señor y Salvador de nuestras almas, allí mismo experimentamos una santificación inmediata. De haber tenido la bendición de morirnos allí mismo en el altar donde tomamos esa decisión, habríamos ido directo al cielo, como le pasó al ladrón que estaba junto a Cristo allí en la cruz.

Es por esto que el apóstol nos indica que Cristo nos ha sido hecho por Dios sabiduría, justificación, redención y santificación (1 Corintios 1.30).

Al no habernos ido directo al cielo, necesitamos someternos a un proceso que le podríamos llamar santificación progresiva. Es todo un programa dinámico que se extenderá hasta que Cristo venga por su Iglesia o nos llame a su presencia.

La presencia de Dios el Padre

El primer elemento que entiendo y forma parte de este proceso es la presencia del Todopoderoso Dios. Veamos lo que el apóstol Pablo le indica a una iglesia ya santificada por la sangre de Cristo:

Y el mismo Dios de paz os *santifique por completo*; y todo vuestro ser, espíritu, alma y cuerpo, sea guardado irreprensible para la venida de nuestro Señor Jesucristo (1 Tesalonicenses 5.23).

Esta declaración es muy interesante. Se le dicen estas palabras a una iglesia, a una comunidad compuesta por gente que ha sido santificada por la sangre de Cristo. A ellos se les señala que además de esa santificación, no debe objetar que Dios mismo se encargue de santificarlos por completo, una santificación perfecta. Esta santificación es un proceso en el que Dios se une con el creyente para que este pueda ser guardado hasta el día de la venida del Señor.

No sé si el lector se ha dado cuenta de que el proceso descrito por el apóstol es uno que empieza de adentro hacia afuera: «Espíritu, alma y cuerpo». Es decir, si usted procura

SOBRE LAS ALAS DEL VIENTO

ser santo «por fuera» y no ha sido santificado «por dentro», su santidad solo durará unos segundos.

Ese proceso tiene como finalidad que estemos listos para el cielo. En otras palabras, si no nos metemos en el proceso, no veremos el cielo. Hablar de esta intervención divina es hablar de una relación íntima con Dios para que nos cambie por dentro y siga hasta el día en el que transforme este cuerpo de humillación nuestra en uno semejante al de la gloria suya (Filipenses 3.21). Aquellos que viven atados por las crisis descritas anteriormente necesitan ser impactados por el poder de Dios que se mete en nuestro ser interior y nos transforma con su autoridad y misericordia.

Quienes no se «mencionan» en ese listado, deben verse igualmente pecadores, incluidos en otras listas (Romanos 1.29-31 y otros) y procurar estar inmersos en este propósito santo. Todos los creyentes lo necesitamos.

La presencia de Jesús, Dios el Hijo

Este segmento del proceso se nos presenta como uno de los más intrigantes. Fácilmente puede describirse como la santificación de nuestro testimonio. Veamos lo que dice el texto sagrado:

> Porque el que santifica y los que son santificados, de uno son todos; por lo cual no se avergüenza de llamarlos hermanos (Hebreos 2.11).

Si el lector lee este pasaje al menos desde el versículo 9, encontrará que el agente de santificación es el Señor Jesús. Como habrá podido notar, este texto predica que el Señor Jesús tiene expectativas muy altas con cada uno de nosotros, sus hermanos y hermanas. Es más, el escritor de la carta a los Hebreos nos indica que el Señor Jesús provee una herramienta poderosísima para que se nos haga posible cumplir con esas expectativas, pues Él no desea avergonzarse de llamarnos sus hermanos.

Es por eso que clasificamos a esta fase como la santificación del testimonio. Es la acción del cielo buscando que podamos ser olor fragante al mundo entero, a los que se salvan y a los que se pierden (2 Corintios 2.15-16). Y tal como ha dicho el apóstol Pablo, ¿quién es suficiente? ¿Quién tiene suficiente capacidad como para lograrlo por sí solo? La respuesta es una sola: NADIE. Dependemos totalmente de la gracia y la presencia de nuestro Salvador para que nuestro testimonio sea de gente santificada y justificada en el nombre del Señor Jesús y por el Espíritu de nuestro Dios.

En otras palabras, la fiesta está montada y se nos ofrecen las herramientas y la autoridad para conseguir los requisitos, estar y disfrutar de ella. El primero, el precio de la misma es tan alto que solo Dios puede pagarlo. El pago realizado fue su propia sangre. El segundo requisito es la completa transformación: «El que está en Cristo nueva criatura es» (2 Corintios 5.17). Esa transformación de espíritu, alma y cuerpo se produce en su totalidad por la intervención de Dios. Ahora bien se ha establecido un estándar para los que celebran esa fiesta. Para que demos ese grado, el Hijo ha provisto santificación, de modo que nadie tenga excusas y Él no tenga que avergonzarse de nosotros. Las herramientas son tan efectivas que la Palabra no habla de ellas en forma negativa. Por el contrario, el cielo da por sentado que el Hijo no se avergonzará de que seamos coherederos con Él de los lugares celestiales.

La tercera herramienta es la que resuelve el dilema de cómo aceptar todo esto y acatar la voluntad divina. El Dios del cielo es tan sabio que conocía que aun con todo lo antes expuesto, nuestros niveles de sometimiento y obediencia para vencer todos los obstáculos que pueden arruinar esa fiesta serían muy bajos, o mejor dicho, inexistentes. Nos lo impediría nuestra naturaleza que siempre está buscando múltiples pactos, acuerdos con Dios, con el diablo y con nuestra carne. Es allí que decide emplear una tercera vertiente (que me parece que bíblicamente sería la primera) para ayudarnos a entender y a obedecer.

La presencia del Espíritu Santo, Dios entre nosotros

Le voy a invitar a que analice conmigo el siguiente pasaje de las Sagradas Escrituras. En 1 Pedro 1.2 leemos lo siguiente:

Elegidos según la presciencia de Dios Padre *en santificación del Espíritu, para obedecer* y ser rociados con la sangre de Jesucristo: Gracia y paz os sean multiplicadas (cursivas del autor).

¡Extraordinario encabezamiento para una carta escrita a los creyentes de las iglesias! Se señala que Dios nos ha facilitado su Espíritu Santo para que podamos ser obedientes. En ese mismo capítulo se nos repite este concepto. En 1 Pedro 1.22 leemos lo siguiente:

Habiendo purificado vuestras almas *por la obediencia a la verdad, mediante el Espíritu,* para el amor fraternal no fingido, amaos unos a otros entrañablemente, de corazón puro (cursivas del autor).

En otras palabras, un cristiano desobediente es aquel que no se ha ocupado por buscar profundamente al Espíritu de Dios. Un creyente incapaz de amar posee el mismo diagnóstico. Un creyente que finge sus sentimientos y emociones, también está incluido en este renglón. El Espíritu Santo, entre otras cosas, ha venido para enseñarnos a obedecer a Dios, sus estatutos y sus mandatos. Desde este punto de vista, no hay excusa alguna posible para que no logremos aquello que nos ha sido ordenado por Dios: «Si es que el Espíritu mora en nosotros (Romanos 8.9).

Los que queremos obedecer «en espíritu y verdad», necesitamos la presencia del Espíritu de Dios. Para esto no se nos conceden opciones. O tenemos el Espíritu presente y activo entre nosotros, o no participamos de la fiesta. Para quienes que observan con recelo estas declaraciones, les recuerdo las palabras del apóstol Pablo a esta iglesia en su segunda carta:

Y el que nos confirma con vosotros en Cristo y *el que nos ungió es Dios,* el cual *bién nos ha sellado* y nos ha dado las arras del Espíritu en nuestros corazones (2 Corintios 1.21-22) (cursivas del autor).

Este pasaje define con claridad que existen diferencias entre el sello del Espíritu (Efesios 1.13) y esa unción especial para obediencia, testimonio y santidad que presentamos aquí. Dicho de otra manera, no existe forma alguna en que los creyentes podamos someternos a los requerimientos de Dios sin la asistencia del Espíritu Santo. Dentro de los objetivos que tiene este, encontramos los siguientes:

- convencernos de pecado, de justicia y de juicio (Juan 16.8).
- recordarnos el mensaje y la vida de Cristo (Juan 14.26).
- guiarnos a toda verdad (Juan 16.13).
- capacitarnos como Él quiere (1 Corintios 12.11).
- hacernos obedecer la voluntad divina (1 Pedro 1.2, 22).

Sin su presencia y actividad entre nosotros, veríamos que sería imposible recibir a Cristo y confesarle como Señor de nuestras vidas. No podríamos comprender la profundidad del mensaje cristiano, pues este debe ser entendido y estudiado mediante la revelación de Dios que excede todo conocimiento humano. Sin esa presencia no habría firmeza en el peregrinaje cristiano y sería imposible someternos a una voluntad, que aunque sabemos por la Palabra que es agradable y perfecta (Romanos 12.2), casi siempre se opone a los deseos de nuestra carne. Preguntémonos cómo lograr someter nuestros cuerpos en sacrificio de gratitud al Señor, vivo, santo y agradable a Dios, sin la participación de su Santo Espíritu. Para los que experimentan problemas de obediencia Pablo les receta el Espíritu de Dios.

Otro elemento que forma parte de este proceso para la santificación es el siguiente:

La Palabra de Dios

Algo inaudito que casi siempre pasamos por alto son las dificultades que experimentan los creyentes para acercarse a la Palabra de Dios. Se les hace posible y mucho menos complicado leer y analizar hasta las esquelas de los periódicos. Algunos leen las notas de los edictos publicados por los tribunales de justicia y se entretienen mucho al hacerlo. Pero, ¿por qué se duermen con tanta facilidad tan pronto toman en sus manos la Palabra de Dios? El salmista dijo en el Salmo 119.105 que la Palabra de Dios era lámpara a nuestros pies y lumbrera a nuestro camino. O sea, que los que se dirigen a ella y a través de ella con disciplina y cuidado son los que menos tropiezos encontrarán en el camino. En cambio, quienes sólo la oyen de lejos, se condenan a vivir en oscuridad y a «adivinar» el camino.

Al enemigo de nuestras almas no le conviene en manera alguna que podamos acercarnos a la Palabra de Dios. Él sabe bien que al hacerlo seremos confrontados con nuestras realidades y con las posibilidades de ser transformados para la gloria de Dios. Un cristiano transformado es un sermón ambulante. Una cristiana transformada es un alabanza con zapatos para nuestro Señor y Dios. Lo que estoy formulando aquí no es una tesis personal, sino del mismo Señor de la Iglesia. En Juan 17.17 leemos: «Santifícalos en tu verdad; tu palabra es verdad».

En otras palabras, no habrá fiesta para los que quieren vivir sin la intervención directa de la Escritura y la observación de los postulados bíblicos.

Aliento al lector a releer estos conceptos, tomando en consideración que en la primera carta a los Corintios se realiza un énfasis singular en el aspecto de la santidad individual y corporativa, esto es, la de los creyentes y la de la iglesia. Veamos:

El cuerpo es santo	1 Corintios 3.17
Los santos son lo que juzgarán al mundo	1 Corintios 6.2
La santidad de nuestros hijos está ligada a la nuestra	1 Corintios 7.14
Se invita a la santidad del cuerpo y del espíritu	1 Corintios 7.34

Nuestro cuerpo es templo del Espíritu de Dios y por lo tanto, una mala mayordomía del mismo se convierte en afrenta a Dios. Nuestras responsabilidades con el mundo presente y venidero demandan que vivamos apegados a un código de ética que postula alturas celestiales. Si no estamos dispuestos a vivir santamente, nuestros hijos serán afectados por nuestra doble vida. El apóstol le indica a esas iglesias que hay postulados de santidad aun en los aspectos que describen nuestra sexualidad y las formas en que elegimos administrar nuestras vidas.

Es importante repetir que estos postulados no están dirigidos al desarrollo de unas posiciones legalistas que destacan lo exterior de nuestro comportamiento. Esa posición, además de ser muy simplista, no define realmente la santidad paulina. Los postulados esgrimidos por Pablo comienzan por dentro del creyente y sus efectos se ven entonces en el exterior del mismo. Todo esto estaría incompleto sin la presencia del último elemento del proceso para la santificación de los creyentes:

La oración

En la primera carta a Timoteo: leemos lo siguiente:

Porque por la palabra de Dios y por la oración es santificado (1 Timoteo 4.5).

¡CUIDADO AL LEER ESTO! El contexto de esta porción bíblica es el de los efectos de las falsa doctrina en la iglesia. La postura de toda la carta es la de cuidarse de los que convierten el evangelio en una práctica de «no hacer». En el pasaje se nos dice que una buena disciplina de estudio de la Palabra de Dios y de oración santificarán las cosas en las que nos involucremos.

Esto no quiere decir que estaremos capacitados para hacer lo que nos venga en gana. Lo que aquí se propone es que la Palabra nos abrirá los ojos para calificar todas las cosas; apreciaremos las que nos convienen como cristianos y en oración nos guiarán, cosas que mantienen el testimonio, son santas y/o las haremos santas.

La fiesta propuesta es eterna y los invitados comenzamos a celebrarla aquí y continuaremos en el banquete celestial. Hay que realizar todas las «asignaciones» posibles para disfrutar de ella y no hacer tropezar a otros que también quieren disfrutarla.

La santificación explicada en este capítulo es capaz de darnos el poder para producir en nosotros una vida de alabanza. Pero lo más importante es que nos capacitará para poder ir a ver a Dios. No tenemos el llamado de vivir en ella para buscar que nos produzca alabanzas para la liberación. Tenemos el llamado a ella por el placer que esta produce de darle la gloria a Dios en todo lo que hacemos y sin importar la situación.

Los pecados señalados por Pablo en 1 Corintios 6 estaban presentes en esa iglesia y lo están en las nuestras. Se exponen como huracanes silenciosos, cuyas capacidades para destruir la unidad y el testimonio de la congregación local se evidencian en la gran cantidad de gente de la comunidad que no quiere servir al Señor por el testimonio negativo de esos miembros de la iglesia.

Mi país no está exento de esto. Durante los últimos cinco a siete años el crecimiento real de nuestras iglesias ha sido cero. Existen muchas que están experimentando lo que llamamos «crecimiento lateral» y reciben a los creyentes que se van de otras iglesias. Pero las grandes denominaciones, carismáticas y tradicionales, han estado reportando que su crecimientos netos son casi nulos. Estas son palabras muy grandes para un país que experimentó la conversión de casi el 35% de sus población y que ahora observa cómo su iglesia se convierte en una institución para el mantenimiento y conservación de sus fieles.

La presencia de las «tormentas corintias» son en gran parte responsable de esto. Nos hemos logrado desunir hasta en las formas para combatir estas crisis.

Exhorto a aquellos países hermanos en los que se está experimentando un gran crecimiento en las comunidades de creyentes, a que realicen sus asignaciones para evitar o minimizar el efecto que tienen estas tormentas en las iglesias y en las comunidades en las que sirven. El apóstol fue inspirado por Dios para regalarnos algunos «antídotos» que combaten esos males. Les animo en el nombre de nuestro Señor a usarlos.

REFLEXIONEMOS
Banquete celestial

Hay quienes insisten en que todos los escogidos por Dios tienen asegurada su participación en las Bodas del Cordero. Cuando leemos a Pablo, hay veces que podemos desarrollar esa impresión.

Mas es Cristo Jesús el que nos saca de toda duda. De forma categórica, en Mateo 20.10, Él nos dice que son muchos los llamados pero pocos los escogidos. También nos dice que esos escogidos no están exentos de ser engañados; fuerzas anticristianas están siempre al acecho para engañarlos (Marcos 13.22).

Si leemos con cuidado los argumentos que utiliza Jesús para esgrimir su posición, encontraremos uno que me gustaría parafrasear para que lo entendamos mejor.

Un Hombre muy rico decidió realizar una gran fiesta.[8] Para que la misma fuera todo un éxito, decidió planificarla con mucho tiempo de anticipación. Una de sus preocupaciones más serias era que no faltara ninguno de aquellos con los que Él deseaba disfrutar esa gran fiesta.[9]

Los preparativos se realizaron con gran esmero. La fiesta comenzaría en una de las grandes extensiones de terreno que Él tenía y concluiría en su propiedad preferida.[10] En ella se construyó un salón muy especial para celebrar la misma. Ningún arquitecto que la haya visto pudo haber imaginado un diseño similar. Para la fiesta, ese salón tenía que ser construido con puertas de perlas y sus paredes de otras piedras preciosas. Uno de los rincones del mismo fue adornado con un mar que parecía de cristal. La entrada al salón había sido diseñada para que cada adoquín fuera de oro fundido de veinticuatro quilates.[11]

Los platos en el menú para la ocasión eran los más suculentos y opíparos jamás imaginados. Un observador invitado a mirar los

---

8 Lucas 14.16-24.
9 2 Pedro 3.9.
10 Isaías 66.1.
11 Apocalipsis 21.9-21.

preparativos reportó en su diario que hasta el pan que se ofrecería, tenía un sabor celestial que era imposible de imitar.[12]

La orquesta invitada había sido conformada de manera especial para esa gran fiesta. Los mejores músicos que jamás habían existido formarían parte de ella. Un ejemplo de ello es que uno de los trompetistas, sería capaz de hacer saltar hasta a un sordo.[13] En palabras de una persona que ingresó a observar los preparativos, la iluminación del lugar era la envidia del sol y la luna.

Se decoró el salón y el Anfitrión se vistió con sus mejores galas. Sus vestiduras estaban atravesadas por un cinto de oro que hacían juego con una joya especial que llevaba en su mano, una obra maestra que juntaba siete diamantes tan refulgentes que parecían siete estrellas. Para el día de la fiesta, se había ordenado que siete potentes reflectores revolotearan alrededor de Él, anunciando que todo este acontecimiento sólo se debía al deseo que Él tenía de disfrutar con sus invitados esa gran fiesta.[14]

Llegó el momento esperado y los capitanes de los equipos de trabajo lucían impecables. Casi todos se habían reunido alrededor de un jardín interior en cuyo centro se erguía por un árbol monumental. Un árbol cuyos frutos eran tan sabrosos que habían sido clasificados como capaces de darle vida a un muerto.[15] Junto a ese jardín, una mesa presidencial había sido preparada, con el atenuante que parecía estar en todas partes y que nunca se acabaría. Su diseño era de tal naturaleza, que sin importar el lugar en que uno se sentara, estaría al lado del anfitrión de esa gran fiesta.

Algo increíble comenzó a suceder. El Hombre rico envió a su Hijo a hacerse cargo de esa primera parte de la gran fiesta. El lugar de reunión estaba completamente de acuerdo con las especificaciones del plan maestro y los encargados del proceso para transportar a los agasajados al salón del gran banquete solo tenían que aguardar la orden para iniciar el proceso.[16] Pero los invitados no llegaban.

12 Apocalipsis 2.17; 3.20.
13 1 Tesalonicenses 4.16.
14 Apocalipsis 1.13-16.
15 Apocalipsis 22.2.
16 Mateo 24.36.

No aparecían aquellos con los que se anhelaba compartir ese gran momento. En medio de todos los miembros del equipo de trabajo no se podían encontrar explicaciones para esa tardanza.

Las cosas se complicaron aún más. Los que habían sido seleccionados[17] para la gran fiesta comenzaron a enviar excusas. Estas asombraban cada vez más al Hijo del hombre rico, a su equipo de trabajo y mucho más al Anfitrión del banquete.

Los primeros dijeron que habían comprado algunos bienes raíces sin haberlos visto antes. Sus deseos por averiguar qué habían comprado les quemaba al grado de no permitirles ir a la gran fiesta. Un miembro del equipo preguntó lo siguiente: «¿Qué clase de irresponsable es aquel que compra sin saber lo que compra?» A esto, otro se adelantó a responder que eso solo lo hacían los que tenían ansias de poseer, cada vez más.

Otros que se excusaron, argumentaron que habían adquirido unos equipos para el trabajo y no habían tenido el tiempo de probar si cumplían con las especificaciones que requerían sus operaciones y sus negocios. O mentían o el precio de estos equipos era tan ridículo que daban la impresión de que el negocio era una estafa.

Muchas excusas llegaron y todas y cada una arrancaron lágrimas del Hijo del Anfitrión. La más increíble de todas estas excusas fue la que decía que había algunos que no podían venir a esa fiesta porque habían organizado las suyas. Lo grande de este caso es que no se habían molestado en invitar para sus fiestas a este Amigo tan importante. En los pasillos del salón se comentaba que no lo podían invitar, pues sabían muy bien que Él no asistiría a menos que se le garantizara que la misma se celebraría con un énfasis especial en los votos y la ceremonia que le precedían. Los que se excusaron sólo se preocupaban por la celebración y no por el pacto. La prisa al organizar esa celebración, descubría la pobre preparación y poca atención a los detalles.

Resumiendo, los invitados que se excusaron lo hicieron diciendo que tenían que ir a ver, luego ir a probar y luego ir a disfrutar.[18] En el cielo comentaban que el pecado actúa así. Primero viendo, luego yendo y se termina festejando y «gozando» en la fiesta equivocada.

---

17 Éxodo 19.5; Deuteronomio 7.6-9.
18 Este análisis me lo proveyó Samuel Josué, el segundo de mis hijos varones que cuenta con trece años de edad.

El anfitrión se molestó. Llamó a todos los miembros de los equipos de trabajo y les indicó que la comida no se podía perder, que la orquesta había sido pagada, que la mesa estaba servida y nada ni nadie iba a lograr que se cohibiera de celebrar esa gran fiesta.

Los equipos se fueron a realizar sus tareas. Para ello visitaron las cárceles, los hospitales, las plazas, los residenciales públicos, los campos y los centros de rehabilitación. También fueron a las casas donde atendían enfermos terminales y a los hogares de refugio para mujeres y niños maltratados. No perdieron de vista los campos ni las aldeas, tampoco los Ghettos (según Velázquez 1985) ni los países del tercer mundo.

Encontraron infinidad de gente en los lugares en los que había guerra y hambre; multitudes de jóvenes dijeron presente en los centros de estudios.

Muchos de las iglesias del mundo entero dijeron que no tenían tiempo para aceptar esa invitación, porque tenían cosas más importantes que atender. Sesiones de negocios, campañas prose-litistas y de finanzas, reuniones para ordenar reglamentos y constituciones eclesiásticas, bingos y ensayos corales.

En fin, no vinieron a la gran fiesta. ¡Ah!, algunos pidieron que retrasaran la fiesta un poco para depurarar sus listas de miem-bros y discutían con el anfitrión algunas reglas que querían garantizar se cumplirían en esa celebración. Después de todo, no estaban dispuestos a ir a una fiesta con gente indeseable por no estar en sus niveles socioeconómicos, o por no tener sus ideas de cómo se celebra ese tipo de fiesta.

Pero el Anfitrión estaba tan contento que su rostro brillaba. El salón estaba lleno hasta reventar. Los que estaban presentes, no eran los primeros invitados, pero la gran fiesta se celebró y los que asistieron a ella se quedaron a vivir en la casa del Anfitrión...

Fascinante, tan frágil es...
   Como paloma... Una canción...
      Solo fascinante...
      Que me llamara con tierna voz...

Caminante, que andando vas...
   ¿Tras quién irás si descansar...?
      ¿Dónde estarás...?

Busca en tu tierra tu afán...
   ¿Quién te dará...?
      ¿Dónde hallarás felicidad...?

¿Buscando qué estarás...?

He caminado por senderos
   Muchos oscuros
      Y no he encontrado nada tan sin igual
He enderezado mil entuertos
   Y en sus brazos solo amor
      pude encontrar.

Hay poder en la sangre de Cristo...
   Hay poder... fascinante...

Mizraim Esquilín, «Fascinante»,
Por su sangre, interpretada por
XXXIII D.C., © 1996 Word Music,
Nashville, TN.

8

Cosa que ojo no vio

Pero el hombre natural no percibe las cosas que son
del Espíritu de Dios, porque para él son locura
y no las puede entender porque se han
de discernir espiritualmente.
1 Corintios 2.14

Sé que más de un lector comenzará la lectura de este libro por este capítulo. Lo hará en aras de satisfacer su curiosidad, averiguar si el que escribe discutirá aquí conceptos misteriosos y esotéricos. Encontrar respuestas a interrogantes que no nos atrevemos a formular abiertamente y que casi siempre los comentamos con una o dos personas que sabemos no nos clasificarán como herejes y mucho menos locos.

Algunas de esas preguntas son si los ángeles respiran, cuántas alas posee cada una de las categorías que existan de ellos y cómo es que funciona el mecanismo neurobiológico que utiliza el Espíritu Santo para lograr que alguien hable en nuevas lenguas. Otras similares incluyen investigar cómo Moisés pueda estar en el cielo y aparecer con Cristo en el monte de la transfiguración, si la Biblia señala que «carne y sangre no pueden heredar el Reino de Dios» (1 Corintios 15.50).

No se asuste, no me interesa entrar en ese tipo de discusión. Aunque presentaré una serie de curiosidades, entiendo que no debo perder el tiempo en cosas superfluas cuando estoy convencido de que el enigma más grande que Dios tenía que revelar se llama Cristo. Ningún misterio celestial ha sido, es ni será más grande que ese que pone en cuerpo humano el

175

amor de Dios como testimonio y explicación de cuánto nos ama y sólo porque nos ama.

Lo antes expuesto no intenta desautorizar ni mucho menos minimizar la revelación y la comprensión de algunas cosas del reino espiritual. Lo formulo y sostengo sobre la base que ninguna otra revelación de ese Reino puede ser considerada como superior al misterio de la encarnación del amor de Dios. Existen algunas alternativas para explicar cómo es posible que los otros misterios y revelaciones que intentamos manejar, terminen usurpándole el primado a Cristo Jesús. Una de ella es que estos no nos hayan sido revelados por Dios. Otra posibilidad es que hayamos realizado un ejercicio equivocado con nuestras herramientas espirituales y teológicas.

Ahora bien, el lector debe saber que el que escribe está completamente convencido de que hay cosas que solo pueden ser entendidas si las revela Dios. Y estoy convencido de que estas no pueden ser comprendidas por todo el mundo. Aunque para algunos parezca un acto de locura, no puedo esconder que sé lo que es salir del cuerpo y llegar a un lugar en el que los ángeles cantaban el último coro del Oratorio del Mesías de George F. Handel: «Digno es el Cordero». Me sucedió luego de sufrir una caída mientras patinaba en hielo y en momentos en que mi vida se encontraba entre la vida y la muerte.

Pero mi sermón y mi mensaje no están ni pueden estar basados en ese tipo de experiencias. Ninguna de ellas poseen poder en sí mismas para salvar a un ser humano y perdonarle sus pecados. Lo único que ha revelado el cielo que posee en sí mismo esta capacidad se llama Cristo, el Cordero de Dios que quita el pecado del mundo. Es por esto que encontramos a un apóstol Pablo, que aunque está capacitado para enseñar el evangelio basado en su experiencia de ir a ver el cielo y regresar (2 Corintios 12.1-5), prefiere no mostrar otra cosa sino a Cristo y a este crucificado (1 Corintios 2.2).

Es Cristo la sabiduría de Dios oculta en misterio y predestinada antes de los siglos (1 Corintios 2.7). El apóstol Pablo está convencido de que Cristo no es fuente de sabiduría. Cristo es la sabiduría y el poder de Dios (1 Corintios 1.24). «¡Sólo Dios es tan sabio como para ser tan loco!»[1] Si se le hace difícil

1 Gordon D. Fee, *op. cit.*, p. 77.

digerir esta frase, pregúntese cómo es posible que nos ame tanto y utilice el Calvario para emitir un juicio contra el mundo en lugar de usar un tribunal y/o argumentos llenos de sabiduría y eticismo.

Es importante señalar que el apóstol Pablo exhorta en esta carta a vivir y predicar un evangelio balanceado. Polarizarse hacia la sabiduría es igual de peligroso que hacerlo hacia las señales, los testimonios y los misterios (1 Corintios 1.22-24). Es por esto que el apóstol enfatiza que algunas interpretaciones religiosas se la pasaban en pugna sobre si la sabiduría era mejor que las señales, los misterios y testimonios o viceversa. Ante esto, había optado por echar mano de la locura de la predicación: la cruz de Cristo (1 Corintios 1.23). Con esto no estoy concluyendo que el apóstol rehuye la discusión acerca de la sabiduría como concepto de la filosofía helenista. Él la presenta y la analiza con maestría para que todo el mundo entienda que no la desea, no por no entenderla, sino por la incapacidad que tiene de explicar y acercarse al plan eterno.[2]

Analice lo antes expuesto de la siguiente manera: ¿Deja uno de ser salvo si no puede explicar algunas dificultades bíblicas y/o entender sabiamente algunas mecánicas usadas por el Espíritu de Dios? Por otro lado, ¿qué de los que pueden hacerlo, pero nunca han tenido la oportunidad de hablar en lenguas, ver visiones ni danzar en el Espíritu? ¿No son salvos por esto? Las respuestas son obvias. La salvación procede de la cruz y de ningún otro lugar.

Ahora bien, esto no le quita autoridad a los postulados que formularé aquí y que necesitan ser entendidos en el espíritu y por el Espíritu. No hay manera que usted pueda terminar de leer este capítulo sin entender que Dios nos ha regalado su Espíritu para que Él nos revele asuntos que están en lo profundo del corazón de Dios (1 Corintios 2.10-13).

Pero Dios nos las reveló a nosotros por el Espíritu; porque el Espíritu todo lo escudriña, aun lo profundo de Dios. Porque ¿quién de los hombres sabe las cosas del hombre, sino el espíritu del hombre que está en él? Así tampoco nadie conoció las cosas de Dios, sino el Espíritu de Dios. Y nosotros no hemos recibido el espíritu del mundo, sino el Espíritu que proviene de Dios, para

2 *Ibid.*, p. 79.

que sepamos lo que Dios nos ha concedido, lo cual también hablamos, no con palabras enseñadas por sabiduría humana, sino con las que enseña el Espíritu, acomodando lo espiritual a lo espiritual.

Esta última frase debe ser la primera en explicarse, pues lo que dice evita muchos dolores de cabeza. En ella, el apóstol señala que las cosas espirituales deben ser descritas con términos espirituales. Y así es como las enseña el Espíritu de Dios. O sea, que el vocabulario que usemos, por técnico que sea, no puede explicar ni enseñar estas cosas porque requieren una terminología y comprensión ultraterrena. Enfatizo que bajo ningún concepto se puede interpretar lo que he dicho como el intento de validar el clasicismo o elitismo imperante en muchas de nuestras congregaciones creado a base de separar a los que parecen entender las cosas espirituales de los que no parecen entenderlas. Mi experiencia pastoral me ha enseñado que los cristianos que se prestan consciente e inconscientemente para el ensamblaje de estas elites, no han tenido experiencias genuinas con el Espíritu de Dios.

Lo señalo con autoridad, puesto que la Palabra de Dios me ha convencido de que cuando el Espíritu de Dios se revela, una de las primeras cosas que nos enseña es a ser humildes, a entender que lo recibido no es nuestro y que hay que compartirlo con inocencia y candidez.

Ahora bien, dentro de todos los misterios que podíamos intentar analizar, he decidido escoger uno. Lo estudié y seleccioné dada la relación directa que tiene con el Espíritu que todo lo escudriña. Luego de analizarlo profundamente, descubrí que el mismo ya no es un misterio. Me parece que el ejercicio será muy valioso para quienes como yo, dedican mucho tiempo a la interrogación de los pasajes bíblicos. El concepto seleccionado es la unción, presencia, autoridad y poder de Dios, que a veces parece estar cubierto de un velo místico, incapaz de ser develado por muchos creyentes. Las razones que explican esta selección no parecen ser tan obvias hasta que leemos en 2 Corintios 1.21-22:

Y el que nos confirma con vosotros en Cristo, y el que nos ungió, es Dios, el cual también nos ha sellado, y nos ha dado las arras del Espíritu en nuestros corazones.

Si el lector me permite analizar estos textos, le señalaré que las arras son usadas aquí como una metáfora que simboliza la garantía del precio pagado por Dios. En el mundo del Nuevo Testamento ese término se le aplicaba a una cantidad monetaria que se daba como garantía, especialmente en los contratos nupciales. Es una demostración de lo que se ha de recibir luego. El que daba las arras estaba asegurando que cumpliría con todo el contrato. En el caso de la Iglesia y de los creyentes se está haciendo referencia a las promesas realizadas por el cielo a los que han creído en Cristo, presencia de Dios, resurrección y vida eterna.

Luego de esta pequeñísima aclaración es entonces necesario conocer un poco acerca del significado bíblico teológico de esa expresión: «Sello del Espíritu Santo». En Efesios 1.13 leemos que somos sellados por el Espíritu Santo de la promesa desde que creímos en Cristo. O sea, hacer que un creyente ore pidiendo el sello del Espíritu es algo que muchas congregaciones deberían volver a evaluar, puesto que este se nos otorga desde el mismo día de la conversión.

Este sello no es otra cosa que una garantía y un testimonio de Dios para el creyente. La metáfora del sello sirve para ser comparada con los sellos que, desde tiempos inmemoriales, se le han puesto a los cargamentos de mercancía valiosa y/o muy delicada. Estos actúan de modo que si alguien intenta alterar la carga, apropiarse de ella o parte de ella, no podrá hacerlo sin romper ese sello. Por lo tanto, cuando el que recibe la carga la inspecciona, lo primero que buscará es que el sello esté integro, que nadie ajeno a «la mercancía» haya puesto sus manos en ella. Es una garantía.

Este sello es también un testimonio, puesto que testifica de la personalidad y la vida de Cristo que se «instala» en el creyente, la mente de Cristo, el Espíritu de Cristo y la vida nueva. Entonces, el sello se puede perder, opinión que sostiene el mismo apóstol cuando señala:

> Al contrario, castigo mi cuerpo y lo obligo a obedecerme, para no quedar yo mismo descalificado después de haber enseñado a otros» (1 Corintios 9.27).
> *Biblia de Estudio*; Sociedades Bíblicas Unidas

Pablo lo sigue enfatizando en muchos otros pasajes, uno de los cuales es este:

Mira, pues, qué bueno es Dios, aunque también qué estricto. Ha sido estricto con los que cayeron, y ha sido bueno contigo. Pero tienes que vivir siempre de acuerdo con su bondad; pues de lo contrario también tú serás cortado (Romanos 11.22).
Biblia de Estudio, Sociedades Bíblicas Unidas

La conclusión inicial es muy simple, no podemos darnos el lujo de perder el sello del Espíritu Santo.

El análisis de 2 Corintios 1.21-22 nos lleva entonces a considerar que la unción con la que nos ha ungido Dios es entendida por el apóstol como algo distinto al sello y a las arras del Espíritu. Para Pablo, estos son dos conceptos distintos.

«Y el que nos ungió, es Dios, el cual *también* nos ha sellado».

Me parece que el lector debe poner en contexto estas expresiones, observando que el ambiente de las cartas a la iglesia de Corinto están saturadas de invitaciones, referencias y consejos acerca de la participación del poder de Dios. A continuación un breve ejercicio que confirma lo antes expuesto:

- **El apóstol define y resume el mensaje cristiano:**

  Porque la palabra de la cruz es locura a los que se pierden; pero a los que se salvan, esto es, a nosotros, es *poder de Dios* (1 Corintios 1.18).

- **El apóstol define y resume el centro del mensaje:**

  Mas para los llamados, así judíos como griegos, *Cristo poder de Dios, y sabiduría de Dios* (1 Corintios 1.24).

- El apóstol define y resume **el** vehículo del mensaje cristiano:

  Y ni mi palabra ni mi predicación fue con palabras persuasivas de humana sabiduría, sino con demostración *del Espíritu y de poder* (1 Corintios 2.4).

- El apóstol define **el fundamento de la fe para creer en ese mensaje:**

  Para que vuestra fe no esté fundada en la sabiduría de los hombres, sino *en el poder de Dios* (1 Corintios 2.5).

- El apóstol define y resume **la nomenclatura del reino que anuncia ese mensaje:**

  Porque el reino de Dios no consiste en palabras, *sino en poder* (1 Corintios 4.20).

- El apóstol describe un **elemento clave para la solución de problemas en la congregación** (por difíciles que estos sean):

  En el nombre de nuestro Señor Jesucristo, reunidos vosotros y mi espíritu, *con el poder de nuestro Señor Jesucristo* (1 Corintios 5.4).

- El apóstol revela **la manera en la que el Señor llevará a su grado máximo las promesas que contiene el mensaje:**

  Y Dios, que levantó al Señor, también a nosotros *nos levantará con su poder* (1 Corintios 6.14).

Si usted ha leído lo mismo que yo, me parece que no hay muchas preguntas que formular. Y si, tal como señalé al principio de este libro, nuestras congregaciones se parecen a la iglesia en Corinto, el consejo para nosotros debe ser el mismo.

Cada vez me convenzo más de que casi todos los problemas que enfrentamos en nuestras congregaciones son en gran parte el producto de alejarnos de la centralización del evangelio y de sustituir el poder de Dios con nuestra imaginación y sabiduría. Y no es que la imaginación o la sabiduría sean malas, pero tenemos problemas cuando pretendemos usarlas como las principales herramientas para el anuncio y la denuncia. Cuando las usamos como las «herramientas clave» para resolver, enfrentar y solucionar situaciones difíciles. Cuando usamos la imaginación y la sabiduría como el centro y función de la metodología, aspectos clave para la predicación y el entendimiento de nuestra fe, terminamos con problemas monumentales.

Me parece que hablar de poder en esta carta es similar a hablar de la unción de Dios. Cristo Jesús fue ungido por Dios (Hechos 4.27). Su unción fue para predicar y validar su mensaje del reino (Lucas 4.17-21). Este testimonio apunta directamente a decir que Dios hecho carne no puede estar lleno de otra cosa que no sea Dios mismo (Lucas 4.1). También señala que si cuando Dios se encarna decide que no puede desarrollar su ministerio sin la unción, nosotros no tenemos muchas alternativas. ¡Necesitamos la unción de Dios!

Sé que muchos están aguardando que defina el concepto de unción, pero en vez de hacerlo he preferido presentar algunas interpretaciones y usos que le da la Biblia. Tal vez después de esto nos será más fácil acercarnos a una definición algo coherente. Estamos frente a un concepto que se experimenta, se siente y del que se observan resultados, pero que es casi imposible de explicar.

A vuelo de pájaro se puede indicar que la unción tiene un gran parecido con la luz. Todos sabemos que esta alumbra, calienta, identifica y realiza unas docenas de cosas más. Al mismo tiempo, los hombres de ciencia no se han podido poner de acuerdo para definir si la luz es onda o si es partícula. La unción es así, sabemos de las cosas que hace, pero no podemos explicar cómo las hace.

Sabemos que en el Antiguo Testamento se ungía con aceite y en el Nuevo Testamento con aceite y con el Espíritu Santo. También sabemos que era y sigue siendo un requisito para ocupar y desarrollar labores ministeriales de todo tipo. Pero no nos podemos poner de acuerdo en explicar cómo actúa. Algunos señalan que es un derramamiento de poder y autoridad, mientras otros alegan que es una apertura a los misterios de la gracia.

Veamos lo que nos dice la Biblia al respecto.

Antiguo Testamento

En el Antiguo Testamento, este concepto se usaba para describir varias cosas. Por ejemplo, en el libro de Rut, *se usa para definir la acción de perfumarse* (Rut 3.3). O sea, estar ungido es sinónimo de estar perfumado, un olor externo y distinto al de nuestra naturaleza «corporal». No sé si usted ya se adelantó y ha visualizado lo que voy a señalar, pero el apóstol Pablo posee unas expresiones que se parecen mucho a esta vertiente de la unción como sinónimo de perfumarse:

Y por medio de nosotros manifiesta en todo lugar el olor de su conocimiento. Porque para Dios somos grato olor de Cristo en los que se salvan, y en los que se pierden; a estos ciertamente olor de muerte para muerte y a aquellos olor de vida (2 Corintios 2.14b-16a).

En otras palabras, estar ungido puede entenderse como sinónimo que hemos perdido la fragancia de nuestra naturaleza carnal y ahora debemos tener un testimonio que huela a cielo.

En el Antiguo Testamento también se usa este concepto para describir unos estados anímicos producidos por experiencias traumáticas. En otras palabras, si usted se presentaba en un lugar sin haber sido ungido, se interpretaría que usted estaba ausente de alegría, atravesaba por un duelo o se encontraba frente a una situación tan dolorosa que le requería presentar sacrificios y penitencias dolorosas. En 2 Samuel 14.2, Joab selecciona a una mujer para embaucar al rey David. Para esto, ella debe aparentar que está de duelo. Un elemento esencial para que el rey se creyera la historia era que la mujer no estuviese ungida. David es iluminado por Dios y descubre todo el montaje.

En Daniel 10.3 el profeta entra en un diálogo urgente con Dios acerca de la situación del pueblo y le indica que ni siquiera se ungirá para enfatizar que su sacrificio y clamor son genuinos. No debemos olvidar que en un ambiente desértico como el del Medio Oriente, la unción con aceites aromáticos formaba parte de las reglas básicas para sobrevivir a los ataques de los rayos del sol. O sea, que si usted no estaba ungido antes de salir de la casa o inmediatamente que llegaba a ella, exponía su salud y su vida. Otro proceso de unción era el que experimentaban los leprosos y otros enfermos que se sanaban. En Levítico 14 se describe el proceso para pedir «el certificado de salud» de manos del sacerdote de turno. En este proceso, hay una unción con aceite que incluye la cabeza, el pulgar derecho, el dedo gordo del pie derecho y el lóbulo de la oreja derecha del que decía estar sano.

Me parece que las aplicaciones son monumentales. Si no estamos ungidos, podemos reflejar mortandad, dolor y ausencia de gozo. Si no estamos ungidos, puede ser interpretado como que no hemos completado nuestro proceso de rendición ante el Señor. Si no estamos ungidos, podemos estar expuestos a que se afecte nuestra salud y nuestra vida espiritual a causa de «las inclemencias» del mundo, la carne y el reino de las tinieblas. Si no estamos ungidos podemos pasar ante el mundo como que todavía estamos sufriendo los estragos de una «enfermedad» espiritual de la que decimos estar sanos.

El simbolismo en medio de esta última refiere a la unción para usar bien la cabeza, usar bien las manos, usar bien los pies y usar bien nuestra capacidad de escuchar. Hay creyentes cuyos pensamientos no están ungidos, cuyos pasos tampoco lo están, cuya administración está carente de la unción divina y cuya capacidad para escuchar no está al servicio del alto y poderoso Dios. Necesitan la unción.

Una pregunta que le formulé a los textos del Antiguo Testamento fue acerca de las unciones para ocupar puestos de autoridad política y/o religiosa en Israel. Los reyes y los sacerdotes eran ungidos como señal de la investidura y la aprobación de Dios para que desempeñaran ese cargo. En este contexto me encuentro con algunos detalles muy interesantes. Uno de ellos es que una persona podía ser ungida muchas veces. Un buen ejemplo de esto lo tenemos en el caso del rey David.

En 1 Samuel 16.13, la Biblia dice lo siguiente:

> Y Samuel tomó el cuerno del aceite, y lo ungió en medio de sus hermanos; y desde aquel día en adelante el Espíritu de Jehová vino sobre David.

Esta unción fue el «protocolo divino» para aprobar la designación de David como rey, al mismo tiempo que se constituía en el «momento divino» para investir de autoridad y poder del cielo a un ser humano que necesitaba ser capacitado por Dios para que pudiera desempeñar las funciones que se esperaban de él.

En 2 Samuel 2.4, la Biblia dice lo siguiente:

> Y vinieron los varones de Judá y ungieron allí a David por rey sobre la casa de Judá. Y dieron aviso a David, diciendo: Los de Jabes de Galaad son los que sepultaron a Saúl.

El rey David es ungido una vez más, en virtud de su ceremonia de entronación. Su poder para gobernar, regir y adjudicar aumentaban. Ahora ya no estaría a cargo de un grupo de hombres en un sector de Israel, sería rey de la casa de Judá. La asignación de responsabilidades mayores requerían una nueva unción.

En 2 Samuel 5.3, la Biblia dice lo siguiente:

> Vinieron, pues, todos los ancianos de Israel al rey en Hebrón, y el rey David hizo pacto con ellos en Hebrón delante de Jehová; y ungieron a David por rey sobre Israel.

Me parece que sin lugar a dudas estamos frente a un ser humano que le complacía la unción, osea, disfrutaba que se le aumentaran sus responsabilidades y que se le capacitara para ello. En la discusión del modelo del Nuevo Testamento ampliaré esta vertiente conceptual.

En el Antiguo Testamento, la unción también es usada como testimonio de la presencia de Dios, de su refrigerio espiritual, la presencia del gozo, la fortaleza del Señor y su salvación. En el Salmo 23.5 el salmista señala que la presencia de Dios es como unción sobre su cabeza frente a sus enemigos. En el Salmo 45.7 el salmista señala que la unción de Dios es alegría sobre los justos y en el Salmo 92.10 la unción de Dios es descrita como fortaleza frente a la batalla. En Isaías 61.3 la unción es definida como uno de los efectos de la salvación de Dios.

Nuevo Testamento

Existen dos diferencias significativas entre la unción veterotestamentaria y la del Nuevo Testamento. La primera es que en el Nuevo Testamento la unción no está reservada para unos pocos, Dios la ha separado para todo aquel que cree. El deseo de Dios es que su Espíritu sea derramado *sobre toda carne.* Desde este punto de vista, cualquier intento por validar el modelo unilateral del Antiguo Testamento estará poniendo al descubierto a quienes lo esgriman así. Los que intenten justificar que solo sobre ellos derrama Dios una unción especial para tal o cual cosa, se autodescriben como «alquimistas teológicos» y/o engreídos que solo intentan conservar el poder para ellos solos. Son adoradores del poder que necesitan ser confrontados con la Palabra del Dios que da el poder y la unción.

El modelo del Nuevo Testamento es definido y descrito por el apóstol Pedro cuando explicó lo que estaba aconteciendo aquella mañana gloriosa en que el Espíritu de Dios irrumpió como un viento recio y con llamas como de fuego sobre los ciento veinte en Jerusalén:

> Mas esto es lo dicho por el profeta Joel: Y en los postreros días, dice Dios, derramaré de mi Espíritu sobre toda carne y vuestros hijos y vuestras hijas profetizarán; vuestros jóvenes verán visiones, y vuestros ancianos soñarán sueños (Hechos 2.16-17).

Adorar al poder y a la unción y no al Dios que da la unción y el poder es síntoma inequívoco del deseo de perpetuar lo continuo. George Orwell, en su obra *Shooting an Elephant* [Disparando a un elefante], decía que los adoradores del poder oscurecen el juicio político porque esta actitud conduce a creer que la situación actual continuará sin cambios. Añade que estos adoradores, por encontrarse triunfando en ese momento, siempre parecerán invencibles.

El profesor Harold Hill definía el término «cristiano» como «pequeño ungido». No lo hacía basado en análisis filológicos, sino como una extensión premeditada y basada en que «Cristo» significa «ungido» (en el idioma griego).

El segundo punto que el Nuevo Testamento enfatiza es que la unción primordial de los creyentes es con el Espíritu Santo. En realidad, hasta Jesús de Nazaret se describe como uno que Dios unge con el Espíritu Santo y con poder (Hechos 10.38). Este argumento es tan decisivo que no amerita que se vea otro.

En la presentación del evangelio, el Nuevo Testamento no deja abiertas muchas opciones. Para los creyentes la relación con el Espíritu Santo no es nunca una opción sino una orden. A creyentes sellados con el Espíritu Santo se les ordena que procuren ser llenos (Efesios 5.18). Del análisis de un solo libro del Nuevo Testamento, el de los Hechos, se desprende que es mucho más que la búsqueda del Espíritu Santo. La autoridad y la capacitación de los creyentes solo está completa cuando estos permiten que la tercera persona de la Trinidad tenga dominio absoluto de sus vidas y ministerios.

Para entenderlo mejor invito a que cada lector busque una Biblia y verifique los argumentos que siguen a continuación. Observe que en el libro de los Hechos, el Espíritu Santo es señalado como el que hizo hablar a los profetas (Hechos 28.25), es el que bautiza (Hechos 11.16), el que llena e impacta corazones (Hechos 4.31), el que habla y selecciona personal para ministerios específicos (Hechos 13.2) y el que da instrucciones específicas (Hechos 8.29). Es también el que capacita para reprender a las tinieblas que se oponen al evangelio (Hechos 13.9-11) e informa y da perspectiva a la iglesia (Hechos 20.23). No solo esto, sino que el Espíritu Santo hace crecer y fortalece a la Iglesia (Hechos 9.31), no discrimina por sexo, color, nación ni preferencia política (Hechos 10.44-45), y es capaz de ordenar el silencio de sus ministros (Hechos 16.6).

Entonces, el Espíritu Santo no es simplemente el Consolador de la Iglesia. Es el rector absoluto de todo cuanto en ella acontece. Es por esto que la Iglesia es del Espíritu y producto del Espíritu, porque dondequiera que haya iglesia, tiene que estar el Espíritu. Si este no está, no hay iglesia. En ella, el Espíritu de Dios no le hace segunda voz a nadie, Él posee y reclama control absoluto.

Esta declaración tiene que ser comprobada con un argumento bíblico. El mismo es uno medular del evangelio que predicamos. En el Evangelio de Juan, Cristo resucitado se aparece a sus discípulos y sopla diciendo que recibieran el Espíritu Santo (Juan 20.22). Claramente estamos frente a la versión neotestamentaria de la nueva creación del hombre. Si en Génesis el hombre es formado del barro y Dios sopla en él para que sea alma viviente, en Juan el barro está en los ojos del ciego de nacimiento (Juan 9) y el soplo de vida está en esta acción, en el Cristo de la resurrección. Siendo que Cristo ya les ha dado el Espíritu Santo, hay que explicar la necesidad de esperar recibirlo en el aposento alto (Hechos 2) y procurar su participación cada vez que tenían alguna decisión que tomar, problema que enfrentar o vidas para ministrar (Hechos 4.23-31; 10.44-47; 19.1-7). El Espíritu que capacita a la Iglesia debe estar presente y activo en ella en todo momento.

El Espíritu llega como aceite de unción a la comunidad de creyentes y cuando Él capacita a los ministerios y a los que los ocupamos, nos convertimos en sermones y testimonios ambulantes del poder de Dios. La iglesia del primer siglo observó la necesidad que tenía de la liberación de problemas y ataduras grandes y poderosas. En cada caso, acudió a la presencia del poderoso Espíritu de Dios para la liberación. Acudió a esta para la capacitación de sus ministros. También acudió a la presencia del Espíritu de Dios buscando iluminación y enseñanza.

Para entender las aplicaciones prácticas que tiene lo antes expuesto, volvamos al análisis de la iglesia de Corinto. Una iglesia que enfrentaba la penosa situación de tener entre sus filas a gente que siendo cristiana participaba de faltas crasas a la moralidad. Recordemos que uno de sus miembros se había ido a cohabitar con la esposa de su padre (1 Corintios 5.1-2). En otro sector de la iglesia el apóstol identifica gente con unas conductas terribles: fornicación, avaricia, idolatría, vocabulario soez y descompuesto, borracheras, pillaje, homosexualidad, estafa y adulterio. El apóstol le dice a esta iglesia que la gente que practica estas cosas siendo creyente, no merecen nuestra compañía (1 Corintios 5.9-13). Aunque nos parezca dura y legalista esa posición, el apóstol la sostiene con un argumento que no admite discusión:

Y esto erais algunos; mas ya habéis sido lavados, ya habéis sido santificados, ya habéis sido justificados en el nombre del Señor Jesús y por el Espíritu de nuestro Dios (1 Corintios 6.11).

En un resumen simple y sencillo, el apóstol subraya que los que viven estas conductas y le hacen la vida imposible a otros a causa de las ataduras que tienen, sufren y padecen estas cosas porque quieren. También señala que en la misma congregación hay testimonios poderosos de que Dios quiere y puede cambiar a estas personas a base del poder de Cristo y de su Espíritu Santo. Hay poder purificador en la sangre que lava todo pecado y toda conciencia. Hay poder santificador en esa sangre que nos separa para Dios y en el Espíritu Santo que nos liberta y nos capacita para mantenernos libres de toda atadura. Hay poder en la sangre y en el Espíritu de Dios que nos transforman y regeneran (Tito 3.5) hasta convertirnos en justicia de Dios en Cristo (2 Corintios 5.21).

Hay unción para la ministración. El Señor mismo declaró estar ungido para ministrar a los pobres, a los presos, a los desamparados, a los ciegos, a los enlutados y a los desposeídos del cuerpo, del alma y del espíritu. Sin esa unción el ministerio se convierte en un mero ejercicio didáctico. Necesitamos autoridad y poder para el desarrollo responsable de las «asignaciones ministeriales» que se nos han encomendado. No creo que este argumento necesite muchas explicaciones. La gran mayoría tuvimos muchas experiencias en las cuales hemos podido identificar cuándo los que nos ministran tienen unción de Dios. Y lo que es más triste aún, se les nota cuando no la tienen.

Una experiencia muy triste es la que vivimos con infinidad de ministerios internacionales de la predicación y/o de la alabanza y música que a todas luces demuestran haber perdido esa participación, autoridad y capacitación de Dios. Tristemente los observamos desarrollar grandes empresas con enormes andamiajes artístico-musicales, pero solo eso les queda. Lo que nos brindan es mucho más profesional y estético que lo que nos ofrecían antes, pero sus presentaciones se han convertido en un mero espectáculo que carece de unción divina. Y la gente se sigue convirtiendo en esos programas, pero no es por la unción de los ministerios, sino por la responsabilidad que tiene Dios de respaldar su Palabra.

El reclamo bíblico es volver a la vida disciplinada en la oración y la búsqueda de las cosas profundas de Dios para que el mundo entero lo vea a través de nosotros. Thomas Groome, autor de un trabajo titulado «The Spirituality of the Educator» [La espiritualidad del educador], señalaba que es imposible divorciar la espiritualidad de la vida y el testimonio disciplinado. No se puede servir al altar y al Dios del altar dependiendo de nuestras oraciones profesionales. Dios mismo reclama que sus ministros vuelvan a la vida fervorosa y a la búsqueda de la presencia del Espíritu de Dios.

El apóstol le decía a la iglesia en Corinto que si nosotros tuviésemos la honestidad de autoexaminarnos, no habría necesidad que el mundo nos juzgara (1 Corintios 11.31). Si para que esto suceda es necesario que el Señor tenga que permitir el fracaso de muchas de estas «empresas» ministeriales, preparémonos para esto. Estoy convencido de que en

América hispana estamos próximos a experimentar las sacudidas que se producen cuando varios ministerios de renombre
se derrumban sorpresivamente. Invitamos a cada uno de los
que leen estas líneas a orar intensamente para que Dios tenga
misericordia y guarde a los débiles en la fe que no pueden entender estas crisis.

Si mi posición le parece extremista, le invito a examinar
cuidadosamente el ambiente supercomercializado que se ha
desarrollado dentro y alrededor de la iglesia. Algunos ministerios sufren los estragos de la avaricia, la estafa, las actitudes
deshonestas y el pillaje, y estos minan la fe de muchos débiles.
A este cuadro hay que sumarle una ebullición de carnalidad
rampante que es observada desde lejos por los que no conocen
al Señor. La mayoría de los que no conocen al Señor sí saben
cómo debe comportarse un creyente.

Y cuando nuestros testimonios aparentan piedad y espiritualidad, pero en nuestro interior hay vestigios de fornicación,
adulterio, idolatría, vocabulario maldiciente, homosexualidad o borracheras, el mundo a nuestro alrededor se da cuenta
de ello inmediatamente.

Regresemos a la mesa de trabajo, al torno del alfarero y
pidamos unción para la liberación y para la ministración. Allí
mismo también nos la dará para iluminarnos la Palabra y
darnos sabiduría para entenderla en el Espíritu. Advierto a
quienes les gusta mantener la neutralidad, que no les gusta
asumir una posición frente a una crisis tan grande, que
tendrán que rendir cuentas a Dios por las almas que se
pierden sin salvación por nuestra indolencia. Sobre esa actitud se expresaba Dante Alighieri cuando decía que el infierno
tiene un lugar muy especial para los que se mantienen neu-
trales en tiempos de grande crisis moral. Ese lugar, decía él,
es el más caliente.

Me parece que el tema de la unción no se agotará jamás. Y
como este, hay muchos otros que ameritan que se los estudie
con un poco de mesura. Como veremos más adelante, este se
convierte en una herramienta indispensable para poder alcanzar a las profundidades del alma donde hay que llegar
para que una vida pueda ser liberada, además de ser salva.

En las sección «Reflexionemos» buscamos algunas alternativas para explicar la mecánica que sigue y hace operar la un-

ción, no sin antes detenernos a contemplar una situación práctica que requiere que estemos ungidos para poder manejarla. Después de todo, el Espíritu de Dios es el que opera todas estas cosas y a Él nadie le puede ver. Pero, «cosa que ojo no vio ni oído oyó, ni han subido en corazón de hombre, son las cosas que Dios ha preparado para los que le aman». Entre tanto, permítame decirle que los ángeles no respiran...

REFLEXIONEMOS
Un caso singular... bajo el poder de Dios...

El lugar queda en el condado de Garfield, en el estado de Washington, al noroeste de los Estados Unidos de América. Allí, una carretera en un bosque experimentó una situación muy singular. Hace algunos años, mientras se planificaba la construcción de esa carretera para que atravesara una sección del bosque, a alguien se le ocurrió la maravillosa idea que el propósito del proyecto sirviera para mantener y conservar la ecología de toda esa región.

El proyecto fue aceptado con beneplácito por todos los planificadores. Esta idea consistía en separar un tramo de 4 millas (6,4 km) para sembrar en ellos 250,000 neumáticos o llantas usadas de las que no se había podido disponer. Una excavación más profunda que la usual permitiría que las llantas pudieran ser depositadas a lo largo de este tramo, como una «cama» que se descompondría con el pasar de los años y al mismo tiempo ayudaría a «sacar del medio» un contaminante muy peligroso. Sobre estos neumáticos pusieron grava y sobre esta el asfalto.

Las labores se realizaron con mucho tesón y el éxito fue increíble. Las felicitaciones de muchos sectores del gobierno y de las empresas privadas no se hicieron esperar. Pero pasados varios años, exactamente seis semanas antes de redactar estas líneas, una noticia sorprendente estremeció a todos los conocedores de este proyecto.

Unos automovilistas que transitaban por esa carretera tuvieron que abandonarla cuando poderosas llamas de fuego comenzaron a aparecer en ella. Estas se abrían paso a través de pequeñas grietas en el asfalto y algunas llegaban a alcanzar los 5 pies de altura (1,.54 m). La conmoción fue inmensa, los conductores comenzaron a explicar que de pronto la carretera se había convertido en un infierno. Inmediatamente se organizó un equipo para investigar el problema y algunos especialistas fueron invitados a unirse al grupo de trabajo.

Los resultados de los estudios e investigaciones realizadas fueron singulares.

Después de todo, se descubrió que el proyecto de «sembrar neumáticos» no había sido una gran idea. Los que idearon el proyecto olvidaron considerar unos detalles minúsculos que acabaron por construir el problema que aún hoy enfrentan. Resulta que existe un río subterráneo que corre a muchos pies de profundidad por donde pasa esa carretera. A los diseñadores se les olvidó considerar que muchos de los neumáticos «sembrados» poseían fibras de metal y que estas, combinadas con la humedad producida por el río, finalmente se oxidarían.

Hay un principio elemental en química que dice que los procesos de oxidación liberan energía. Ahora bien, ¿qué pasa si esa energía se libera en un ambiente bajo presión, digamos varias decenas de metros de relleno y grava? ¿Qué sucede si en ese mismo ambiente bajo presión esa energía liberada se encuentra con un material combustible, digamos neumáticos usados? El resultado es uno clásico. Los investigadores determinaron que en el fondo de esa carretera existían 250,000 neumáticos ardiendo en llamas. Lo que es peor aún, apagar ese incendio es exageradamente costoso, demanda varios miles de millones de dólares. Ese dinero no parece estar disponible en una nación que ha sido capaz de paralizar su gobierno federal en aras de demostrar que hay que disminuir el déficit fiscal imperante. Si no hay dinero para hacerlo, la otra alternativa sería la de dejar que el «infierno» se apague solo. El problema es que de las investigaciones realizadas se desprende que esto tomaría alrededor de trescientos años. El jefe de los investigadores dijo que se necesitaba un milagro.

Muchos ya le habrán encontrado las múltiples aplicaciones que tiene esta experiencia de 1996. Me parece que hay una cantidad enorme de seres humanos que transitan por la vida pretendiendo vivir con «muchos trastos viejos» enterrados en el fondo de sus vidas. El camino por el que transitan ha sido pavimentado sobre un sinnúmero de lastre y experiencias que amenazan convertir sus vidas en un infierno.

Es todavía más doloroso saber que muchas de estas personas son creyentes y adoran con nosotros. Son hermanos y hermanas que pretenden esconder bajo el asfalto de la religiosidad todo un polvorín de crisis y experiencias traumáticas del pasado. Son creyentes que quieren pensar que el pavimento del camino en Cristo es todo lo que necesitan para manejar ese bagaje doloroso del pasado. Sus vidas están siempre amenazadas a convertirse en un infierno que estallará de súbito y sin previo aviso. Algunos no saben ni pueden reconocer la existencia de estos lastres en las «trastiendas de sus espíritus».

Estos creyentes necesitan un milagro divino, chocar con un poder sobrenatural que ponga al descubierto las cargas escondidas para que una vez allí, se puedan manejar y «disponer» de ellas en forma apropiada. El Espíritu de Dios se especializa en ese tipo de liberación. El evangelio predica unción de libertad a los cautivos y a los oprimidos. El evangelio predica unción de sanidad a los quebrantados de corazón y vista a los que no pueden ver.

El proceso para que esto pueda ser una realidad es un muy complejo, pero definitivamente, solo comienza cuando somos investidos con la autoridad de Dios por su Santo Espíritu. Dios nos unge para ser liberados de esos yugos (Isaías 10.27). También Dios ha ungido a muchos sicólogos, siquiatras y consejeros cristianos para esto. Son especialistas dos veces. Primero por su preparación profesional y académica y segundo por la unción divina que reposa sobre ellos.

Como hombre preparado inicialmente en las ciencias, siempre me preguntaba cómo sería la mecánica que utiliza el Espíritu para esto. Las especulaciones son interminables y ninguna puede ser considerada como absoluta ni final. He tenido el privilegio de analizar una de ellas que me ha intrigado por sus características.

Antes de explicarla, debo decir que no es mi propósito el patentar explicaciones sobre las formas que usa el Espíritu para obrar en los seres humanos. Intentar hacerlo, es tratar de explicar a Dios y todos sabemos que esto es imposible. Ahora bien, si el Espíritu nos revela lo profundo de Dios, es posible que podamos entender al menos una ínfima parte de lo que Él hace.

En los años setenta, Harold Hill escribió una serie de libros de evangelización con énfasis en la ciencia. Este enfoque es llamado apologética, pues es una manera de defender nuestras doctrinas y nuestra fe. Hill, un colega en los campos de la bioquímica y el ministerio, tituló uno de ellos *Las monerías de Darwin*.[3] En este libro, Hill llamó a una de las secciones «Tú y el Espíritu Santo», en la que analiza algunos conceptos y principios muy interesantes. Uno de ellos es una investigación desarrollada por un biofísico judío llamado Donald Liebman. Esta investigación me hizo inquirir un poco más en el sujeto de su análisis y en los procesos que él describía.

El Dr. Liebman trabajaba en los años setenta en un centro dedicado a las investigaciones de la actividad cerebral. Según la información recopilada, descubrimos que varios científicos habían recibido la asignación de conseguir medir la energía que circula por el cuerpo de los seres humanos durante sus operaciones básicas. Liebman fue el que obtuvo los mejores resultados.

Para que podamos entender mejor sus experimentos debemos comprender que el cuerpo humano es una compleja maquinaria que se pasa constantemente transformando energía. Es decir, si usted recibe un golpe fuerte en un dedo de su pie, el dedo tendrá que enviar un mensaje a través del sistema neuromuscular a su espina dorsal y desde allí a su cerebro. Ese mensaje dirá que el dedo ha sido golpeado. El proceso se completa cuando el cerebro le responde al dedo que ya le ha pedido a la boca que grite. Algunos cerebros han sido condicionados para pedirle a la boca que acompañe los gritos con «otras cosas». Esos cerebros necesitan nacer de nuevo. La energía que mueve ese mensaje a través de todo el «circuito» se puede medir. Liebman se la midió a unas trescientas cincuenta personas.

Los resultados del estudio de Liebman revelaban que los seres humanos poseían de ocho a diez unidades Liebman de energía en su cuerpo (otros especialistas las han medido en unidades de corriente eléctrica). De acuerdo a Liebman, todo iba muy bien hasta que un conejillo de Indias seleccionado resultó un creyente nacido de nuevo. Las medidas de este desconcertaron a todos los investigadores. El hermano en cuestión registraba sobre cincuenta unidades constantemente.

Liebman, escéptico por naturaleza científica y renuente a estas cosas por su desarrollo como judío tradicional, decidió

3   Harold Hill, *Las monerías de Darwin*, Editorial Vida, Deerfield, FL.

no hacer caso a estas medidas a menos que pudieran ser repetidas por otras personas que tuviesen las mismas características: haber nacido de nuevo. Sus temores se hicieron realidad. Algunos centenares de nacidos de nuevo se presentaron al centro de investigaciones y todos subían la escala a niveles por encima de las cincuenta unidades.

En ese momento, el científico confundido, decide realizar algunas «averiguaciones» en el mundo de los cristianos protestantes. Un hermano en Cristo de la comunidad científica le hace referencia al pasaje bíblico en el cual el apóstol Pablo indica que no se puede avergonzar del evangelio porque este es *dynamos* de Dios (Romanos 1.16). La potencia aquí descrita no es una de carácter destructivo, sino capacitadora.

Los «problemas» de Liebman apenas comenzaban. Se confirma la versión que ofrece Hill de que algunos creyentes examinados poseían sobre cien unidades de energía. Estos declaraban haber tenido una experiencia carismática sobrenatural. Para no alargar la historia, señalaré que Hill tenía razón, el Dr. Liebman terminó siendo un cristiano nacido de nuevo con más de cien unidades Liebman en todo su cuerpo.

El profesor Hill le puso «gloriómetro» por sobrenombre al equipo de Liebman. El poder de Dios es una realidad innegable. Pero no deseo que se sorprenda con las capacidades que podamos desarrollar para medirlo sino que se deje impactar por las transformaciones que este poder puede obrar en usted y en cada creyente. ¿Para qué queremos conformarnos con las medidas si podemos experimentar los resultados? Repito, no se deje impresionar con esto de que las experiencias con la salvación y con el Espíritu Santo se pueden medir. He ofrecido este recuento como testimonio que hay cosas que ojo no vio que pueden ser confirmadas como reales. Y hay otras cosas que ojo humano no ha visto y que pueden ser «desarraigadas» de lo profundo de nuestro ser por medio de una potencia y autoridad sobrenaturales.

Es también correcto decir que todo esto es posible porque a Dios le place designar a su Espíritu para que indague en lo profundo de nuestro ser y en lo profundo de Dios. En ese diálogo e intercambio sufrimos transformaciones que nos elevan a unas dimensiones que no son nuestras, sino del cielo.

Hay centenares de personas incapacitadas para ver en lo profundo de sus corazones. Allí llega el Señor con una potencia transformadora y liberadora. Dios quiere y puede llegar directamente con su unción o mediante de gente ungida para esto. Después de todo, ser nueva criatura en Cristo (2 Corintios 5.17) y ser regenerado y renovado se hace posible cuando somos sumergidos en ese poder que todavía no podemos explicar.

David, pulsando el arpa, cantó tu gloria
y encumbrado en su trono no te olvidó,
¿cómo habré de olvidarme de la victoria
que en la cruz del Calvario
Jesús ganó?

«Himno» (Estrofa)
Sagrario Bertolí MartínezD

9

Llamados por Dios

---

*Si para otros no soy apóstol, para vosotros
ciertamente lo soy; porque el sello de mi apostolado
sois vosotros en el Señor.*
1 Corintios 9.2

Como habrá visto el lector, estoy plenamente convencido de
que cada texto bíblico puede y debe ser analizado y estudiado
de forma tal que tengamos a mano la mayor cantidad de
información posible sobre el mismo. Claro está, sin tener que
recurrir a técnicas ni estilos chabacanos. Es por eso que le
invito a leer lo que sigue con detenimiento.

Antes de llegar al análisis de este versículo, repasemos
algunos detalles personales que ya mencionamos en el primer
capítulo de este libro y que el apóstol nos ha suplido acerca de
él mismo. En el primer verso del capítulo 1 de esta carta, el
apóstol declara con absoluta certeza varias verdades:

Pablo, llamado a ser apóstol de Jesucristo, por la voluntad de
Dios, y el hermano Sóstenes.

- el apóstol fue llamado por Dios; Dios es el que llama.
- el apóstol tiene un nombre; Dios llama a seres humanos con
  nombre, apellidos y sus propias circunstancias.
- el apóstol fue llamado a un ministerio en particular; la voluntad divina fue la de asignarle ese ministerio y no otro.
- el apóstol señala en esta carta que no se encuentra desarrollando ese ministerio a solas; alguien llamado Sóstenes le
  acompaña.

Pablo fue llamado por Dios para ser apóstol del evangelio.
Un llamamiento muy especial que el Señor tenía preparado

SOBRE LAS ALAS DEL VIENTOS

para aquellos que Él entendía, tenían unas características y una personalidad muy particular. La misión que desarrollarían estos siervos del Altísimo sería de tal magnitud, que se hacía absolutamente necesario que gozaran de esas cualidades únicas. Es más, desde el punto de vista bíblico, el llamado para ese ministerio es considerado un carisma del Espíritu. En el capítulo 4 y versículo del 11 al 16 de la carta a los Efesios, leemos que el escritor nos señala que es Dios mismo el que otorga ese galardón inmerecido.

Notará usted que al referirme a este ministerio he optado por hacerlo utilizando conjugaciones verbales en tiempo pasado. Esto obedece a que no existe duda alguna que el ministerio apostólico fue otorgado por Dios por un período en particular y que este ya no existe. Dios dio el don a quien Él quiso y dejó de otorgar ese don. En el libro *El despertar de la adoración* analizamos este tema. Como parte de esa discusión señalamos algunas características que acompañaban a los llamados a ser apóstoles. Un buen ejemplo de estas las encontramos en los detalles específicos que enumeró el apóstol Pedro cuando discutían la necesidad de encontrar a alguien que sustituyera a aquel que vendió al Maestro. Leemos en Hechos 1.21-22:

Es necesario, pues, que de estos hombres que han estado juntos con nosotros todo el tiempo que el Señor Jesús entraba y salía entre nosotros, comenzando desde el bautismo de Juan hasta el día en que de entre nosotros fue recibido arriba, uno sea hecho testigo de su resurrección» (énfasis añadido).

El apóstol Pedro es claro, para ser considerado apóstol era necesario ser testigo de la resurrección. Es mucho más enfático en este asunto cuando lo vuelve a considerar en casa de Cornelio, el centurión romano. Veamos:

A este levantó Dios al tercer día, e hizo que se manifestase; *no a todo el pueblo*, sino a los testigos que Dios había ordenado de antemano, a nosotros que comimos y bebimos con Él después que resucitó de los muertos (Hechos 10.40-41, cursivas del autor).

Para ser apóstol se requería haber visto al Resucitado. Las razones son obvias. Vimos en el capítulo cinco de este libro que el evangelio se sostiene en pie por la resurrección o se cae completamente sin ella. El Resucitado aseveró que ese hecho sería la base fundamental sobre la que rodearía su mensaje. Su muerte en la cruz sería el «imán» que atraería a todos a Él mismo (Juan 12.32). Su resurrección es el sello de victoria sobre el temor último (Juan 11.25). Aquel que ha dicho que es la resurrección y la vida haría un ínfimo servicio a los creyentes si no hubiese tenido la capacidad de vencer su propia muerte. Es por esto que la Biblia señala lo siguiente:

> Por eso me ama el Padre, porque yo pongo mi vida, para volverla a tomar. Nadie me la quita, sino que yo de mí mismo la pongo. Tengo poder para ponerla, y tengo poder para volverla a tomar. Este mandamiento recibí de mi Padre (Juan 10.17-18).

Que no quede duda alguna, la resurrección de Jesús el Señor es la piedra angular del evangelio. Aquellos llamados a ser apóstoles necesitaban haber tenido una experiencia inexpugnable con la resurrección de este. La mejor de todas sin duda alguna, encontrarse con aquel que venció a la muerte. Para poder ser capaces de dejarse hasta matar por causa del Nombre necesitaban de una experiencia de esta naturaleza. No había manera de hacerles negar la resurrección del Señor, puesto que le habían visto y hasta habían comido y bebido con Él. Los que habían sido llamados a predicar el mensaje del resucitado, a predicar la exaltación de este al rango de Señor y Juez (Hechos 10.42), a documentar y escribir las estipulaciones de ese nuevo pacto y esparcir la formación internacional de su Iglesia, tenían que haber visto al Señor.

Desde este punto de vista, hay que concluir que es el mismo apóstol Pablo el que señala quién es el último de esos que tuvieron la oportunidad de ver al Resucitado:

> Y al último de todos, como un abortivo, me apareció a mí (1 Corintios 15.8).

Me parece que por esto los que acompañaban a Saulo de Tarso en ese camino a Damasco pudieron escuchar «la voz» de aquel que hablaba, mas no pudieron verle. No estaban en la «agenda de Dios» para ser apóstoles. Desde este punto de vista, cualquier persona que hoy día «procure» que se le llame o se le considere apóstol, o ha vivido unos dos mil años, o es un impostor.

Concluida la discusión de este punto teológico es necesario enfatizar que entendemos que cada proceso para llamar a hombres y mujeres al ministerio, casi siempre está rodeado de tormentas emocionales, mentales, espirituales, físicas y vocacionales. Por un lado, la realidad de los cuestionamientos que levantamos: ¿Por qué a mí? ¿Por qué yo, tan indigno, vil e incapacitado? Por otro lado las luchas mentales especialmente en quienes tienen «muchas cosas» que echar a un lado para poder decir que sí al llamado del Señor. Proyectos educativos, sueños, expectativas, posiciones económicas y carreras profesionales son solo una ínfima parte de esto.[1] En algunos casos hay tormentas familiares, problemas físicos y crisis vocacionales. En fin, la lista es casi inagotable.

En relación a los llamados que hace el Señor existen algunas preguntas que se han hecho miles de cristianos. Estas giran en torno al proceso que pueda usar el Señor para llamar a sus siervos y siervas y las características que debe tener ese o esa que el Señor está llamando. De primera intención habría que enfatizar en el dato que el Señor no sigue un patrón definido para llamar a los suyos. Es más, me parece necesario señalar que creo que no existen dos llamamientos ministeriales que sean completamente iguales.

Durante el mes de marzo de 1995, la isla en la que nací tuvo el privilegio de disfrutar de las visitas de muy distinguidos exponentes de la Palabra de Dios. Misión Global, evento que se ha conocido como el proyecto de evangelización más grande de la historia de la humanidad, fue precedida por la celebración de unas conferencias para obreros cristianos. Para las mismas, se programó que estas fueran conducidas por estos distinguidos visitantes. Entre otros, el Dr. Raví Zacharías, uno de los apologistas más impresionantes que conoce el mundo actual, disertaba sobre la predicación contextual. Una presentación excelente en todos los sentidos que pueda el lector imaginar. Como parte de la misma, el Dr.

---

1 Quienes pretendan ver en el llamado del Señor una oportunidad de hacerse ricos no han entendido la óptica divina. Es más, entendemos que deberían dedicarse a otra cosa. También se equivocan los que miran el ministerio como un ejercicio profesional. La ausencia de un cuidadoso balance entre los aspectos profesionales y la misión ministerial provocarán que den al traste los esfuerzos que intentemos realizar. Un buen libro para analizar este balance se ha escrito por Wiest y Smith (véase Bibliografía).

Zacharias hizo una declaración que me ha parecido eterna y celestial:

> Dios llamó y capacitó a José en un desierto para hacerle trabajar en un palacio, pero llamó a Moisés en un palacio, para luego hacerle trabajar en el desierto.
>
> Dr. Raví Zacharías
> (San Juan, PR, Global Mision; 3/10/95)

¿Cómo cuestionar los procesos que quiere usar aquel que llama con santo llamamiento? Definitivamente, cuando examinamos el llamamiento ministerial como proceso, debemos prepararnos para analizar una polifonía celestial: el testimonio indiscutible de la multiforme gracia y sabiduría del eterno Dios. Es Dios llamando de muchas maneras a quienes convoca para ser colaboradores en el establecimiento del Reino.

Podemos reflexionar eternamente acerca de los modos que utiliza Dios para desarrollar ese proceso que denominamos llamamiento, pero ese no es el propósito de este libro. Sin embargo, aún no hemos siquiera soslayado el área de las características de quienes Dios llama. ¿Será posible delinear algunas propiedades básicas, comunes y/o generales encontradas en esas personas a las que Dios ha llamado?

Sabemos que cada ministerio posee características únicas. Pero queremos analizar la posibilidad que existan elementos comunes en esos que llama el Señor. Cada mujer que es llamada por Dios, es designada a un ministerio con características únicas. Pero queremos analizar las posibilidades que aun así puedan existir elementos comunes a todos los que son llamados por Dios.

El apóstol Pablo señala en este versículo que su ministerio no está en discusión. Dios mismo le llamó a ser apóstol y las evidencias de su llamado, don y ministerio son evidentes. Esta es una gran noticia. El apóstol insiste en que los ministerios genuinos producen evidencias genuinas.

Para este análisis, sabiendo que la discusión de este tema es casi inagotable, he preferido optar por la presentación de dos modelos ministeriales que considero muy poderosos. El primero de ellos, servirá de comparación con el estilo del autor de esta carta a los corintios. Este modelo es uno del Antiguo Testamento, el del cantor de Israel. David, hijo, hermano y padre. David ministro de música y cantante. David, maestro de guerras y estudiante de la paz. David, siervo y rey, con un corazón conforme al corazón de Dios.

El segundo modelo es el mismo apóstol Pablo.

Sería interesantísimo poder gozar de la oportunidad de examinar a nuestro «primer invitado», este siervo del Dios viviente llamado David. ¿Qué datos podríamos encontrar en ese *curriculum vitae*? Ante este desafío, el de reflexionar acerca de cómo luciría esta hoja de servicio y preparación, nos encontramos con una noticia espectacular. La Biblia recoge un historial profesional de este siervo de Dios. La Palabra de Dios señala que en una ocasión, Saúl el rey de Israel, tenía unas necesidades muy especiales. Estas no podían ser satisfechas por cualquier persona. Leamos la respuesta que se le brinda a ese rey israelita:

> Entonces, uno de los criados respondió diciendo: He aquí yo he visto a un hijo de Isaí de Belén, que sabe tocar, y es valiente y vigoroso y hombre de guerra, prudente en sus palabras, y hermoso, y Jehová está con él (1 Samuel 16.18).

Me gusta analizar este pasaje con la óptica obtenida durante los doce años dedicados al mundo de la industria farmacéutica estadounidense e internacional. A grosso modo, en ese mundo siempre se están detectando las necesidades básicas en la organización. Desde allí se procede entonces a definir las características que debe tener la persona que realizará las labores y gestiones necesarias. El próximo paso es el de solicitarle a un grupo especializado que se haga cargo de conseguir una persona que cumpla con esos requisitos. Si la posición es de un alto nivel, generalmente se evitarán los anuncios en la prensa y se procederá a solicitarle a una organización externa que se encargue de la exploración, la separación del «grano de la paja».

En algunos casos, muy escasos por cierto, alguien dentro de la organización, arriesgándose a perder su credibilidad, recomendará a alguna persona que conoce muy bien y que entiende puede desempeñarse en esa posición con excelencia. Las palabras y consejos de «los de adentro» casi siempre son tomados muy seriamente.

Tal es el caso de la «posición» que surge en el «personal» del rey Saúl. Su problema y sus necesidades son de carácter espiritual. La persona que fuera a ocupar esa posición tendría la responsabilidad de ministrarle al rey para liberación. Del pasaje deducimos que estaba claro para todos que tal persona necesitaba ser muy capaz en la alabanza, tener excelentes relaciones con Dios y discernimiento espiritual. En otras palabras, la solución a los problemas de Saúl requerían la presencia de un experto. Me parece que lo antes descrito era una especialidad muy específica en el Antiguo Testamento, dado el hecho que el Espíritu Santo de Dios no estaba constantemente presente en la comunidad. Esto varía significativamente en el contexto neotestamentario. El Espíritu Santo de Dios llegó para estar siempre entre la comunidad que adora y alaba a Dios. A esta comunidad y a sus miembros les capacita para desarrollar estas funciones. Dicho de otro modo, la necesidad de Saúl solo podía ser satisfecha por un creyente lleno del poder del Espíritu de Dios.

Veamos lo que narra la Palabra de Dios:

> Y Saúl respondió a sus criados: Buscadme, pues, ahora alguno que toque bien y traédmelo (1 Samuel 16.17).

Bajo ninguna circunstancia podemos perder la oportunidad de analizar este pasaje bíblico hasta sus últimas consecuencias. Este pasaje se presenta como uno con capacidad explosiva, capaz de alterar significativamente la trayectoria de cualquier ministerio así como la vida de cualquier persona que haya abrazado o quiera abrazar el llamado del Señor.

Al analizar estos versículos nos encontramos con una noticia hermosísima. David, el cantor de Israel, no surge como una experiencia accidental en el campo de la música ni de la composición. El criado del rey Saúl identifica al hijo de Isaí de Belén como uno que está preparado en el arte de la buena combinación de sonidos y tiempos en el espacio.[2] Al leer esos dos versículos con mucho cuidado, se destaca que David, el hijo de Isaí:

---

2 La definición tradicional de la música como concepto.

Sabe tocar

Cuando se nos dice que sabe tocar, no solo se nos está indicando que David se ha ocupado de prepararse en este campo, sino que también está señalando a qué grupo de trabajo debió haber pertenecido. Debe saber el lector que en el Israel antiguo, no todo el mundo tenía el privilegio de saber tocar. Generalmente, esta distinción se reservaba para tres clases o grupos de personas, a saber:

- sacerdotes que oficiaban en los santuarios
- profetas
- músicos «profesionales» dedicados a la música de los santuarios locales o del Tabernáculo.

Esos músicos tocaban instrumentos tales como el *kinnor* (lira), el *nebel* (arpa), el *halil* (flautas), la *sêlasal* (campanillas) y el *selsal* (címbalos).

La Biblia nos dice que los profetas profetizaban con arpa (1 Crónicas 25.3). En mi país hay una frase para esto: llevar la música por dentro. En este caso entonces, los profetas tenían la música divina por dentro. En este contexto, saber tocar da cabida a innumerables preguntas. Los que saben tocar se especializan en un instrumento. Este debe ser conocido por ellos a la perfección, sus alcances, sus debilidades, sus virtudes y sobre todo, las condiciones óptimas para poder arrancarle el máximo de sus posibilidades. Creo que el lector ya debe estar extrapolando muchas de las posibilidades que tiene esta expresión para todos los ministerios de la iglesia. Comience por analizar los «instrumentos» que nos ha dado Dios y el conocimiento que tenemos de ellos.

Luego, le invito a analizar el material del que está hecho su «instrumento».

La Biblia nos regala un momento en el que otro rey, Salomón, se encontraba haciendo casa al Señor. Junto con la casa santa, el rey también se dio a la tarea de que se construyeran los utensilios para la adoración santa. Un detalle impresionante es aquel que describe las arpas. En 1 Reyes 10.12 leemos lo siguiente:

Y de la madera de sándalo hizo el rey balaustres para la casa de Jehová para las casas reales, arpas también y salterios para los cantores; nunca vino semejante madera de sándalo ni se ha visto hasta hoy (cursivas del autor).

En mi país se canta un himno muy viejo cuyo coro explica con maestría singular esa expresión bíblica. Ese coro invita a los «amadísimos en el Señor a ser como el sándalo que perfuma el hacha que lo hiere». ¡Alabado sea el Señor! ¿De qué madera está hecho usted? ¿Tiene «madera» de adorador que perfuma aun en medio de las tormentas? ¿Tiene madera de ministro fiel que presenta sólidas evidencias de su ministerio?

Otro aspecto que hay que explorar sería el de las tonalidades en las que interpretamos nuestra música. Hay instrumentistas que se especializan en cierto tipo de música y tonalidades. Algunos gustan más de los tonos mayores que de los menores. La mejor música es producida por una excelente combinación de las variaciones de ambos. El servicio a Dios se parece a esto, puesto que requiere una combinación excelente de melancolía, brillantez, vida, llanto, risa y ritmo definido.

La Biblia nos regala esa información. Cuando estudié la salmodia de Israel, descubrí que muchos salmos tenían instrucciones específicas sobre la tonalidad. El Salmo 8 señala que debe ser cantado por encima del tono usado por la cítara de Gat.[3] El Salmo 22 insiste en que la melodía debe ser la usada para cantar una canción llamada «Cierva de la aurora».[4] El Salmo 55 señala que debe ser acompañado solo por cuerdas.[5] Además indica que es una instrucción específica o un bosquejo para la enseñanza (Masquil). El Salmo 56 indica que debe ser entonado usando la melodía de una canción llamada «La paloma silenciosa en paraje muy distante». En fin, la lista de ejemplos puede ser inagotable. Las tonalidades están ahí. ¿Cuáles son las tonalidades de su alma? Si estas son las indicadas y adecuadas, su alma será arpa (Salmo 57.8) y su alabanza será deliciosa (Salmo 81.2). ¿No le parece que es un buen acercamiento a las palabras paulinas acerca de cantar en el espíritu, pero cantar con el entendimiento? (1 Corintios 14.15).

3 *Gittit* en hebreo.
4 *Ajelet-sahar* en hebreo.
5 *Neginot* en hebreo.

Hemos visto que el Cantor de Israel tiene «preparación académica», sus estudios son en música. Pero eso no es todo lo que posee en su *curriculum vitae*. El texto bíblico señala lo siguiente:

Es valiente

Este concepto es muy poderoso y de mucha utilidad en el Antiguo Testamento. Esta cualidad le fue requerida a Josué. En el capítulo 1 de ese libro, tres veces se le solicita ser valiente (Josué 1.6,7,9). Más tarde se le indicará que esa valentía será necesaria para repartir al pueblo de Dios, para cuidarse de guardar las instrucciones divinas y para no temer ni desmayar. ¿No le parece extraño? Yo esperaría que el requisito de la valentía sea necesario para pelear contra el enemigo, contra Satanás y las potestades de las tinieblas. Mas no es así. No se alarme al leer los próximos comentarios. Las instrucciones a Josué fueron precisas. Se necesita valentía para lidiar con el pueblo de Dios, para ser fieles al Señor y para vencer los temores y las debilidades que surgen en el peregrinaje de los que han sido puestos como líderes en medio de la comunidad de los creyentes. Si no lo cree, pregúntele a su pastor, su líder de célula, de denominación, su consejero o al cuerpo de ancianos y diáconos de la iglesia.

Ahora bien, le invito a realizar un ejercicio muy interesante. Investigue cuántas veces se usa el concepto «valentía» en el Nuevo Testamento. La respuesta es esta: NUNCA. Ese término no forma parte del vocabulario neotestamentario. Esto es así porque una vez dado el Espíritu Santo al creyente, lo que se requiere es fidelidad y no valentía.

Ahora bien, se requiere de los administradores, que cada uno sea hallado fiel (1 Corintios 4.2).

Si usted es un líder de su congregación, debe recordar esto siempre. Sea fiel en su labor y en su desempeño ministerial. Dios ha prometido encargarse de capacitarnos para hacerle frente a los obstáculos que hallamos en el ministerio y de pelear nuestras batallas. Él ha prometido llenarnos de su gozo en el día del temor y del desgano.

Por tanto, no desmayamos; antes aunque este nuestro hombre exterior se va desgastando, el interior no obstante se renueva de día en día. Porque esta leve tribulación momentánea produce en nosotros un cada vez más excelente y eterno peso de gloria (2 Corintios 4.16-17).

Recuerde que esa «leve» tribulación que señala el apóstol eran cárceles, azotes, naufragios, hambres, persecuciones y desvelos. La iglesia de los tiempos paulinos saboreó el significado de ser cubiertos de brea y aceite para luego ser encendidos como antorchas humanas en Roma. Saboreó el circo romano y las crueldades de los césares, mas no desmayaron. No por valentía, tampoco porque no la tuvieran, sino porque algo más grande y poderoso que el valor les estaba capacitando constantemente.

El apóstol se lo explica a esta iglesia indicándoles el ejemplo de Moisés. Si este, por haber estado unos pocos minutos con el Señor, su rostro podía irradiar la gloria de Dios, ¡cuánto más nosotros que poseemos el ministerio del espíritu! (2 Corintios 3.4-8). Tú y yo tenemos algo más que valentía, poseemos el poder del Todopoderoso Dios para que se nos haga posible aun consolar con la consolación que nos da Dios (2 Corintios 1.4).

David, no solo sabe tocar y es valiente. El pasaje bíblico relata lo siguiente:

Es vigoroso[6]

Una definición directa del concepto «vigor» nos llevará a considerarle como fuerza activa, energía de la mente o el cuerpo, o intensidad. Desde esta perspectiva, ser vigoroso significa tener esa fuerza activa o esa energía mental y/o corporal.

Se entiende que son vigorosas las personas que cuidan de su cuerpo. Que lo atienden como lo que es este para el Todopoderoso Dios, como si fuera un templo (1 Corintios 3.16). Cuando el apóstol usa esa metáfora, indica a renglón seguido que los que no cuidan del templo de Dios y terminan por destruirle, Dios les destruirá a ellos (en el día del juicio)[7] porque Él considera que ese templo es santo (1 Corintios 3.17).

La Biblia nos regala algunos ejemplos de personas que se enfrascaron en esa tarea, positiva y negativamente. Me pare-

---

6 En muchos manuscritos este término y el anterior se han unido en uno solo.
7 Nota editorial del escritor para ampliar el entendimiento del texto.

ce acertado considerar uno de esos buenos ejemplos, pues contamos con infinidad de los malos ejemplos en nuestras iglesias, gente que no se cuida para Dios. El ejemplo que usaremos es el de Moisés. Las Escrituras nos regalan un poderoso testimonio de este gigante del servicio y de la fe. En Deuteronomio 34.7 leemos lo siguiente:

> *Era Moisés de edad de ciento veinte años cuando murió; sus ojos nunca se oscurecieron, ni perdió su vigor del autor* (cursivas del autor).

Hay que estudiar de cerca la vida de este hombre de Dios para poder explicar cómo fue posible que Moisés pudiera llegar a esta edad con fuerza activa, intensidad y energía mental y física. No dudamos de que haya sido así, no solo porque la Biblia lo dice, sino porque esta se ha encargado de mostrarnos a un Moisés dinámico y enérgico hasta el final de sus días. Un Moisés que da instrucciones, que reúne al pueblo y le «receta» en un sermón increíble, que señala y unge a su sucesor.

De todos los hechos que nos pueden servir como pistas para entender que esto es posible, he seleccionado uno que encuentro excepcionalmente relevante para los estilos y ambientes ministeriales que observo hoy en día. El mismo aparece de manera sucinta en Éxodo 18.13-27. Aquí se narra cuando recibe Moisés a su suegro Jetro, anciano sacerdote de Madián, de quien tomaba un curso intensivo de administración, gerencia de recursos humanos e ingeniería industrial. Jetro observó a su yerno como un candidato potencial para sufrir el síndrome de aniquilamiento que sufren las personas en posiciones de liderazgo que no saben administrar su tiempo, talentos y recursos correctamente. Estas, por lo general terminan detestando tener que ir a enfrentar sus responsabilidades, a la gente de la que son responsables, realizando un pobre desempeño en campos donde eran unos titanes y añorando constantemente el tiempo libre. Una porción respetable de ellos dejará el ministerio, no porque no fue real su llamamiento, sino porque no lo administraron de forma responsable.

Jetro se le acercó a su yerno y le señaló que de la forma en la que estaba atendiendo al pueblo, desde que nace el sol hasta que se pone, no duraría mucho. Le conminó a preparar a otros de una manera escalonada y a delegar en estos parte de sus responsabilidades. Moisés pudo argumentar que nadie podría hacer las cosas como él, ni tomar las decisiones como él las tomaba, pero no lo hizo. Nunca ha sido bueno tratar de ser la estrella de la película en una producción dirigida, producida y protagonizada por Dios.

Oye ahora mi voz; yo te aconsejaré y Dios estará contigo (Éxodo 18.19).

En otras palabras, si me oyes y pones en práctica lo que te diré, Dios estará contigo. A continuación le dijo que se encargará de aquello que solo él podía realizar: estar por el pueblo delante de Dios. Y que dejara a otros encargarse de aspectos que podrían realizar mejor que él y más de cerca con el pueblo. Sabemos que muchas veces se pudo sentir amenazado, pero las palabras de Jetro no fallaron; Dios fue con Moisés y peleó por él. De los intermediarios, solo dos llegaron a viejos y a la tierra prometida. En cambio, el siervo de Dios arribó a los ciento veinte años con brillo en sus ojos y pleno vigor.

Un comentario crudo que debo realizar aquí es que conozco jóvenes de nuestras iglesias que no gozan de estas facultades. Algunos de estos han llegado a patrocinar la marginación de las personas que pertenecen a la tercera edad. Esto no solo representa la acumulación de esfuerzos fútiles, sino una gran pérdida de recursos y de sabiduría en la casa de Dios. En el momento en que escribo estas líneas, aún no he cumplido los treinta y ocho años, y si de algo estoy agradecido es de que me han enseñado a respetar las canas de mis mayores, a escucharles y prestar atención a sus palabras para aprender de sus testimonios y de sus errores. En el Nuevo Testamento no encontramos de nuevo el concepto «vigor» Pero he aquí, hallaremos uno muy superior a este, unción. Este concepto fue analizado en el capítulo anterior, pero si usted quiere emparse de manera responsable de lo que este concepto significa, le invito a releer los siguientes libros, *Bienvenido Espíritu Santo;* y *La unción* de Benny Hinn; y *Espíritu Santo tengo hambre de ti,* de Claudio Freidzon. A parte de esto, me limitaré a decir que la Biblia utiliza varios términos para definir este concepto. El más común entre ellos es *chrío.* El mismo es usado en la versión de los LXX para indicar que uno está cubierto con aceite o grasa de animales sacrificados y para describir unción de fortaleza y energía de Dios (2 Samuel 12.20; Rut 3.3; Isaías 1.6 Miqueas 6.15). También se usa para describir aumento en bendiciones (Salmo 133.2; Proverbios 27.9). Este concepto, cuyo similar en hebreo es *mâšah*, tiene connotaciones legales y sacramentales. En el Nuevo Testamento está directamente asociado a la presencia del Espíritu Santo y a la condición que se requiere de la Iglesia del Señor:

> Y el que nos confirma con vosotros en Cristo, y el que nos ungió, es Dios (2 Corintios 1.21).

> Pero vosotros tenéis la unción del Santo, y conocéis todas las cosas (1 Juan 2.20).

> Pero la unción que vosotros recibisteis de Él permanece en vosotros, y no tenéis necesidad de que nadie os enseñe; así como la unción misma os enseña todas las cosas, y es verdadera, y no es mentira, según ella os ha enseñado, permaneced en Él (1 Juan 2.27).

Tal y como vimos anteriormente, esa presencia del Espíritu de Dios es maestra, es verdadera y nos permite desarrollar permanencia en Cristo Jesús. Este concepto es vital para la iglesia de hoy. El que no lo crea así debe poder responder a una pregunta de carácter misionológico. ¿Qué tenía la iglesia del primer siglo que le permitió evangelizar a la mitad del mundo en setenta u ochenta años, mientras que la iglesia de los otros siglos no ha sido capaz de evangelizar la otra mitad? La respuesta es una sola fuerza activa, energía mental y física ultraterrena-celestial y la participación activa de la presencia de la tercera persona de la Trinidad. No basta que esté con nosotros, tenemos que permitirle controlar todo en nuestras vidas.

Para recuperar el análisis y la presentación de este tema, volvamos a 1 Samuel 16.18 para ver la próxima cualidad encontrada en el Cantor de Israel. Allí leemos que se le describe de la siguiente manera:

Hombre de guerra

En ánimo de ser buenos mayordomos del tiempo y el espacio que se nos han provisto (el tiempo del lector y el espacio que desea ocupar el que escribe), comenzaré postulando algo aprendido a base de la tradición militar de mi familia paterna. Los hombres de guerra poseen varias características básicas, a saber:

- Uniforme (selección correcta y orgullo por este)
- Entrenamiento (riguroso y adecuado para la situación a enfrentar)
- Disciplina (sin esta, las posibilidades de victoria se reducen a casi cero)
- Equipo (el adecuado para cada tarea asignada)

Estoy seguro de que lo dicho es más que suficiente para casi todo el que ha venido siguiendo detenidamente el análisis que aquí ofrecemos. Sin el ropaje o uniforme adecuado no se puede estar listo para el combate. David lo entendía muy bien. En realidad, un día se le pidió que fuera a pelear una batalla con un uniforme que no era el suyo y se negó a hacerlo (1 Samuel 17.38-39). Si se me permite ponerlo un poco en contexto, indicaré que un infante de marina no puede ir a la jungla vestido con el uniforme blanco y azul de gala. Se perdería toda su capacidad de camuflaje. Por otro lado, un piloto de combate no puede subirse a un caza de combate F-16 vestido con el equipo de trabajo de un miembro de las fuerzas especiales que conocemos como boinas verdes. Se perdería de la capacidad de presurización necesaria para volar a grandes alturas.

El uniforme apropiado es una necesidad y el orgullo y respeto a ese uniforme son máximas que todo militar de carrera conoce a la perfección. Hay un uniforme para el trabajo diario, otro para el campo de combate. Y cuando a algún militar le invitan a estar presente en una actividad de estado o, mejor aún, cuando le ordenan comparecer frente al comandante en jefe de las fuerzas militares del país (en nuestro caso, el presidente de la nación), se le obliga a usar su uniforme de gala. Veamos lo que se nos dice a este respecto la poderosa Palabra de Dios. En la carta a los Colosenses leemos lo siguiente:

Vestíos, pues, como escogidos de Dios, santos y amados, de entrañable misericordia, de benignidad, de humildad, de mansedumbre, de paciencia.(Colosenses 3.12).

¿No le parece al lector que nos están recetando alternativas y herramientas para diferentes tipos de situaciones y conflictos? La carta sigue diciendo:

Soportándoos unos a otros, y perdonándoos unos a otros si alguno tuviere queja contra otro. De la manera que Cristo os perdonó, así también hacedlo vosotros. (Colosenses 3.13).

Este verso es una presentación directa de la disciplina Cristocéntrica. No se hacen sugerencias, sino que se delimita un plan de acción y se ordena seguirlo al pie de la letra. Inmediatamente después, se vuelve a tomar la presentación del uniforme y se ordena lo siguiente:

Y sobre todas estas cosas vestíos de amor, que es el vínculo perfecto (Colosenses 3.14).

Sé muy bien que el lector volverá a leer ese capítulo 3 de la carta a los Colosenses y que lo leerá por completo. Cuando, lo haga, le invito a que le añada a su lectura el siguiente versículo bíblico. Este es el del «uniforme de gala».

Porque es necesario que esto corruptible se *vista de incorrupción*, y esto mortal *se vista de inmortalidad*. Y cuando esto corruptible se haya vestido de incorrupción, y esto mortal se haya vestido de inmortalidad, entonces se cumplirá la palabra que está escrita: Sorbida es la muerte en Victoria (1 Corintios 15.53-54).

Si no ha comenzado a alabar a Dios, le invito a que lo haga ahora mismo. A usted y a mí nos han vestido con uniformes apropiados para cada tarea. Todos y cada uno llevan la misma insignia: hijos de Dios, cristianos. En muchos instantes se nos requerirá ser misericordiosos, otras veces benignos y pacientes. En otras ocasiones ser mansos y mantener la humildad. Siempre se nos exigirá la santidad como modo de llevar el uniforme; como hijos de Dios llenos de su amor. Y cuando seamos llamados a reportarnos ante el comandante en jefe de toda la creación, se nos pondrá un uniforme de gala.

En ánimo de proveer una óptica más refrescante y menos ofensiva a los que detestan las imágenes militares, permítame volver a los conceptos anteriores utilizando otra metáfora. Agradezco a Dios pertenecer a una generación que se le exigía realizar lecturas «obligadas» y «muy obligadas» como parte de la educación básica y secundaria. Fue en ese contexto educativo que se «me obligó» a leer obras de insignes escritores, superdotados de la pluma que trascendieron sus suelos patrios. Apellidos de genios de Hispanoamérica tales como Rómulo Gallegos, Enrique Laguerrre, Borges, Unamuno y Darío, estos nombres son sólo algunos de ellos. Repasando hace poco una de las obras del puertorriqueño Laguerre, *La llamarada*, me encontré con un párrafo que explica muy bien la idea central de esta discusión. En labios de Juan Antonio Borrás, protagonista de esa novela, el Dr. Laguerre nos confió la siguiente opinión de su alma:

> Adentro, bien adentro en el espíritu, proyectábase la gloria paisajal. ¡Cielo, mar, montañas, pastos, sabanas! Todo se me metía en el alma invitándome a abandonar los trapos de la civilización. La naturaleza quería recibirme como al hijo pródigo, con los brazos abiertos. Cada rumor de la brisa, cada trino de los pájaros, cada nube sedienta de matices era un llamamiento, un grito de amor. ¡Sentimental invitación la que me hacía la abeja buscadora de miel con sus zumbidos, las yerbas con sus racimitos, el ave con la brizna en el pico, la torcaz que mordía la pepita! [...] ¡Paisaje bueno de la montaña azul en donde me refugiaba a descansar mis fatigas! Paisaje puertorriqueño, penetrando en ti se olvida uno de las miserias, de las amarguras, de los rencores. Nos haces buenos, nobles, tiernos.[8]

Lo que propone Laguerre para el alma de Borrás es que se debe desvestir de los «trapos de la civilización», para luego vestirse del calor, la sensibilidad y la mística de la naturaleza. Con el permiso de este noble puertorriqueño, quien goza del respeto y la admiración de todo su pueblo, me atreveré a parafrasear su sueño: que nos desvistamos de los trapos de la mundanalidad, pero esta vez para vestirnos de la gloria de Dios.

Para esto se requiere una disciplina, tiene que formar parte de nosotros para obedecer órdenes aunque no las entendamos o, peor aún, aunque no simpaticemos con ellas. Disci-

8 Enrique Laguerre, *La llamarada*, 26ª edición, Editorial Cultural, Río Piedras, P.R., pp. 204-205.

plina para llevar a cabo la tarea que se nos ha impuesto, pues no habrá excusas para un pobre rendimiento y mucho menos para el fracaso (1 Corintios 3.11-14; 2 Corintios 5.10). Es por eso que enfatizamos en la disciplina de la oración, la alabanza, el estudio y la preparación adecuada para las tareas ministeriales.

Otro requisito indispensable es la instrucción. Esta se realiza con muchas personas y casi todas muy distintas a nosotros y su propósito es enseñarnos a usar bien nuestras armas y aprender a confiar en nuestros hermanos (con sus virtudes y defectos). Otro propósito es el de prepararnos para misiones específicas. Los que más experiencia tienen en este campo son nuestros misioneros. Para que entienda por qué señalo esto, piense solamente en la instrucción transcultural que necesita un misionero que quiere ser eficaz en un país distinto al suyo.

El requisito final de esta discusión es el equipo. Un buen ejemplo de un equipo inservible es la predicación de la prosperidad como teología Cristocéntrica. Este no es un buen equipo para el trabajo de evangelización. Es más, no creo que sea bueno para ningún contexto. En mi opinión, esa predicación le falta el respeto al mensaje Cristocéntrico.

Este mensaje es de centro y balancea las bendiciones con las realidades humanas a las que estamos expuestos, sin hacer sentir culpable a nadie por el simple hecho de no poseer algún bien material que haya anhelado o que otro haya conseguido. Por ejemplo, estar enfermo no es producto de una maldición ni de la ausencia de bendición de Dios. Quien predique esto debe hacer todo lo posible por no morirse, pues de hacerlo será visto como un farsante. Nadie se muere de viejo. Todos nos morimos porque colapsa algún sistema vital del cuerpo.

Si le hace falta que abunde un poco más sobre este tema, me excuso por la limitación de espacio. Pero añadiré un ejemplo que considero más que elocuente. La visita a un dentista cuando tenemos un fuerte dolor de muelas no responde al hecho de que queremos que nos reprenda un demonio y mucho menos para superar una debilidad en la fe. El dentista ni reprende al demonio ni nos ofrece una teoterapia para la fe. Simplemente anestesia la encía del paciente y con destreza científica y artística extrae la causante de sus penas. Se hace imperativo que cada soldado del ejército de la fe sepa usar con maestría sus equipos de trabajo. Estos son los dones del Espíritu, la Palabra Santa y su testimonio.[9] Sin ellos se nos hará casi imposible el desarrollo de la tarea asignada y la obtención de los resultados esperados por el cielo.

Estoy plenamente convencido de que es así. El mejor testimonio de esto es Pablo quien no andaba por el mundo buscando reconocimientos. Entendía que tenía una tarea que realizar y la estaba realizando. Si en el camino a alguien se le ocurría la idea de cuestionar su autoridad apostólica, no se molestaría en contender por ello. Estaba muy seguro de lo que era, de lo que Dios había hecho con él y de la tarea que se le había encomendado. Lo demás, eran distracciones que no valía la pena considerar.

En unos instantes completaremos este análisis. Analizaremos lo que significa ser prudente en las palabras, hermoso y que el Señor esté con uno. Luego de esto haré las respectivas aplicaciones a la iglesia de Corinto. Mientras tanto, le invito a que repasemos y pongamos en contexto lo que hemos analizado hasta aquí. Hagámoslo en oración. Ore al Señor pidiéndole que ponga la música del Espíritu en su alma y que le bendiga con la presencia activa del Espíritu Santo en su vida. Que la ponga en el desempeño de las tareas ministeriales a la que le ha llamado. Ore para que le dé su unción santa y que le convierta en un guerrero espiritual, orgulloso de su uniforme, disciplinado en el Señor, muy bien preparado y conocedor sabio de los equipos que se le han facilitado.

Hace poco recibí un libro que considero una joya literaria.[10] Es una compilación de trabajos exquisitos escritos por una serie de autoridades en el campo de la homilética y del estudio serio de la Palabra de Dios. Para aquellos que somos celosos con la predicación, este libro resultará una pieza vital. En este, un artículo escrito por Warren Wiersbe,[11] describe la diferencia entre sermones y mensajes. Los primeros son el

9 Hay una sección dedicada a este tema en *El despertar de la adoración*.
10 *Changing Lives Throuhg Preaching and Worship* [Vidas cambiadas a través de la predicación y la alabanza], editado por Marshall Shelley, 1995, Leadership/Christianity Today.
11 Entre sus muchos trabajos, Wiersbe es el autor de *Bosquejos Expositivos de La Biblia*, Editorial Caribe, Nashville, 1995.

producto del intelecto, mientras que los segundos son los sermones procesados por la experiencia. O sea, que usted puede producir buenos sermones y no predicar ningún mensaje. Pero no es este el argumento central que Wiersbe destaca. Este especialista de la enseñanza bíblica y teológica describe en detalle lo antes expuesto, valiéndose de tres categorías o tipos de predicadores, a saber:

- idealistas
- escépticos
- realistas

Un idealista es aquel que tiene un sermón que nunca ha logrado hacer que descienda al fuego purificador del Espíritu en la experiencia personal. El escéptico es descrito como alguien que logra que descienda ese fuego a su sermón, pero lo quema en el mismo. El predicador realista logra un buen balance entre el sermón, la experiencia personal y el Espíritu de Dios. Yo le he añadido a esto que se es realista cuando se conoce y se interpreta la realidad viva de la gente a la que les predicamos, desde la realidad misma y única de la Santa Palabra de Dios.

Cuando el apóstol Pablo se enfrenta a la iglesia en Corinto, lo hace sabiendo que necesita y requiere «herramientas especiales» para hacerlo. Para llegar a esta conclusión lo único que hace falta es darse cuenta de los problemas que afectan a esta congregación. Si a Saúl le atormentaban los demonios, a esta iglesia le han demonizado y zarandeado las tormentas más férreas que se conocen en el Nuevo Testamento.

Para empezar, es un iglesia que se encuentra cuestionando la autoridad apostólica de Pablo. No les interesa siquiera considerar que el apóstol Pablo fue el responsable de «engendrarlos» como iglesia. Para ellos existían otros maestros que acababan de llegar a sus contornos y ya se les concedía mayor autoridad que al apóstol Pablo, tal vez por ser más permisivos en algunos aspectos.

Ante esta situación, se hace imperativo que aquel que recibe la encomienda de «meterle mano» a estas situaciones, conozca muy bien «la música celestial» y que sepa interpretarla con excelencia. La música del cielo tiene una melodía central y es la del Calvario. Aquellos que hemos sido llamados a interpretarla, especialmente frente a congregaciones y/o ministerios difíciles, debemos poner especial cuidado en ese proceso. Las buenas intenciones no bastan. Se requiere medir hasta las palabras que se usan. La partitura que mejor rendimiento produce es la del amor. A una iglesia que atraviesa por grandes dificultades y ni siquiera lo admite, el apóstol le regala las siguientes palabras:

Las [cosas][12] que Dios ha preparado para los que le aman (1 Corintios 2.9b).

Usando este argumento como cuña, inmediatamente hará la introducción de la necesidad de una definición correcta sobre lo que significa ser espiritual a la luz del amor de Dios. El apóstol dirá que lo que ha expuesto no puede ser entendido mediante el conocimiento y la sabiduría humana. Solo puede ser asimilado si es revelado por el Espíritu de Dios.

Pero Dios nos las reveló a nosotros por el Espíritu; porque el Espíritu todo lo escudriña, aun lo profundo de Dios (1 Corintios 2.10).

Hay otras melodías que hay que saber interpretar. El apóstol Pablo nos regala una de sus mejores disertaciones sobre este aspecto en esta carta. Hay que observar cómo maneja los conceptos de la filosofía griega; por ejemplo, en el momento en que hace referencia a la sabiduría o *sofía* de los hombres. No creo que sea necesario tener que enfatizar que reduce o minimiza la capacidad de esta cuando se confronta con el poder de la cruz. Pablo no rehuye esta discusión, sino que al presentar argumentos poderosos que revelan su amplio conocimiento de las escuelas filosóficas de la época, concluye señalando que esa *sofía* es incapaz de explicar cosas sencillas de Dios. Es decir, conocer la música y saber tocarla.

Se requiere que quienes hemos sido llamados a servir, podamos entender que cuando ponemos toda nuestra atención en unos pocos aspectos de nuestra fe, nos convertimos en un riesgo para la iglesia. Esto es así porque esa concentración podrá hacer que nos inclinemos a hacer que esos aspectos se conviertan en el centro del mensaje que predicamos. Un antídoto contra esto es la vida congregacional. En la congre-

12 Énfasis del autor.

gación están siempre presentes infinidad de operaciones ministeriales. Ese contacto nos mantendrá experimentando que somos parte de un cuerpo y que en él funcionamos corporativamente. Por otro lado, cada vez que nos olvidamos de la vida congregacional y nos aislamos a cumplir con «exito» nuestras asignaciones ministeriales, nos arriesgamos a convertirnos en «estrellas» que poseen una de las únicas formas válidas para el desarrollo ministerial, o lo que es peor aún, uno de los ministerios más importantes.

Por otro lado, es poderosa la declaración paulina cuando en 1 Corintios 1.24-25 el apóstol Pablo concluye que la sabiduría de los hombres no es mala en sí misma, pero que no es comparable con la de Dios. Esa sabiduría divina tiene un nombre: Cristo, sabiduría de Dios. En su discusión posterior, el apóstol señalará que la sabiduría auténtica es un don de Dios; que no se obtiene por métodos convencionales de aprendizaje, sino por la revelación de Dios. En otras palabras, los que quieren conocer la «música celestial» no podrán depender de sus metodologías convencionales para aprender. Tendrán que pedirle a Dios que les revele a Cristo mediante la presencia y dirección de su Santo Espíritu.

De ahí que el principio para conocer ese don celestial esté en la humillación ante Dios, que es lo mismo que aparecer como ignorantes frente a los hombres que se creen sabios. Aquellos que poseen una sabiduría y una inteligencia extraordinarias pueden ser víctimas de sus propias capacidades. Al prepararse para producir explicaciones coherentes para casi todas las situaciones que se les pide que analicen, podrán verse tentados a querer explicar a Dios. Al no poder hacerlo, es muy probable que resuelvan excluirlo, argumentando que aquello que no se puede explicar tal vez no sea tan real ni trascendental como se dice. De ahí, el nacimiento de grandes corrientes de pensamiento que comenzaron con análisis teológicos serios y concluyeron con resultados que aíslan a Dios de casi todos los panoramas, aun los cristianos y protestantes. Es por eso que el creyente debe hacer lo imposible para no desconectarse de la «Fuente que da valentía y vigor»: La unción de Dios.

El apóstol se viste de valentía y decide enfrentar la situación antes expuesta en 1 Corintios 3.18-20. Hay que ser muy valiente para decirle estas cosas a una congregación que está envalentonada en su sabiduría. Pero se es mucho más efectivo si está ungido con esa música del amor de Dios.

Me parece que cuando el Espíritu inspira al apóstol a puntualizar que Cristo es sabiduría, justificación, santificación y redención, lo hace con mucha intención. Cuando Dios nos permite leer a Cristo como sabiduría, lo hace para que ampliemos nuestra percepción y entendamos que Él no tiene reparos en escoger a los débiles para avergonzar a los fuertes de este mundo. Que puede y de cierto ha escogido lo que algunos llaman necio, para avergonzar a los que se creen sabios (1 Corintios 1.27). El resultado es neto y sorprendente, nadie puede entonces jactarse, hay que gloriarse en el Señor (1 Corintios 1.28,31).

No podemos perder de vista que la sabiduría es considerada como un don de Dios. Algo que hay que demandar, pedir y buscar. Una herramienta cuyo principio es el temor a Dios. Cuando tomamos a Cristo como sabiduría, tenemos la capacidad y la oportunidad de profundizar en la revelación de Dios. Nos adentramos un poco más en esa dimensión en la que Dios revela lo profundo y lo escondido de la gracia eterna. El único propósito de todo ese andamiaje es el de ganar más almas para Cristo, mientras Él es glorificado.

He acudido a muchos especialistas para entender mejor este concepto. Uno de ellos, Günter Bornkamm, ha dicho que a Pablo no le gustará atarse a la razón. Esto no significa que Pablo está pidiendo una fe ciega ni que exige el sacrificio de la razón, sino que Dios escogió la Palabra de la cruz, para con ella transformar en locura la sabiduría del mundo. Esta sabiduría humana es definida por Bornkamm de la siguiente manera:

> [La sabiduría] se caracteriza por querer medir a Dios con sus propias medidas. Así se muestra a sí misma como la tentativa del hombre por afirmarse a sí mismo ante Dios. El juicio que la incredulidad humana pronuncia sobre Dios, es simultáneamente el juicio que Dios pronuncia sobre ella.[13]

Otra fuente considerada fue el pensamiento de John Locke, uno de los más grandes filósofos que hemos conocido. Este

13 Bornkamm, Günther, *Pablo de Tarso*, Ediciones Sígueme, Salamanca, España, 1987, p. 214.

pensador inglés nació en Inglaterra en 1632. Postuló que el conocimiento, la sabiduría y la razón humana se alimentan de un material común. Ese material es definido por Locke como la experiencia. También postuló que todas nuestras ideas derivan de las sensaciones o de la reflexión. Locke llama experiencia a la combinación de ambas. Luego de establecer esto, decidió describir tres niveles de conocimiento humano: el intuitivo, el demostrativo y el sensitivo. Al concluir las descripciones y discusiones sobre estos, Locke llegó a la conclusión de que estos niveles poseen cualidades de carácter infinitos, pero que nuestro carácter humano y finito les impide el pleno desarrollo. Para que puedan maximizarse, Locke postula la necesidad de la verdad o el conocimiento revelado. Dicho de otro modo, nunca seremos capaces de alcanzar el conocimiento pleno, y mucho menos obtener el grado superlativo de la sabiduría, sin la intervención de la revelación divina.

A Locke le tomó varios decenios el llegar a esta conclusión por medio de la filosofía. Este filósofo murió en octubre de 1704, mientras Lady Masham, hija del platonista Ralph Cudworth, le leía un salmo.

Para entender la opinión paulina al respecto con un poco más de profundidad, el lector deberá analizar el siguiente detalle: este es el tema que mayor ironía producirá en el genio paulino. Cuando Pablo habla sobre la sabiduría y el conocimiento humanos, utiliza expresiones irónicas tales como la que encontramos en 1 Corintios 8.1: «En cuanto a lo sacrificado a los ídolos, sabemos que todos tenemos conocimiento».

Parece que el apóstol Pablo le está diciendo a esa iglesia que todos allí saben mucho acerca del tema. Es como si estuviese enfatizando que no necesitan mucha instrucción adicional, puesto que todos tenemos conocimiento. Para entender por qué digo «parece», hace falta leer el resto del versículo bíblico: «En cuanto a lo sacrificado a los ídolos, sabemos que todos tenemos conocimiento. El conocimiento envanece, pero el amor edifica». Este comentario «al calce» es una seria amonestación que acompaña a lo que entendemos es un uso excepcional del recurso literario llamado ironía.

Si el lector me permite retomar el análisis de las tormentas que postulamos en la introducción de este libro, señalaré que es la sabiduría divina la que nos permite sintonizarnos de forma correcta y con las fuentes precisas durante las tormentas.

Esa sabiduría revelada nos permite sentir, intuir y demostrar que cuando soplan vientos de tormentas en nuestras vidas, «hay que alzar los ojos a los montes» no porque de ellos venga el socorro, sino porque nuestro «socorro viene de Jehová que hizo los cielos y la tierra».

Cuando nos amenazan, los torbellinos llamados divorcio, cáncer, SIDA o desempleo, hay que dejar de escuchar a los hombres y comenzar a escuchar a Dios:

Escucharé lo que hablará Jehová Dios; porque hablará paz a su pueblo y a sus santos, para que no se vuelvan a la locura, (Salmo 85.10).

Sólo la sintonía con la vertical divina nos salvará de la locura frente a las tormentas. No existe mejor remedio y comunicación que la que establecemos con Dios en medio de las pruebas. Nos enseñará a definir y establecer prioridades correctamente. Ya lo dijo el apóstol Pablo:

Por tanto, no desmayamos; antes aunque este nuestro hombre exterior se va desgastando, el interior no obstante se renueva de día en día. Porque esta leve tribulación momentánea produce en nosotros un cada vez más excelente y eterno peso de gloria; no mirando nosotros las cosas que se ven, sino las que no se ven; pues las cosas que se ven son temporales, pero las que no se ven son eternas (2 Corintios 4.16-18).

Recuerde que hemos dicho que Cristo no es fuente de sabiduría. Lo que esta declaración significa es que no podemos acercarnos a Cristo para recibir sabiduría y así conocer a Dios. Esa actitud era parte de lo que Pablo ansiaba corregir en Corinto. Los miembros de esa iglesia pretendían ver en Cristo una extensión de la enseñanza griega sobre la *Sofía*, la sabiduría humana personificada. Pablo les revela a los corintios que Dios es tan sabio que aun cuando nosotros pudiéramos ser infinitos, no podríamos comprender su sabiduría. Pablo ensambla la tesis que en su sabiduría Dios decidió demostrar que de la única forma que el hombre podía acercarse a conocer a Dios era a través de la cruz. Esa demostración de la sabiduría divina era «locura para los que se pierden» (1 Corintios 1.18). Cristo es sabiduría y poder de Dios (1 Corintios 1.24).

Esto significa que a Cristo no puede recibírsele por la razón, sino por revelación divina. Es más, cuando la Palabra de Dios enfatiza en que conoceremos la verdad y esta verdad nos hará libres (Juan 8.32), está hablando de un conocimiento revelado y no intuido ni demostrado. El concepto verdad es usado en el Nuevo Testamento como una revelación trascendente.[14] Dios es el que revela a Cristo y lo hace mediante el Espíritu Santo. Entonces conocemos a Dios por revelación de Cristo y esto también lo hace el Espíritu Santo.

Pablo postula que Dios no decide salvar mediante el uso de la sabiduría humana. Sino que lo hace mediante el contenido de la predicación (kerygma). Esa locura divina, la de la predicación de la cruz de Cristo y de su resurrección, no puede ser sustituida jamás. Es revelada al corazón del hombre por la predicación y la obra del Espíritu Santo. He ahí la demostración, finalidad y propósito de la sabiduría celestial.

El texto de 1 Corintios 1.30 posee cuatro conceptos clave: sabiduría, justificación, redención y santificación. Someramente hemos visto el primero de ellos. Soslayaré los otros dos, para prestarle atención al resto del análisis que aún no hemos completado. Adelantaré que todos y cada uno de ellos parece apuntar a la misma conclusión. Después de todo, es Cristo el que salva, Él es el que justifica y es a Él es al que Dios ve al mirarnos, no importa lo que hayamos sido.

Si Cristo es nuestra redención, no existe cosa alguna que podamos realizar para ser salvos. Somos salvos por la gracia de Dios (Efesios 2.8).

Si Cristo es nuestra santificación, es Él el que nos separa para sí y nos llama de las tinieblas a la luz admirable. Me enseñaron que la santificación debe entenderse como crecimiento en la santidad (cercanía con Dios y separación del mundo).

Esta postura paulina se nos presenta como un reto y una escuela. Dios llamó y comisionó al apóstol, pero ciertamente su preparación, disciplina, herramientas religiosas y sociocul-

14 Hay una tesis poderosa sobre esto publicada en alemán por K. Koch ("Der hebräische Wahrheitsbegriff im griechischer Sprachraum") que usan Balz y Schneider en su *Diccionario exegético*.

turales hacían más accesible su ministerio. Debemos aprender esto de él. No dudo de que Dios nos llama y nos comisiona y que la autoridad para el desempeño del ministerio viene de Él. Pero no es menos cierto que si nos esforzáramos en adquirir herramientas, conocimientos, preparación y capacitación disciplinada, el alcance de los ministerios que nos han pedido administrar aumentaría considerablemente.

Una situación similar nos puede estar ocurriendo con las defensas férreas que muchas congregaciones le hacen a la alabanza y a la adoración, a los ángeles y a la demonología. Me parece que el problema no radica en la pertinencia ni en la importancia que tienen estos como temas y conceptos para la discusión, el servicio y nuestro rendimiento como cristianos. No me canso de repetir que estoy convencido de que el problema reside en que, durante el proceso para dilucidar estas cosas, hemos desplazado a Dios del centro de las iglesias y hemos aislado a una esquina el centro del mensaje de Cristo y de la cruz. Y todo esto en nuestro afán de entender mejor cómo se adora, quiénes son los ángeles y cómo se ensambla una batalla contra las potestades de los aires.

No me malinterprete el lector, mi vida devocional está inmersa en la alabanza y la adoración a Dios. Un testimonio de esto son más de trescientas composiciones que Dios me ha regalado para Él. Pero no basta cantar para Dios y cantar de Dios, hay que vivir en Dios. Y la única forma de hacerlo es viviendo en el poder y la gracia de la cruz de Cristo. De nada nos sirve saber cantidad de cosas acerca de los ángeles y de sus contrarios de las tinieblas, si en el proceso convertimos a Cristo en un mero observador de la lucha entre ángeles y gobernadores de los aires. Si Cristo no es centro y protagonista de toda nuestra vida, hemos equivocado el mensaje del evangelio. El *kerygma* no es que la adoración me lleva a conocer mejor a Dios, ni mucho menos que los ángeles pelean con autoridad en contra del enemigo. El *kerygma*, el mensaje del evangelio es que Dios se hizo hombre, murió por nosotros en la cruz del Calvario, resucitó de entre los muertos, vendrá a buscar a su pueblo y juzgará al mundo con justicia y verdad.

El que vive centrado en este mensaje se sabe más que un vencedor en Cristo Jesús (Romanos 8.37). Aquellos que viven en esta revelación de Dios, saben que nuestra capacidad para conocer aquí está y estará incompleta. Ahora solo podemos conocer en parte (1 Corintios 13.12). Esa parte que conocemos es la que podemos discernir mirando como a un espejo opaco, de bronce bruñido. Esa parte nos revela que los dones que ejercitemos, conocimientos que tengamos y acciones que emprendamos solo serán de valor si están inmersas en el testimonio del amor de Dios. La expresión máxima, superlativa e insuperable de ese amor es la cruz del Calvario. Repito que no basta cantarle a la cruz, cantar de la cruz, ni cantar frente a la cruz, hay que experimentar la revelación y la transformación que opera aquel que se dio por nosotros en esa cruz.

El apóstol va a defender esta tesis con disciplina militar, vestido de su ropaje apostólico, equipado con las herramientas que Dios le dio el privilegio poseer y haciendo uso de la instrucción que recibió de los apóstoles y de la iglesia en Antioquía. Le recuerdo al lector que todo este itinerario paulino forma parte de la carta a los Gálatas; de allí se desprende lo que realizó una vez que recibió la vista (Gálatas 1.15-24).

Si el lector me permite retomar el análisis comparativo de David y Pablo, indicaré que otra de las características que se le suman al Cantor de Israel en 1 Samuel 16.18 es la siguiente:

Prudente en sus palabras

Esta declaración es sencillamente increíble. Apunta a describir una de las características que adornan a un «sabio en las manos de Dios». Al analizar a David y a Pablo estamos frente a dos de las pocas personas en la historia que cumplen cabalmente con las especificaciones que tiene este concepto.

Ser prudente en las palabras no solo se trata de saber cuándo hablar y cuándo callar. Este término incluye el ejercicio de escoger o seleccionar las palabras correctas para comunicar el mensaje que debemos dar. Más de una persona ha dejado o perdido la oportunidad de recibir a Jesús como Salvador de sus almas por la imprudencia de algunos que predicamos.

Una de las críticas más severas que realizan a que predicamos reside en el contenido de nuestros sermones. Los hispanos nos caracterizamos por poseer una «entrega» del mensaje que es superior a la de muchos otros predicadores sobre la faz de la tierra. Pero es también muy cierto que muchos de nuestros sermones solo tienen eso, una buena «entrega». Son sermones producidos en la imprudencia de un pobre o ningún contenido.

Quiero que el lector analice esto con la perspectiva más adecuada. Sé lo que se siente cuando a Dios se le ocurre «alterar» el plan del sermón que se ha preparado. La mayoría de las veces en las que esto ocurre lo hace directamente allí, en el templo y casi al comenzar a predicar. Pero Dios lo puede hacer con toda libertad, cuando sabe que al hacerlo no está premiando a un irresponsable que no tuvo la gallardía de prepararse adecuadamente para ese compromiso.

No prepararse es imprudente porque toma como un ejercicio de poco valor un hecho que, ya sea como ciencia o como arte, tendrá la oportunidad de influir positiva o negativamente en una decisión que involucra la eternidad. En un nivel similar de la imprudencia caen también los que preparan sus sermones, pero no buscan el rostro de Dios para que les ilumine y les ayude a definir el modo en que su predicación sea pertinente a las realidades profundas de las personas a las que le predica.

Pero hay otros casos en los que la prudencia y la imprudencia están igualmente presentes. La educación cristiana es una de la más afectadas por esto. Por ejemplo, en las reuniones informales que celebramos en los restaurantes de comida rápida que visitamos luego de los servicios en la iglesia, se discute frente a incrédulos todo lo que sucede en la iglesia. La lista de ejemplos puede ser interminable. Le invito a realizar sus asignaciones y redactar la suya comenzando con sus imprudencias. Le adelantaré que haciendo mi lista me tuve que ir de rodillas delante de Dios a pedir su misericordia.

La Biblia nos dice que una de las características de David era esa prudencia. Lo comprobamos cuando David no se atreve a tocar a Saúl (1 Samuel 24), ni mucho menos hacerle daño. El uso de las palabras seleccionadas para brindar la explicación que ofreció es otro testimonio de esto. Pablo es un maestro de la prudencia en las palabras que selecciona para comunicar la inspiración que Dios le ha dado. La Biblia también nos señala que David era:

Hermoso

Este término bíblico en el idioma hebreo es *yaphé*, que significa bello o resplandeciente. En otras palabras, que quizás nos hemos pasado la vida argumentando acerca de la belleza física de David y su pelo rubio, cuando de verdad Dios estaba haciendo énfasis en la capacidad que tenía este varón para que en su rostro resplandeciera la gloria del Todopoderoso Dios.

Analícelo de esta manera, es muy cierto que el texto hebreo en el que David es seleccionado para ser ungido como rey (1 Samuel 16.1-13), nos describe a David como un pelirrojo (no era rubio) con un rostro y unos ojos hermosos. Permítanme indicar que lo que le interesaba al rey que estaba endemoniado, no era traer a un «niño lindo», pues la belleza física no echa fuera demonios. Lo que en realidad le importaba a Saúl era que le trajeran a alguien donde resplandeciera la presencia de Dios, que sí echa fuera demonios.

Dios anda en busca de adoradores que cumplan con este requisito, que sean hermosos.

> ¡Cuán hermosos son sobre los montes los pies del que trae alegres nuevas, del que anuncia la paz, del que trae nuevas del bien, del que publica salvación, del que dice a Sion: ¡Tu Dios Reina! (Isaías 52.7).

La última parte de este ejercicio lo quiero dedicar a algo que llamamos referencias personales. Verá que en cada ocasión que usted envía un historial de su carrera profesional y educativa, se le solicita que incluya dos o tres referencias personales, nombres y direcciones de personas que puedan dar fe de la integridad y capacidades que usted tiene. Me parece que Saúl pidió las referencias de David. He aquí la respuesta que le ofrecieron los miembros de su gabinete:

Jehová está con él (1 Samuel 16.18).

REFLEXIONEMOS
Y somos la Iglesia del Señor

El Cantor de Israel nos regala una expresión valiosísima en el Salmo 57. Es allí donde se señala que su corazón está presto para alabar a su Rey y Señor. Su vida entera es un himno de alabanzas al Señor. Ha sabido cultivar el don que se le ha dado para siempre: una nueva canción para adorar y servir a su Señor. El Cantor de Israel usaba su capacidad para componer artísticamente, el predicador de Tarso sabía usar su capacidad para escribir. Se dejaba inspirar por el Espíritu Santo para decir mucho con pocas palabras.

Permítame relatarle una historia de mi niñez. Nací y me crié en la iglesia. Es más, lo que mi madre dice es que estando en su vientre, me comportaba mejor cuando ella estaba en el templo que cuando estaba fuera de este. Mi padre es un pastor de almas con más de cincuenta años de experiencia en el evangelio. Aprendí de ellos a vivir una vida cristiana que respeta los criterios interdenominacionales. De niño, visitábamos con frecuencia un movimiento diseñado por el Señor: Cruzada Evangélica Misionera, para que la iglesia puertorriqueña pudiera aprender eso.

Se desarrolló como un movimiento extraordinario. Las reuniones se celebraban durante horas que no interferían con las actividades de nuestras iglesias. Hermanos y hermanas de todas las denominaciones nos dábamos cita allí y los servicios de adoración eran toda una experiencia del Espíritu. Reuniones interdenominacionales eran acontecimientos sumamente extraordinarios; particularmente para una isla desarrollada bajo un entendimiento evangélico cerrado.

Había varios lugares de reunión. Uno de ellos se encontraba en el área metropolitana de la ciudad capital, San Juan. Un edificio modesto, pero muy acogedor, servía de escenario para estas reuniones.

Un domingo en la tarde, asistiendo a una de las reuniones de ese movimiento, pude observar una escena inolvidable. Para entenderla mejor es necesario describir algunos aspectos de la realidad geográfica puertorriqueña. El calor de las dos de la tarde en Puerto Rico es todo un acontecimiento. A veces da la impresión que el mundo entero ha comenzado a rotar en cámara lenta.

Ese no era el caso en esas tardes de reunión. Un ambiente electrificante llenaba todo el ambiente de aquel edificio. Era algo que por sí solo mostraba que estábamos a la expectativa de una intervención divina. Al entrar al edificio, encontramos a muchas personas orando de rodillas en el altar de la iglesia. Gente muy conocida y algunos totalmente desconocidos para mí. En medio de aquella multitud, me llamó la atención un hombre vestido como un ejecutivo de empresas o director de escuela (en mis tiempo de niño vestían con la misma sobriedad). Estaba postrado con su cabeza en el suelo frente al púlpito de la iglesia.

Lloraba y gemía con un llanto que se metía por dentro de la piel de todos los allí presentes. Muchos estaban haciendo lo mismo, pero este hombre me impresionó. Yo no había cumplido aún los nueve años y la visión de ese hombre nunca se ha borrado de mi mente.

Al preguntarle a mi padre acerca de él, su respuesta me impresionó todavía más. Las preguntas fueron las siguientes: «¿Quién es ese hombre y por qué llora así?» He aquí la respuesta: «Ese hombre es el Secretario de Estado de nuestro país y está gimiendo por nuestra isla... hoy nos toca interceder por nuestro pueblo y por sus gobernantes.»

Junto a este hombre gemían y lloraban hombres y mujeres, jóvenes y niños. En el altar había jueces, maestros, carpinteros, músicos, secretarias, ingenieros, médicos, amas de casa y estudiantes. Me enseñaron que en la Iglesia del Señor «es donde aprendemos que no es importante saber quién es quién». Era un llanto y clamor por nuestra isla, por sus pastores, por sus gobernantes, por sus maestros, en fin, por todo el mundo. En muy raras ocasiones he vuelto a observar escenas que contengan la misma intensidad.

Esa visión es de la Iglesia del Señor que componen por hombres y mujeres que entienden que Dios les ha llamado con propósitos muy especiales. Llamados a cumplir responsablemente con el Señor, especialmente en las tareas fuera de las paredes del templo. Una visión de la Iglesia viviendo y sintiendo la integración en el Cuerpo de Cristo. A nadie parecía importarle de qué iglesias veníamos. Nos había llamado el mismo Señor, nos había salvado el mismo Señor y les respondíamos con la misma pasión. Me parece escuchar al apóstol Pablo:

> Llamados a ser santos con todos los que en cualquier lugar invocan el nombre de nuestro Señor Jesucristo, Señor de ellos y nuestro (1 Corintios 1.2b).

¿Leyó bien? «Señor de ellos y nuestro» Los testimonios producidos en ese movimiento fueron extraordinarios. No habría razón alguna para que sucediera otra cosa. Y eso que cuando tuve la oportunidad de comenzar a asistir, ya llevaban más de treinta años practicando esta dinámica. En realidad, desde allí Dios permitió que muchos de los asistentes fueran «promovidos» por el Señor a posiciones de gran responsabilidad en la isla, para beneficio del pueblo, bendición del pueblo de Dios y tributos de gloria al Todopoderoso.

Lo antes expuesto me ha convencido de que las diferencias dogmáticas pueden echarse a un lado, sobre todo cuando nos damos cuenta de quiénes somos y de Quién somos. Hay muchos que piensan que movimientos de este tipo solo se dan en algunas épocas de la Iglesia. Es posible que no estén equivocados. De ser así, se está haciendo necesario que en esta época el Espíritu Santo de Dios levante una dinámica similar. Sabemos, por los testimonios de otras partes del mundo, que ya ha comenzado. Necesitamos que comience en nuestro país y en el país del que lee estas líneas. Me parece que solo así podremos experimentar un nuevo avivamiento de alcance internacional y/o mundial.

Para que esto suceda es imperativo que aceptemos las siguientes verdades:

- Que los ministerios y las posiciones que ostentamos no son nuestras. Son testimonios de la gracia de Dios y herramientas provistas por Él.
- Que en la iglesia todos hemos sido llamados por Dios para alguna tarea. Solo existen dos maneras de llevarla a cabo: con responsabilidad o con irresponsabilidad.

- Que la Iglesia es del Señor y no nuestra; la sangre de Cristo salva de igual manera a todos los que en cualquier parte del mundo aceptan a Cristo como su Salvador.

¿Qué aspectos parecen interponerse entre esta visión y la posición actual de los ministerios en la Iglesia del Señor? Uno de esos aspectos es la visión ministerial que ha desarrollado la iglesia cristiana. Permítame expresarle algunas realidades que para mí son incuestionables. Estoy convencido de que cualquier persona que Dios llama en este tiempo tiene la obligación de buscar la mejor preparación posible en su campo de acción.

Repito, no tengo duda alguna de que en los «tiempos que vivimos» hay ministros con experiencia y visión macroscópica. De ahí que Dios está nutriendo a la iglesia con ministros que abrazan los ministerios como segunda profesión en sus vidas. La experiencia que traen consigo se hace esencial para poder ser pertinentes y eficeses en la iglesia de hoy. Señalado ese punto, permítame también repetir un pensamiento y decir lo siguiente: ¿Sacrificamos los llamados de Dios por las especialidades profesionales?

Estoy convencido de que frente a los demonios que se ufanan en cercar la tierra hacen falta hombres y mujeres que como Pablo no estén pendientes de si se le está reconociendo o no el ministerio, sino que hagan lo que saben que tienen que hacer. Hombres y mujeres que tengan por dentro la música celestial y que sepan que hay que vestirse de la presencia de Dios para hacer huir a las fuerzas de las tinieblas. Hombres y mujeres que no teman tocar su música aun frente a las mismas puertas del infierno. Que estén llenos de la unción de Dios y que estén debidamente calificados como hombres de guerra. Si nos lo proponemos y cedemos en nuestros caprichos y exigencias personalistas, Dios comenzará una capacitación masiva en su Iglesia y el enemigo, Goliat, sus «osos», sus «leones» y hasta el mismo diablo tendrán que huir.

Nadie sino sólo Cristo construye la Iglesia. Quien se propone construir la Iglesia ciertamente está bien encaminado para destruirla, ya que sin quererlo ni saberlo, hará un templo para ídoles. Nosotros debemos confesar, él construye; nosotros debemos proclamar, él construye; nosotros debemos rogarle que construya. No conocemos su plan ni podemos ver si está construyendo o destruyendo. Es posible que los tiempos que por las normas humanas son épocas de desplome, para él son grandes épocas de construcción.

Dietrich Bonhoeffer
23 de julio de 1933

10

La comunidad de la mesa

Así, pues, todas las veces que comiereis de este pan
y bebiereis esta copa, la muerte del Señor anunciáis
hasta que Él venga.
1 Corintios 11.26

Hay muchas preguntas que hacerle al texto de esta Primera Carta a los Corintios. Son preguntas que por su naturaleza encenderían discusiones profundas y diálogos que serían increíblemente interesantes. Una de las preguntas que siempre le he hecho a ese texto es por qué el apóstol Pablo ordena en 1 Corintios 14.34 que las mujeres se callen en la congregación.

Se han confeccionado muchas respuestas a este interrogante. Algunas van desde la descripción de las sacerdotisas de Afrodita, quienes entre otras cosas practicaban una especie de prostitución sagrada y se cortaban el pelo y nunca cubrían su cabeza, como regularmente sí lo hacían las mujeres de esa región de Asia Menor.

Una nota interesante es que descubrimientos arqueológicos han revelado que los velos mencionados cubrían casi todo el cuerpo de las mujeres y en algunos casos solo les dejaban los ojos al descubierto. Se entiende que trataban de hacerle frente a una leyenda rabínica, que a esa fecha tenía un par de siglos y que decía que las mujeres eran responsables de que los ángeles hubiesen caído en pecado (1 Corintios 11.10). Si los ángeles habían caído por ellas, la alternativa para solucionarlo, consistía en cubrir a las mujeres para que no hicieran caer a los hombres.

Ahora bien, Pablo viene de vivir experiencias poderosas con iglesias dirigidas por mujeres, como era el caso de la igle-

237

sia en Filipo que la organizó y dirigiá una mujer muy rica llamada Lidia (Hechos 16.14,40). Ninguna mujer de esa época tenía el poder de convocatoria que exhibía Lidia (Hechos 16.13-15), a menos que fuese rica y poderosa. Pablo, también viene de experimentar la gracia y el poder de Dios en una pareja que a todas luces tenía como figura dominante a una mujer: Priscila y Aquila (Hechos 18.2, 26). En casi todos los pasajes, ella es mencionada primero que su marido; una gran posibilidad de que fuese la heredera de unas riquezas que ahora administraba su marido. Pablo conoce bien la historia de las hermanas de Lázaro. Algunos estudiosos concuerdan en que Marta era la viuda de un fariseo rico (¿Simón el de Betania? Marcos 14.3; Juan 12.1-8). A pesar de que esto es pura especulación, explicaría por qué hay dinero en casa de Lázaro para pagar plánideras y flautistas por cuatro días y por qué hay recursos para celebrar tantas cenas y fiestas al Señor. Otra cosa que explicaría sería la procedencia del pollino que monta Jesús en su entrada triunfal y que envió a buscar a la «aldea de enfrente» (Lucas 19.29) cuando se encontraba entre Betfagé y Betania.

Entonces, la pregunta sigue sobre la mesa de trabajo. Después de todas estas experiencias: ¿Por qué Pablo envía a callar a las mujeres en la congregación? La pregunta se complica aún más cuando consideramos que el mismo Pablo que las manda a callar es el mismo apóstol que les ordena cubrirse la cabeza cuando profeticen u oren en la congregación (1 Corintios 11.5). Hay algo muy curioso que aún no desciframos con claridad: o se callan o profetizan. Con la boca cerrada no se puede profetizar, esto es, anunciar y decir la Palabra que ha dado el Señor. Es poco probable que el apóstol haya querido perder su tiempo promoviendo una actividad que estaba prohibida. La otra alternativa es que las mujeres participaban activamente en los cultos de esa congregación.[1]

Me parece que de cierto el apóstol está consciente de que no quiere que las mujeres de Corinto se parezcan a las de ese templo abominable y mucho menos quiere ser el que acuse de «dañar» la imagen de las mujeres de esa comunidad de fe. Ahora bien, con sigilo y mucho más allá del chauvinismo con

---

1   Gordon D. Fee, *op. cit.*, p. 575.

el que fue educado, al apóstol se le escapan unas expresiones que denotan una posición de avanzada para su tiempo, una posición del Espíritu de Dios. Si tiene dudas sobre lo que digo, le invito a leer lo siguiente:

> Pero en el Señor, ni el varón es sin la mujer, ni la mujer sin el varón; porque así como la mujer procede del varón, también el varón nace de la mujer; *pero todo procede de Dios* (1 Corintios 11.11-12).

Es esta la posición apostólica que validará cuando le escribe a los gálatas y les indica que en Cristo Jesús no hay judío ni griego; no hay esclavo ni libre; *no hay varón ni mujer*; porque todos somos uno en Cristo (véase Gálatas 3.28). La comunidad de la mesa no debe ni puede discriminar. Los ministerios de la iglesia pertenecen al Señor. Es el Señor el que reparte esos ministerios y Él lo hace como quiere (1 Corintios 12.11). En todas las Escrituras nos hemos topado con que en ese campo ministerial no son pocas las mujeres que se nos han adelantado para cumplir sus ministerios con un alto sentido de responsabilidad y servir al Señor con una proximidad y una relación envidiable (Lucas 8.1-3).

Sé que el tema requiere más discusión y análisis, pero tengo otras preguntas que formularle al texto de 1 Corintios acerca del bautismo que tantos dolores de cabeza parecía haber causado en esa congregación (1 Corintios 1.14-17). Repasando los análisis que he realizado de ese concepto para otros trabajos y exposiciones (el lector debe recordar que el que escribe es pastor bautista), encontré algunos datos que me parecieron necesarios anotar en este libro. El término en el idioma griego es *baptismos* y en esa literatura se ha usado para describir las siguientes operaciones:

- la acción de sumergir una tela que será teñida con otro color
- la acción de sumergir la copa en un tonel para extraer vino
- la acción de mojar una galleta en un potaje preparado para ocasiones festivas
- la acción de sumergir a un creyente en las aguas como testimonio de su discipulado

Desde estas perspectivas, bautizarse es sinónimo de obtener el color del cielo, llenarse del «buen vino» celestial, adquirir un mejor sabor y dar testimonio que hemos muerto al pecado y nos hemos levantado a novedad de vida con Cristo. Parece que la iglesia de Corinto no había entendido el bautismo de esta forma. Para ellos, el bautismo se había convertido en un signo de clase y categoría. Era una ceremonia que podía convertirse en elitista, quienes bautizaban tenían renombre o reconocimiento como conocidos de los apóstoles del Se- ñor. Menudo problema era ese, pero no muy distinto al de igle- sias que inconscientemente validan el bautismo como un rito de iniciación y un testimonio que separa a los «buenos de los malos». Recuerde, lo importante al bautizarse es que testifiquemos que nos ha cambiado «el color del alma», que hemos sido llenos de la presencia de Dios, que ahora poseemos «el sabor» del cielo y que testificamos que somos nuevas criaturas en Cristo. De lo contrario, bautizarse no será más que entrar secos y salir mojados.

Otras preguntas que le he formulado al texto de 1 Corintios tratan sobre la mesa del Señor. ¿Es una mesa festiva? ¿Es acaso un ceremonial de corte reflexivo y sosegado? ¿Quiénes se pueden acercar a esa mesa? ¿Qué significa discernir el Cuerpo de Cristo? ¿Qué alcance tiene la presencia de Dios en esta ordenanza (con mucho respeto señalo que es considerado por muchas tradiciones religiosas como un sacramento)? En fin, son muchas preguntas, tantas que temo no poder analizar aquí la mayoría de ellas, dado las complejidades que poseen, los marcos históricos que las informan y las múltiples vertientes doctrinales que les dan color.

Como a buen bautista me han enseñado que los elementos de esta cena representan el cuerpo y la sangre de Cristo, pero que no son ni se convierten en su cuerpo y su sangre. Ahora bien, también me han enseñado que es una realidad que Dios está presente en el medio de la celebración de ese poderoso memorial.

Desde un punto de vista muy general hay que comenzar declarando que la cena no es nuestra, sino del Señor. Es Dios el que invita a esa mesa y ha invitado a millones de seres humanos. Personalmente, Dios se la sirvió a los doce; entre los invitados a esa mesa estaban Pedro y Judas Iscariote. Hay un mensaje poderoso en esa acción del Señor: invitar y proveerle espacio en la mesa a traidores y a mentirosos amarrados por el miedo. Desde este punto de vista, no estaría errado y se tiene una gran base para la celebración de una cena abierta sin restricciones para asistir. Sé que algunos lectores estarán protestando por esta posición, pero que bueno es saber que a aquellos que hemos sido invitados no se nos requiere uniformidad y sí unidad.

Dios nos invita a usted y a mí a esa mesa. Dios invitó a ella a Agustín de Hipona, a Tomás de Aquino, a Juana de Arco, a Martín Lutero. Dios invitó a ella al juez y a su amigo Paco, a su pastor, a mí y a muchos más. Él es el que invita; somos nosotros los que nos demoramos en aceptar su invitación o simplemente la rechazamos.

Para esa ultima Pascua y primera cena, el Señor prefirió usar los remanentes de la cena pascual que había comido con sus discípulos. Decidió tomar el pan como símbolo de su cuerpo a ser molido en la cruz por nuestros pecados. Se me antoja pensar que el pan puede ser un testimonio de la omnipresencia y de la provisión eterna de Dios. No existe sociedad alguna en el mundo que no tenga alguna forma de pan en su dieta diaria. Cuando ha habido escasez, uno de los últimos recursos que se agota es el pan. Hay pan en las mesas de todas las familias de la tierra. Así quiere estar Cristo, presente en todos los hogares de las familias del planeta.

Tomando prestado el pensamiento de Jürgen Moltmann, existen dos maneras de acercarse a ese pan. Nos podemos acercar a él con ansiedad o lo podemos hacer con esperanza. Moltmann escribió que la ansiedad y la esperanza tienen en común el sentido de lo que es posible. La diferencia estriba en que la ansiedad vislumbra el peligro posible, mientras que la esperanza vislumbra la posible liberación.[2] Podemos acercarnos al pan de vida con la ansiedad de sabernos redimidos y bendecidos por Dios, sin saber que hacer con nuestra humanidad o nos podemos acercar disfrutando esa redención y esas bendiciones por la esperanza que nos brinda su presencia.

El pan es el producto del trigo que nace desde la muerte de una semilla que es sembrada en el seno de la tierra. Es el pan que requiere que los granos de trigo sean macerados y amasados hasta dejar de ser muchos granos y convertirse en una

---

2   Moltmann, Jurgüen, *Jesus Christ for Today's World*, Fortress Press, Minneapolis, 1994, p. 52.

sola cosa. La multiplicidad convertida en unidad. De ahí que esa mesa sea de la comunión, porque en ella somos invitados a ser «como-uno».

En esa mesa también hay jugo de la vid, símbolo y testimonio de esa sangre derramada por los pecados de muchos.[3] Esta copa no le puede ser negada a la comunidad de creyentes. Esa mesa nos recuerda constantemente que en la sangre de nuestro Señor hay sanidad y redención para todos los que pertenecen a su Cuerpo. Esa copa simboliza el producto del corazón de Dios que se rompe en dos en la cruz del Calvario por amarnos, por amar a pecadores como nosotros.

Desde estas perspectivas, la mesa nos regala infinidad de posibles acercamientos. Es la mesa de la comunión. Podemos llegar a ella con espíritu festivo, celebrando la salvación y el perdón de nuestros pecados. Podemos llegar a ella con sentido de familia, adorando en la compañía de los seres que son y/o se convierten en seres significativos para nosotros. Podemos llegar a ella en solemne reflexión, considerando el alto precio que ella representa. El color de esa mesa debe ser el de la comunión con los que adoran a Dios en todo lugar (1 Corintios 1.2-3).

Es la mesa de la fiesta del amor de Dios. Un amor que nos convida aquí a un banquete que continuará en la eternidad. En ella celebramos que Dios nos ama y que nos podemos amar. Celebramos que somos uno y de uno, aun cuando somos distintos. Celebramos que nos podemos gozar «saboreando» el amor que nos ha regalado Dios el Padre.

Es la mesa de la santidad y la pureza. Es la de quienes han recibido el milagro de la transformación, la regeneración y la renovación.

Es la mesa del testimonio, el testimonio vivo de la cruz. Vivo desde el Calvario y vivo en los transformados por el Cristo del Calvario.

Es la mesa de la eternidad. Es un adelanto del banquete mesiánico al que hemos sido invitados.

Es la mesa de la victoria y la autoridad sobre el pecado. La muerte y el infierno.

3   Debe haber notado el lector que estoy excluyendo el análisis textual. Los interesados en este, pueden acudir al trabajo realizado por Gordon D. Fee. *op. cit.*

Es la mesa de la comunidad de fe. Somos realmente una comunidad de la mesa. Alrededor de ella enfrentamos siempre la obligación placentera de mantener la unidad, el propósito, las prioridades y las exigencias del Reino que se proclaman desde esa mesa.

La Iglesia del Señor se ha pasado los últimos dos mil años analizando lo que puede significar comerla indignamente. Algunas de las posibilidades son las siguientes:

- comerla estando inmiscuidos en divisiones, conflictos y envidias (1 Corintios 11.18)
- comerla solo como una festividad religiosa más, a la usanza de los judíos (1 Corintios 11.19)
- comerla habiendo patrocinado borracheras y banquetes excesivos (1 Corintios 11.21-22)
- comerla en actitud irreverente ante Dios y la Iglesia (1 Corintios 11.22)
- comerla sin respetar al pobre y al necesitado (1 Corintios 11.22)
- comerla sin haber creído, sin darse cuenta del significado real que ella tiene y sin discernir que el cuerpo y la sangre de Cristo ofrecen beneficios que solo pueden ser obtenidos por fe (1 Corintios 11.27-30)
- comerla sin haber aceptado la salvación, sin haber confesado nuestros pecados y sin reconocer nuestra necesidad personal de Cristo (1 Corintios 11.27-30)
- comerla sin autoevaluarnos como medida para evitar el juicio de Dios (1 Corintios 11.31-32).[4]

No podemos olvidar que la Iglesia es el Cuerpo de Cristo y no discernirlo bien está directamente relacionado a no discernir correctamente su Iglesia. La iglesia de Corinto atravesaba por una crisis que le impedía ver que no estaba ejerciendo un buen discernimiento del Cuerpo de Cristo. El lector debe tener una visión aún más profunda de las repercusiones que traen consigo las exposiciones hechas hasta aquí. En la congregación que me encuentro pastoreando en el momento de escribir estas líneas, nos dimos a la tarea de estudiar y

4 Uno de los mejores resúmenes sobre este tema lo ha realizado Finis Jennings Dake en su *Dake's Annotated Reference Bible*, Dake Bible Sales Inc., Lawrenceville, GA, 1990.

analizar la cena del Señor como parte de una Escuela Bíblica Pastoral que culminaría con la celebración de esa ordenanza. Cuando finalizamos el estudio bíblico, la iglesia en su totalidad resolvió que ninguno de los presentes se encontraba capacitado para ir ese día a esa celebración. Celebramos un culto de humillación y arrepentimiento al Señor y los resultados fueron poderosos. Muchas vidas fueron a los pies de Cristo en esa mañana. En nuestra próxima reunión, continuamos el estudio y la iglesia se dio cuenta de que nadie jamás estará lo suficientemente preparado como para acudir a esa mesa. Es por eso que la mesa la prepara el Señor; solo Él nos puede excusar por nuestras debilidades e invitarnos a pesar de nuestras incongruencias espirituales y emocionales. También despertamos a la realidad que los requerimientos del Señor de la mesa son casi todos el producto de cambios en nuestra actitud y carácter. Todos los allí presentes resolvimos que procuraríamos experimentar y mantener esa manera de vivir; entonces tomamos la cena del Señor.

Estas experiencias podían habérsele explicado a la iglesia, pero prefería que las vivieran para que en el proceso de evaluación de sus vidas, interpretaran el significado y la profundidad que subyace en formar parte de la comunidad de la mesa...

REFLEXIONEMOS
Dos banquetes y una sola cena

Siempre llevo conmigo el recuerdo de una maestra de Escuela Bíblica Dominical, Victoria Santana. Esta mujer, maestra de profesión y educada en el difícil arte de enseñar a niños de grados primarios, pasaba sus fines de semana enseñándonos el Libro Sagrado. Su capacidad para que lo entendiéramos y lo aplicáramos era sobresaliente. Esta mujer tenía la habilidad de encontrar y construir metáforas poderosísimas. No sé si la que voy a describir a continuación era suya, pero lo cierto es que el día en el que la relató, tocó a docenas de corazoncitos que todavía, treinta años más tarde, seguimos sirviendo al todopoderoso Dios.

Una mañana le pregunté a Tití Victoria el significado de la palabra comunión. He aquí su respuesta:

Un día un niño recibió en su casa la visita de dos ángeles. Habían sido enviados por Dios para que el pequeño pudiera ver el cielo. Dios sabía que ese era su anhelo y como Dios es bueno, le concedió esa petición.

El único problema consistía en que antes de ir al cielo, el niño y los ángeles tenían que pasar por el infierno, de manera que el pequeño pudiese tener con qué compararlo y contrastarlo. Al llegar al infierno, el niño se sorprendió muchísimo. En ese lugar, los ángeles abrieron una puerta muy grande y pesada. Esta puerta era la entrada a una habitación muy grande. En ella había una mesa gigantesca que estaba repleta de unos manjares exquisitos y de unas frutas y postres deliciosos. La mesa estaba llena de gente, pero el niño notó que ninguno podía probar bocado alguno. Todos los que estaban sentados a la mesa tenían los brazos enyesados y sus codos no se doblaban. Por esta razón, aunque podían tomar la comida con sus manos, no podían llevarla a sus bocas. ¡Qué triste escena!, dijo el niño.

Inmediatamente, los ángeles arrebataron al niño de aquel lugar y le llevaron al cielo. Al llegar allí, dos ángeles muy fuertes y poderosos abrieron las puertas para que entrara. Cuando el niño lo hizo, se encontró con una escena impresionante. En aquel salón pudo ver una mesa mucho más grande que la que había visto en

el infierno y los manjares eran aún más deliciosos y los postres...
¡Qué postres...! Hasta había helado. (Victoria añadió de forma
editorial que en el infierno no podía haber helado porque el calor
lo derretiría).

Lo curioso era que toda la gente invitada a esa mesa también
tenía los brazos enyesados. Pero en el cielo, todos estaban comiendo y disfrutando de la mesa. Sucedía que cada uno de los comen-
sales recogía el alimento con sus cubiertos y lo ponía en la boca
de la persona que le quedaba al frente. Tití Victoria nos dijo que
estaban en comunión...

A renglón seguido, Victoria Santana tomó una Biblia y leyó
lo siguiente:

Pero si andamos en luz, como Él está en luz, tenemos comunión
unos con otros y la sangre de Jesucristo su hijo nos limpia de todo
pecado (1 Juan 1.7).

Vuelva a leer ese verso de las Escrituras y asegúrese de
entender que la diferencia entre los que vamos al cielo y los
que van al infierno es estar en comunión. Tenemos las mismas
debilidades e incapacidades espirituales y del alma, lo único
que nos hace distintos es que al estar en Cristo tenemos
comunión y la sangre de Cristo limpia de todo pecado a todos
y a cada uno de los que viven en comunión íntima con el Padre
y con los demás hermanos. Esta es la comunión de la mesa,
porque en ella y desde ella somos «como-uno» en Cristo.

Al principio yo no entendí
Que su amor era por mí.
En la oscuridad de una tarde
Yo encontré respuestas.
Vi a Cristo llorando;
Vi sus manos sangrando
Mi pobre corazón se desgarró;
Y musitando, yo pedí su perdón
Y su mano tocó mi dolor
Y canté hasta que salió el sol

Dejadme siempre estar
Contemplando su faz.
Caminar de su mano que es fiel
Y reír como ayer
Y cantar hasta que me oiga el sol

Y sé por amor...
Solo, por mí murió.[1]

1   Mizraim Esquilín, «El principio», *Por su sangre*, interpretada por XXXIII D.C., Word Music
Corp, Nashville, TN.

11

Sabios y locos

Debemos puntualizar que toda la discusión que esgrime el apóstol en este capítulo tendrá como propósito principal enseñarle a la *ekklesia* que ella debe ser capaz de diferenciar entre lo que es esencial para su funcionamiento a la luz de las exigencias del cielo y lo que no lo es. En realidad, la libertad que la iglesia vive y predica, libertad para los dones y manifestaciones del Espíritu y la libertad de la gracia para las múltiples dimensiones de la adoración, deberán estar siempre guiadas por el amor, no por el poder de las estructuras ni el de los hombres. Tampoco por el poder social. Mucho menos por la sabiduría humana y las influencias que tenga esta. El guía y motor de la iglesia y de su libertad será el *ágape* divino.

En el campo de la sabiduría, el apóstol Pablo argumenta que la *sofía* del mundo grecorromano no es comparable jamás con la sabiduría de la cruz que está por encima de todos los argumentos humanos. Es el único y sabio Dios, el Anciano de días, despojándose de su entera deidad para humanarse y conformarse a lo vil y humano. Esto no puede ser explicado ni comprendido por la sabiduría de los hombres. Que no quede duda, este tema de la sabiduría es tan vital para esta iglesia que el apóstol la usará diecisiete veces en 1 Corintios: dieciséis veces en los primeros tres capítulos. El apóstol está consciente de esto. Pero quiere decirle a esta iglesia que la cruz que predica salvación y liberación del pecado y que se levanta como estandarte de victoria sobre la muerte y el infierno, parecerá un escándalo para los que defienden la *sofía* grecorromana y una burla para los judíos. Y luego de esto, ¿qué haremos con la cruz?

El grito paulino trasciende a la iglesia de Corinto ¿Qué puede sustituir la cruz? Durante siglos esa cruz se ha visto ame-

249

nazada por poderes que intentaron ser superiores a ella, poderes políticos que intentaron servirse de ella para patrocinar guerras. Poderes económicos para patrocinar la explotación. Poderes religiosos para el prestigio. Todos fracasaron y desaparecieron. La cruz y su mensaje permanecen incólumes. Durante los últimos años hemos experimentado cómo recrudece ese ataque, pero esta vez desde adentro de las filas de la Iglesia del Señor.

Las nuevas tendencias de las *sofía* que producen las corrientes humanistas, secularistas y posmodernistas, se han levantado e infiltrado en la iglesia disfrazadas de corrientes teológicas. La sabiduría que intenta convencernos de ir más allá de amar a los homosexuales y lesbianas y nos intenta convencer de dejarles ocupar los púlpitos de la Iglesia del Señor. La sabiduría que echa a un lado las máximas neotestamentarias que alertan a la Iglesia de que vendrían algunos a convertir la piedad en fuente de ganancia (1 Timoteo 6.5). Una fuerza que nos intenta convencer de que es necesario, y «por el bien de la obra», permitir que el desarrollo de las grandes empresas y corporaciones eclesiásticas y paraeclesiásticas no puede detenerse; aunque esto signifique sacrificar la sensibilidad humana que debe caracterizar a todo ministerio del Señor. Es más, esta sabiduría intenta disfrazar como «bendiciones» las riquezas y los lujos que «nos regala el Señor», cuando la realidad escueta es que todos esos movimientos una filosofía humanista y política que postula que aquel que posee la riqueza, posee el poder para controlar y decidir. ¿Estaremos intentando poseer y controlar a Dios?

La sabiduría divina ya ha sentenciado que: «El que ama el dinero, no se saciará de dinero; y el que ama el mucho tener, no sacará fruto» (Eclesiastés 5.10). No me malinterprete el lector. Estoy totalmente de acuerdo en que mi Dios es dueño del oro y de la plata (Hageo 2.8) y que Él suplirá todo cuanto nos falta conforme a sus riquezas en gloria (Filipenses 4.19); en realidad, las riquezas de Dios son incalculables. Pero no podemos confundir una cosa con la otra. En mi país hay un refrán popular que señala que no debemos confundir la gimnasia con la magnesia. La práctica de querer demostrar que los «hijos del rey» son favorecidos con múltiples bendiciones, ha dado espacio para fragmentar aun a los movimientos que predican tal disparate teológico. Si no está de acuerdo conmigo, responda las siguientes preguntas:

- ¿Quién le enseñó al apóstol Pablo a estar saciado?
- ¿Quién le enseñó a tener necesidad? (Filipenses 4.12)
- ¿De qué le hablaba el Señor a Ananías cuando le señalaba que Pablo debía saber cuánto sufrimiento le costaría seguir a Cristo? (Hechos 9.15-16)
- ¿En qué consisten las penalidades «recetadas» a Timoteo? (1 Timoteo 2.3,9)
- ¿Hasta qué punto llegan las diversas pruebas anunciadas por Pedro? (1 Pedro 1.7)

Podemos seguir citando y analizando textos bíblicos de manera indefinida. Existen docenas de ellos en el Nuevo Testamento. Lo más increíble es que lo sabemos. Pero a los que intentan «vender» las atrocidades teológicas escondidas detrás de la «superfé» tendrán que darle cuenta a Dios, especialmente por los que se han desquiciado cuando en sus intentos por alcanzar las «bendiciones» que Dios les tiene aseguradas, chocan con fracasos de los que no pueden recuperarse, perdiendo en el proceso sus haberes, sus familias y hasta sus vidas.

Las iglesias que patrocinan estos estilos teológicos deben despertar a la realidad de que solo han servido para construir y desarrollar nuevos ricos y poderosos, los que en lo más profundo de sus entrañas no les importa nadie ni nada más que sus riquezas y sus posiciones.

Si no logran despertar a tiempo, lo harán cuando sea el día del llanto. Si no lo cree, busque respuesta a esta pregunta: ¿Por qué cada vez que surge enfretamiento bíblico serio acerca de este tema, se procura escapar esgrimiendo dos o tres versículos bíblicos a la carrera y se culmina la presentación con algunas bromas? Hermano, este es un asunto muy serio para tomarlo en broma. La salvación y la estabilidad mental, emocional y espiritual de miles de creyentes está de por medio.

Quisiera que el lector pudiera analizar y reflexionar en lo antes expuesto con una perspectiva correcta del trasfondo socioeconómico del que escribe. Sin ánimos de pedantería, sé lo que significa derrochar miles de dólares en menos de un mes, solo por el placer de hacerlo.

A los vientitrés años de edad ya le había perdido el respeto al dinero. Doy gracias a Dios por permitirme disfrutar de la compañía de una esposa mucho más sabia que yo en todo lo conciernente a las finanzas. De no haber sido así, no sé si hubiera podido despertar a las realidades que esbozo aquí. Las riquezas no me hacen brillar los ojos; tenerlas produce satisfacciones al mismo tiempo que genera grandes preocupaciones.

El tener que decidir dejar mis profesiones en la industria y en mis negocios para estar en el ministerio a tiempo completo, entre otras cosas me enseñó que a este llamado responden muchos con corazones limpios y sin agendas escondidas para el Señor. Pero vienen otros con sueños de poder que nunca han podido ver realizados y se allegan algunos más con lagunas emocionales y sicológicas producidas por crisis en sus etapas de desarrollo que aún no han sido solucionadas.

Del primer grupo, generalmente obtenemos pastores y pastoras fieles. Evangelistas y misioneros con un alto grado de sanidad mental y un gran sentido de compromiso con el evangelio de la sana doctrina.

Del segundo grupo casi siempre obtenemos ministerios que quieren subir de categoría de manera impetuosa. Patrocinando crecimientos laterales (de una iglesia a otra). Muchas innovaciones teológicas extrañas. Púlpitos poco formales. Predicadores que son una farsa y una burla para el pueblo que no conoce al Señor (y que a veces parecen tener más discernimiento que nosotros) y poco compromiso con la piedad y la sensibilidad necesaria para el desarrollo de cualquier ministerio en la Iglesia del Señor. Me permito repetir al lector que las hormigas nunca dejarán en el campo heridos, ni muertos caídos en sus combates. Pero la Iglesia del Señor sí.

Del último grupo surgen los líderes manipuladores, que esclavizan y coartan las capacidades de su público. Recuerde el lector que fue un «cabo bohemio» el que llevó a la Alemania de los años treinta a una Guerra Mundial que la dejó arrasada. Su poder para convencer a las masas idiotizó el genio alemán hasta el punto de creer ciegamente que era necesario matar en la cámara de gas y en los campamentos de exterminio a doce millones de prisioneros, seis de ellos judíos. Estos líderes tienen la capacidad de hacer que el pueblo crea lo que a ellos se les ocurra. Sus agendas como religiosos parecen ser o se pueden convertir en agendas políticas. El reconocimiento y el control total del poder no pueden ser cuestionados. Para minimizar la efectividad de sus maquinaciones se requiere la presencia activa del Espíritu de Dios y un excelente conocimiento de la Teología y doctrina sana que se nos ha encomendado custodiar.

REFLEXIONEMOS
Herramientas del Espíritu

«Oraré con el espíritu, pero oraré también con el entendimiento; cantaré con el espíritu, pero cantaré también con el entendimiento» (1 Corintios 14.15).

Se me hace prácticamente imposible continuar el análisis de esta carta, sin antes trabajar con algunos postulados básicos de nuestra fe y doctrina evangélica. Los creyentes no operamos en el vacío, sino que formamos parte de un plan maestro. He decidido hacer este paréntesis aquí motivado por una pregunta que me hiciera un «compañero de milicia cristiana» y a la misma vez profesor y consejero de estudios graduados en Teología; «Si se te pidiera resumir tus postulados de fe; ¿Cuál sería tu respuesta?»

Al sentarme a resumir «su encargo», descubrí que estaba frente a una muy poderosa herramienta del Espíritu. Algo superior al manejo de algunos «carismas» del Espíritu. Es superior, porque los «carismas» fueron diseñados para edificar la iglesia, mantener la unidad del cuerpo de Cristo y capacitar a este para las tareas del ministerio. En cambios, estos postulados son enunciados con la finalidad de abrir las posibilidades del cielo a aquellos que aun no se han asegurado de que sus nombres están escritos en el libro de la vida. Además, luego de terminado el ejercicio, estoy convencido de que nuestras declaraciones de fe se convierten en dones de Dios para nuestra afirmación, toda vez que la fe, en sí misma, es un regalo de Dios (Efesios 2.8).

Sobre Teología Sistemática

El plan de Dios para la humanidad. Es imposible que pretendamos analizar unos elementos tan significativos de nuestra fe, doctrina y conducta, sin preguntarnos cómo encajan estos en ese plan divino.

De primera intención tengo que señalar que me gusta en el plan de Dios para la humanidad como una gran obra musical, arreglada orquestalmente y dirigida por Él mismo.

Una sinfonía cuya partitura está dividida en varios actos. Adagios, allegros, andantes, melodías y armonías, estructuras, formas, ritardandos y prestísimos son interpretados por aquellos y aquellas que aceptamos su invitación a formar parte de su orquesta. Yo soy parte de la orquesta del Señor.

En mi experiencia personal, descubrí que formaba parte de ella una noche, cuando abrí los ojos y me encontré frente al escenario de la vida; interpretando los compases de su plan de salvación para toda la humanidad. Los hilos que me condujeron hasta allí forma parte de la instrumentación que se me requirió. Son hilos que se entrelazan con el fin de dar color y sentimiento a mi interpretación.

La interpretación fiel de este arreglo orquestal se hace imprescindible para hacer callar los cantos de sirenas que desvían la atención de la vida y el alma de nuestros pueblos hacia la violencia y la destrucción. Considero esta desviación como una cacofonía que enfrentamos todos aquellos que hemos sido llamados a ministrar en medio de los conflictos de nuestra sociedad actual. Esto no lo conocen aquellos que se limitan a ser observadores de los ministerios, aun cuando tengan órdenes ministeriales.

Las herramientas que traemos a esta interpretación orquestal incluyen nuestras experiencias en el núcleo familiar. Para mí, ese núcleo revista una importancia de grado superlativo. En mi caso, este se hace así de significativo, toda vez que formó parte de una familia que ha sabido formar docenas de ministros, misioneros, evangelistas, consejeros y/o músicos cristianos. De ese contexto surgen mi formación de valores, el entendimiento del ministerio, mi estilo y conceptualización de lo que es el servicio en la iglesia del Señor y mi formación teológico práctica; esto es, la adquirida antes de entrar en el Seminario Evangélico de P.R., una institución por la que siento un gran orgullo y un profundo respeto.

Es en ese contexto, que tengo que reconocer ha sido un don de Dios, que comienzo a desarrollar definiciones y postulados sobre la fe, el pecado, la salvación, la gracia, la inspiración y la autoridad de las Escrituras y la resurrección de Jesús como acontecimiento histórico. La pieza clave para todo esto descansaba (y aun lo hace) en el entendimiento de que la vida cristiana es una peregrinación en la que siempre debemos buscar significados cada vez más profundos de lo que significan estos conceptos. La búsqueda del color interpretativo más excelso; color que todo músico entrenado anhela dar a la interpretación de esa pieza musical que le ha cautivado el corazón.

Armonía

Los conceptos teológicos que revoloteaban en mi mente comienzan a aterrizar, evolucionan, son transformados y adquieren fundamento. La exposición a la academia los convierten en parte vital de la armadura, de la expresión y el ritmo de la orquestación de Dios. Cuando entré al Seminario, un superdotado, el Dr. Luis R. Rivera Rodríguez me confrontó con una pregunta en la que me planteaba si mi entendimiento de la inspiración escritural estaba de acuerdo con la naturaleza de la Escritura. Esa pregunta, generada a base de estudios sobre trabajos de Paul J. Achtmeier,[2] obligaba respuestas que explicaran entre otras cosas, las implicaciones de la inspiración, si había o no grados de ella, el «locus» de ésta y el papel que juega en ella el elemento humano.

Dentro de mis conclusiones, he destacado que la autoridad de la Escritura y su inspiración están ligadas entre sí. La autoridad escritural es el poder que tiene las Escrituras para darle forma a la revelación de Dios. La autoridad escritural puede ser explicada a base de respuestas ontológicas y/o éticas. Estos es, la Escritura como producto y norma de la comunidad de fe cristiana. Para mi es suficiente considerar las maneras que usa el Espíritu para vivificar comunidades a través de ella. La autoridad escritural es la base para argumentar que la Biblia es la única fuente de revelación que habla a la experiencia y al intelecto, a la iglesia y al individuo.[3] Es allí que reside esa autoridad; no detrás de la escritura sino en la revelación. Desde este punto de vista se hace académico discutir si ella es inerrante o no, puesto que lo que es importante es que la Biblia es infalible, pues siempre cumplirá el propósito para lo que Dios la ha revelado.[4]

2 Paul J. Achtmeier, entre otras cosas es el Editor de la Sección del Nuevo Testamento en serie *Interpretation*, publicada por John Knox Press. Además, es una de las autoridades más reconocidas en el análisis y enseñanza de la carta del apóstol Pablo a los Romanos.
3 William Brackneym en su obra *The Baptist*, lo discute con maestría.
4 Véase en la Bibliografia el trabajo escrito por L. Rush Bush; p. 398

La base para estas declaraciones están en un postulado bautista muy antiguo: la suficiencia, la certeza y la calidad de lo autorizado.[5]

Suficiencia porque su autoridad reside en la revelación de Dios que ella misma sustenta. La Escritura es autosuficiente. Certeza, argumento que se basa en su contenido y no en su forma. Calidad, definida como compromiso y remisión con y de sus requisitos pueden ser confrontados con los retos que le hacen las ciencias, la historia y/o el análisis del contenido moral, pero no tienen la intención científica e histórica como razón primigenia.

La autoridad escritural entonces reside en la autoridad de Dios mismo. El revela sus exigencias en relación a la santidad de la vida, los deberes con la práctica de la justicia social, el examen de nuestra ética y las sanciones a su perfecta ley del amor.[6]

Entonces, esta autoridad se puede verificar en la revelación de la voz de Dios y su revelación al mundo, en la oportunidad para la verificación personal de este mensaje. Se puede verificar en el mensaje mismo, en la constitución con él de la iglesia y en su capacidad única para iluminar y alcanzar los horizontes de gracia. Lo podemos verificar en su capacidad para revelar las intenciones del corazón de Dios y la estructura que le da a nuestra predicación. Es lo dicho por el escritor del evangelio según San Juan: «Estas cosas han sido escritas para que creáis» (Juan 20.31).

La inspiración escritural tiene un sentido mas profundo y a la vez relevante, si la entiendo como función y modo de la autoridad. La iglesia reclama que Cristo mismo ratifica la inspiración cuando pide que las Escrituras sean estudiadas, ya que en ellas nos parece tener la vida eterna y que ellas dan testimonio de Él (Juan 5.39). La inspiración no solo vindica la fe del creyente sino que se centraliza en el testimonio bíblico; la revelación que Dios hace de Cristo. Y tal como ha expuesto Acthmeier en sus libros, no sabemos del testimonio interno del Espíritu, excepto por la aplicación específica de las Escrituras.[7] La revelación de Dios en Cristo crece en la experiencia

---

5   En 1925 E.Y. Mullins publicó un libro en el que amplía esta discusión; *Baptist Beliefs*, Judson Press, Philadelphia
6   Véase en la Bibliografía el trabajo escrito por José Grau; p. 167.
7   Ver en la bibliografía el trabajo escrito por Achtmeier, p. 140.

de los seres humanos a través del acercamiento de estos a la Escrituras. Por lo tanto, el «locus» de esa inspiración no reside en otra cosa que no sea su infalibilidad. En este sentido, los seres humanos, como causa instrumental eficiente, como escritores, no verán cancelados sus potenciales. Por el contrario, Dios los eleva usando sus lenguajes, sus idiosincrasias y multitudes de estilos literarios, para dejar documentada su revelación.

Desde este entendimiento, la Biblia es para mi la Palabra de Dios. No es que la contiene, sino que es su Santa Palabra; Palabra que es útil para el cumplimiento del propósito de Dios en la humanidad. Como cristiano me reafirmo en que el carácter concluyente y normativo de esa revelación lo es Cristo Jesús.

En tiempos antiguos Dios habló a nuestros antepasados muchas veces y de muchas maneras por medio de los profetas. Ahora, en estos tiempos últimos nos ha hablado por su Hijo. Hebreos 1.1-2a

Como creyente me reafirmo en que la Biblia es la herramienta básica para entender la melodía que hila el plan divino.

Melodía

Esa melodía no es nuestra; es divina. Solo hemos sido llamados a interpretarla. Esa melodía responde a los atributos y características de Dios; a su carácter trino. Como ha dicho Wolfhart Pannenberg, es imposible tener fe en Jesús sin el convencimiento de la presencia de Dios.[8]

Es Dios como raíz, como supremo, como aquel que subsiste sin necesidad de ser originado ni sustentado. Es Dios con atributos y características de santidad y majestad absoluta, eternidad y sabiduría insondable; Dios es Creador, Espíritu y amor. El es Espíritu que propicia su intimidad. Es Amor que es fuerza motriz de su visión de gloria; el establecimiento del Shalom divino. Sin perder su carácter personal, Dios es el poder que todo lo determina.[9] Esta expresión pretende validar que la realidad que vivimos está inacabada. Se hace inminente un entendimiento escatológico de Dios para visualizar la culminación de su plan ya comenzado con la humanidad. En

8   Wolfhart Pannenberg, *La fe de los apóstoles*, Ediciones Sígueme, Salamanca, España, 1975.
9   Pannenberg, *Cuestiones fundamentales*, p. 191.

el lenguaje de Jurgüe Moltmann, una escatología de la revelación divina; mas que una epifanía del presente eterno, un apocalipsis del futuro prometido.

Un teólogo post-modernista llamado Gabriel Fackre, llama la visión de Dios esperanza de gloria (Colosenses 1.27). Prefiero llamarla su melodía. Esta melodía solo puede ser producida desde el carácter trino de Dios. Una visión que trasciende la definición de tres «hipóstasis» con una misma «ousía» que nos proveyeron los Padres Capadocios. Es la exposición para acercarse a explicar la intersubjetividad divina que esgrime Moltmann y la base para intentar entender la relacionalidad de Dios. O sea, un entendimiento trino de Dios, pero sin sacrificar su carácter personal.

Lo que significa es que Dios se revela en tres personas, de una sola naturaleza. El Padre es Dios por su revelación **dialógica.** El Hijo es Dios por ser autorevelación del Padre; creer en Él es creer en Dios. El Espíritu Santo es Dios por ser Él quien hace posible la invitación y la certeza de la revelación divina. La presencia de este en el peregrinaje de los creyentes, garantiza la providencia y la certeza de la meta del Shalom como proyecto de Dios. Entre muchas evidencias, las fórmulas bíblicas para el bautismo de Jesús y el bautismo son base bíblica firme para esta posición. El modelo del triángulo con ángulos interdependientes, es un buen ejemplo extrabíblico de esto. También lo es el punto triple y simultáneo del agua como hielo, líquido y vapor de agua.

Jesucristo es la encarnación y la invitación de Dios a participar de esa melodía, de esa esperanza de gloria. El Padre y el Espíritu están presentes en su trabajo y en su persona. Como ha dicho San Agustín de Hippona, no hay Hijo sin el Padre y el Padre se conoce por el conocimiento del Hijo. Jesucristo es completamente Dios y completamente humano. Es por esto que en su «ipsissima vox» llamaba Padre a Dios.[10] Esta afirmación bíblica y teológica está fundamentada en la exposición y resultados de la melodía divina a través de Él. Él es completamente hombre por la conciencia que tenía de su misión: «Por la obediencia de un solo hombre, muchos quedarán libres de culpa» (Romanos 5.19b). Él es completamente

10 Expresión utilizada por Joachim Jeremías en sus análisis de la última palabra de Cristo desde la cruz.

Dios, pues tener fe en Jesús es tener fe en Dios. Él es completamente Dios por vía de los resultados de su resurrección. La
realidad de esa revelación divina permite trascender las argumentaciones antropológicas, pues es una realidad experien-
cial y revelatoria.

El Espíritu es la certeza de la vinculación de la comunidad
de fe con Dios, a través del testimonio que Él da acerca de
Jesús. Él es la realidad presente de Dios y la forma de la
presencia de Jesús. Dios se hace presente entre nosotros en
Cristo, a través del Espíritu Santo.

Los compases melódicos que se destilan de su plan para
establecer su visión, solo pueden ser disfrutados mediante el
elemento idiomático instrumental que permite dar la melodía
apropiada a cada instrumento, según su estructura. Cada
instrumento musical tiene su propio sistema tonal.

Tonalidad

La fe es uno de los redescubrimientos mas sensacionales
que he experimentado. Es la manera más gráfica para entender el orden de la partitura divina. Como hemos visto en un
capítulo anterior, es imposible hablar de ella en forma singular. No puede limitarse a la definición de Tomás de Aquino;
un acto del intelecto cuando asiente a la verdad divina bajo la
influencia de la gracia de Dios en la voluntad humana. Tampoco debe ser considerada amparándose en un mero ejercicio
intelectual. La fe es un regalo de Dios que trasciende esos
ejercicios. El ser humano que despierta a esa realidad, es
tocado por esa revelación divina, encontrando esperanza.
Apoyándose en ella, el ser humano comienza a ser transformado por la revelación de Dios.

El Antiguo Testamento ofrece unas vertientes que corren
en paralelo, pero en caminos distintos a las del Nuevo Testamento. En el Antiguo Testamento, el justo que vive por la fe
lo hace por su fidelidad a la Ley (Habacuc 2.4b). En el Nuevo
Testamento, el justo que vive por la fe, lo hace por que le dice
Amén a la gracia de Dios y se mantiene fiel a ella.[11] En ambos
Testamentos se destaca la relacionalidad con Dios que tienen
aquellos que son fieles y mantienen su fe.

---

11 Véase en la bibliografía el trabajo escrito por Martin Buber y el de Cecilio Arrastía, **Teoría y**
    Práctica, p.95.

En el Nuevo Testamento, la fe es tratada con varios enfoques. Para Pablo, la fe es un don de Dios (Efesios 2.8) para la conversión a la proclamación de que Dios levantó a Jesús de entre los muertos, haciéndole Señor y Cristo. Es una virtud que se traduce en confianza en Dios y fidelidad al Señor, no importando las oposiciones que se tengan que enfrentar. Para Pablo, la fe también es confianza plena en ese milagro salvífico de Dios que trae paz y reconciliación con Dios (Romanos 5.1).

En los evangelios el término demuestra una policromía espectacular. A veces es usado para explicar la fuerza y la necesidad de sujetarse a los requerimientos del evangelio. Fuerza que en algunos casos puede ser medida: «Hombres de poca fe» (Mateo 8.26). Otras veces es usado para explicar como es necesario creer que Jesucristo es el Hijo de Dios y que solo en Él hay vida (Juan 20.31).

El factor más importante es la relacionalidad y la confianza integral del ser humano con aquel que ofrece ese regalo. Señaló esto, no porque crea que la fe y la razón estén reñidas, sino porque estoy convencido que la fe trasciende los estadios del mero razonamiento: «Sin fe es imposible agradar a Dios[...] creer que Él es galardonador de los que le buscan» (Hebreos 11.6).

Esta visión armónica de la fe, como el elemento vital de una teología que se basa en la revelación de Dios, no estaría completa sin un acercamiento a la melodía divina. Este acercamiento sólo es posible mediante ese «dorón» que Dios le regala al ser humano (Efesios 2.8). Pero es imprescindible devolver el tiempo, el control, a un arreglo orquestal afectado por unos compases en fuga; cacofonía que intenta alejar ese arreglo de la melodía de Dios.

Cacofonía

El pecado como concepto teológico ha adquirido unas dimensiones insospechadas. Ha resultado trascendental para mi visión ministerial el entender el carácter multidimensional que tiene el pecado. Pecado como concepto bíblico es uno de corte plural; algunos ejemplos lo son la transgresión, errar en el blanco, los errores en contra del plan divina y que son producto de nuestra ignorancia. Desde esta posición es pecado el no llegar a maximizar las habilidades y talentos de modo que podamos llegar a ser aquellos que debimos haber sido.

Pero el pecado no se limita a la «hamartía» que describe errar el blanco del plano individual. Hago mío el entendimiento de Gabriel Fackre de que el pecado nos aliena, nos hace perder la imagen de Dios, lanzándonos en un «ego-trip» que tiene como finalidad apartarnos de la participación en el plan de Dios. Al comenzar a servirnos a nosotros mismo, damos lo que Soren Kirkegaard llamó el salto cualitativo; el resultado del uso de la libertad del ser humano para encontrar seguridad en alguna cosa humana, finita, en vez de reposar en Dios. Eso lo hacemos como rebelión; como una respuesta de abandono a los requerimientos divinos. Emil Brunner lo llamó una emancipación de Dios, del principio de Dios. En otras palabras, si el centro de la vida, de nuestras acciones y condiciones como seres humanos no está ocupado por Dios, entonces estará ocupado por otra cosa y eso es pecado.

Pecan los pueblos y las instituciones. Los términos que se utilizan para definir pecado son aplicables tanto a comunidades como a instituciones. El concepto comienza a desarrollar sus múltiples dimensiones de expresión cuando consideramos que se peca de forma tetradimensional; contra nosotros mismos, contra nuestro prójimo, contra la creación y contra Dios: «Padre, he pecado contra el cielo y contra ti» (Lucas 15.18). «Porque también la creación misma será libertada de la esclavitud de corrupción a la libertad gloriosa de los hijos de Dios» (Romanos 8.21).

Ese rechazo a la visión de Dios es idolátrico.[12] Es idolátrico, entre otras cosas, porque es este el que distorsiona y rompe la relacionalidad de los seres humanos con ellos mismos y con Dios. Una perversión o corrupción que puede ser transmitida socialmente; un proceso político en el contexto en el que nos desarrollamos los seres humanos.

Pero el pecado no puede ser vencido con el mero ejercicio de la voluntad humana. Tampoco con la reestructuración de los sistemas sociales que puedan rodearnos. Repito que el pecado es un «ego-trip» que nos impulsa a creernos autosufi-

---

12 Gabriel Fackre, op. cit., p. 78.

cientes, capaces de percibir la autenticidad de nuestra existencia sin la mediación divina,[13] que nos separa de Dios, de la consecución de la completa humanidad, de la práctica de la justicia social humanizante con nuestros semejantes y de la práctica de una buena mayordomía de la creación de Dios. Por lo tanto, ese poder solo puede ser vencido a un costo que es irremediablemente alto, la muerte (Romanos 6.23a).

Ese poder requiere la realidad y el efecto de un poder mayor. Es un poder liberador y transformador del espíritu, de la razón y de la voluntad humana. Solo el compositor y arreglista conoce la cadencia de la pieza que interpretamos. Por lo tanto, solo Él puede rearmonizar los compases afectados por la cacofonía del pecado, devolviéndonos con esto la esperanza en una nueva armonía, en comunión con Dios. Para esto es necesario construir un puente musical que permite devolver el arreglo a su cadencia original. Se requiere realizar un gran sacrificio armónico, veloz, certero, magistral y necesario.

CODA (vuelta a la melodía)

La salvación es el perdón de los pecados; significa la liberación de todo aquello que nos separa de Dios, de una vida abundante y libre. La salvación es poder sobre el pecado.[14] La salvación es la presencia viva del liberador en aquellos que aceptan el «locus» de ésta: el Calvario. El significado de la expiación, de la muerte substituta, repercute en el «aquí y ahora» y en el «todavía no». Esa salvación solo es provista por Jesucristo. Él es el único Salvador.

La salvación se ha visto desde varias perspectivas. Desde mi perspectiva teológica no se puede hablar de la salvación sin hablar de Jesucristo. Él es el corazón del plan de salvación. Su tarea es definida como venir a buscar y a salvar lo que se había perdido (Lucas 19.10). Decir que Cristo es el Salvador, es decir que Él es el agente mediador que nos conduce al plan perfecto del Padre; el establecimiento del Shalom. Decir que Cristo es el único Salvador, es decir que no hay otro nombre bajo el cuál podamos ser salvos (Hechos 4.12).

13 Pannenberg, Teoría de la Ciencia, p. 179.
14 Gabriel Fackre, op. cit., p. 203.

La salvación significa recibir por fe, mediante la intervención del Espíritu Santo, la oferta de gracia que nos hace Dios. Afirmar que solo Cristo es el Salvador, significa afirmar que solo podemos entender a Dios y recibir su gracia, a través del ministerio de Jesús, de su cruz y de su resurrección. Somos salvos por gracia por el sacrificio de Cristo en la cruz del calvario; para cubrir nuestros pecador y culpas mediante la auto entrega del amor divino, que allí ocurrió.

Dado que este proceso es uno liberador, requiere de energía, de poder liberador. Ese poder liberador es provisto para la salvación por el Espíritu Santo; poder de Dios para conseguir esperanza eterna. Un poder que nos libera de todo aquello que nos separa de Dios. Es el hijo el que promete la llegada del Espíritu Santo. Mediante esa intervención, Jesucristo garantiza la salvación como liberación y regeneración (Tito 3.4-7).

Poner en el idioma de Fackre esta declaración de la escuela Paulina, requiere declarar que Cristo como único Salvador es un rechazo al imperialismo, exclusivismo y el universalismo. Con una adopción del individualismo, dada la postura de ser un requisito individual para todo ser humano.

Jesucristo nos salva a partir de nuestro arrepentimiento; el reconocimiento de nuestra incapacidad de salvarnos a nosotros mismos. A partir de la renuncia a la continuación del «ego-trip» y la aceptación genuina de nuestra dependencia de Él para vivir los beneficios del Shalom de Dios. Este principio central de la doctrina de la justificación de la reforma, predica que esta confesión está a favor de Jesucristo, por ser el Salvador y a favor de uno mismo, por la responsabilidad que se acepta; de aquí que la confesión sea un acto liberador.

Jesucristo nos salva porque el Shalom de Dios está basado en el anhelo de que nadie se pierda. Esa salvación, se acepta por fe en Jesús; fe que viene como «dorón», regalo de Dios (Efesios 2.8). Él es nuestro Salvador al ser el único que puede ser declarado verdaderamente hombre y verdaderamente Dios (Concilio de Caldedonia; 451 d.C.). Su presencia es una liberadora, activa contra toda acción que nos oprima como seres humanos y que no nos permita disfrutar del propósito divino. Solo la presencia de Jesucristo garantiza ese entendimiento; esa comprensión del plan divino.

Jesucristo es el único Salvador, porque nos santifica. Nos capacita para ser rectos. Si la justificación es lo que Dios en Cristo hace por nosotros, entonces, la santificación es lo que hace en nosotros.[15]

Los resultados de ese proceso de reconciliación lo vemos en la comunidad de fe; la Iglesia del Señor. Es en ella donde mas claro podemos ver el testimonio del plan de Dios para reconciliar consigo al mundo. En el lenguaje del Dr. Luis F. Mercado, es un testimonio vivo en los seres humanos de la destrucción del poder del mal y del abandono de los caminos de destrucción cuando estos se tornan a Dios.[16] Lo podemos ver en la aceptación del llamado que hace Jesús a que dejemos el reino del pecado y de la maldad y nos entreguemos a una vida a la altura de los valores del mensaje del reino. Una evidencia de esa realidad lo es la presencia del Espíritu Santo en la iglesia.

El resultado de esto es el producto de la aceptación de que nuestra vida está incompleta si no hemos experimentado la transformación que Dios ofrece en Cristo. De aquí que la Iglesia de Cristo sea una comunidad. Una comunicada llamada a estar íntimamente unida entre sí, reconciliada y en constante transformación. Una comunidad heráldica que proclama a Jesucristo y que sabe adorar y aprender. Una comunidad que vive la «koinonía», por la necesidad que tienen cada uno de sus miembros de los demás. Una comunidad diaconal, comisionada para proclamar, pero también para servir por gratitud y deseando ser canal de gracia y bendición. Y una comunidad didáctica que reconoce la responsabilidad del discipulado. Ella está llamada a realizar estas cosas con un alto sentido de responsabilidad y de celebración. Esto es así porque dijo que la iglesia estaría edificada sobre Él como fundamento, pero constituida por personas. A nosotros se nos han dado recursos divinos para este proyecto. Recursos que bien utilizados garantizan la propuesta cristocéntrica de que «ni aún las puertas del infierno prevalecerían en contra de su Iglesia».

Es así porque como Iglesia, somos pueblo de Dios, nación santa, real sacerdocio; gente separada para cumplir un pro-

15 Véase en la bibliografía trabajo de Bancroft, p. 347.
16 Véase en la bibliografía trabajo del Dr. Luis F. Mercado, ex presidente del Seminario Evangélico de Puerto Rico.

pósito divino. La proclamación y la consecución del plan orquestal de Dios en Cristo. Es así porque como Iglesia somos cuerpo de Cristo. Una extensión del proceso de la encarnación divina para revelarse Dios a las mujeres y los hombres. Somos como iglesia la expresión visible de Dios y los hacedores de su voluntad. Desde esta perspectiva, considero que la iglesia es una estructura divino-humana.

A una voz y en alas del Espíritu de Dios
Confesaré que es mi placer cantarle a Él.
Que nada llena mi corazón
Como cantar su canción.

Su gracia eterna por siempre será
Su paz, siempre eterna me sostendrá
Y su amor surcaba el viento
Cual canción para mi ser.

Y mi voz por siempre se elevará
Sobre el viento y la tempestad
Pues su amor lo llena todo
Y por eso hoy,
Por eso a Él
Cantaré...[1]

1   Mizraim Esquilín, «A una voz», *Por su sangre*, interpretada por XXXIII D.C., © 1996 Word
Music, Nashville, TN.

12

Sobre las alas del viento

Llegando al final de este libro, debemos repasar los conceptos principales que hemos discutido a lo largo del mismo. Para esto, permítame volver a escribir algunos conceptos enunciados. Utilizando la metáfora del manejo de las tormentas, formulé que las experiencias obtenidas durante el proceso de enfrentarse a ellas podían ser clasificadas en dos tipos: conductuales y cognoscitivas. Cosas que afectan nuestra conducta y nuestro conocimiento.

A lo largo de la primera carta a los Corintios hemos visto que el apóstol Pablo ha hecho suyo ese análisis. O mejor aún, que nuestro análisis de las tormentas se ha sido extraído directamente de las formas en las que el apóstol enfrenta las tormentas de esa iglesia. Para entenderlo mejor, realicemos un último acercamiento a esos procesos.

Veamos los conceptos que provienen del conocimiento adquirido a base de enfrentar otras tormentas.

Cognoscitivas

- Hay que estar sintonizados a las fuentes que proveen la buena información. Estar desinformados puede costarle la vida a cualquiera que se encuentra frente a un fenómeno de esta naturaleza. Conocer la localización del bólido, su fortaleza y dirección son aspectos vitales si se quiere triunfar sobre ellos.

El apóstol Pablo le indica a los corintios que las crisis que amenazan su estabilidad como iglesia no pueden enfrentarse si se sintoniza la sabiduría de los hombres. Tampoco pueden manejarse al sintonizar única y exclusivamente los dones del Espíritu. El apóstol es todavía más enfático cuando señala que esas crisis pueden perpetuarse si la iglesia continúa en la tendencia de querer sobrevivir en medio de la fragmentación grupal y/o elitista que allí imperaba. El apóstol Pablo es tenaz al indicar que es absolutamente necesario un cambio en la frecuencia en que está sintonizada la iglesia.

Pablo también subraya que esa iglesia puede ser capaz de hablar en lenguas humanas y angélicas, pero si no tiene amor, de nada le vale tener esos dones. El apóstol continúa señalando que pueden ser capaces de entender todos los misterios y todas las ciencias y pueden ser capaces hasta de repartir todos sus bienes, pero si no hay amor, están rindiendo un servicio hueco al Señor de la Iglesia. La ciencia y la sicología son herramientas muy útiles para el servicio responsable en la casa del Señor, pero estas nunca pueden ser utilizadas como las piezas centrales de nuestro servicio a Él. No obstante el apóstol no solo receta la sintonía a la frecuencia del amor de Dios, sino que dice que la iglesia debe regresar a la espiritualidad de los primeros días y que esto solo es posible por medio de la intervención del poder de Dios que redime, santifica, unge y transforma las vidas de los creyentes. Aun los casos de inmoralidad más graves reciben del apóstol un consejo en el que recomienda disciplina enérgica, pero sustentada por el poder y la intervención de Dios. Como vimos en este libro, esa intervención logra que la misericordia de Dios se intercale en el medio de ese proceso disciplinario, pues se pide procurar que el espíritu de la persona a disciplinadar alcance salvación, aunque su carne se pierda (1 Corintios 5.5).

Según el apóstol, las tormentas hacen fácil presa a las iglesias que intentan sobrevivir sin enfrentar correctamente las contiendas, disensiones e injusticias. Me parece que estamos frente a un consejo vital para la iglesia de hoy. No hay manera de que la Iglesia del Señor pueda salir airosa de sus tormentas si no anda sintonizada en la frecuencia del amor y del poder de Dios. El no hacerlo puede representar la pérdida de muchas vidas y de gran parte de la estabilidad y la salud de la congregación local.

Una de las grandes críticas que el apóstol realiza a esta iglesia es que algunos de sus miembros viven sin tomar acción sobre estas cosas y hay otros que se conforman con saber que su estabilidad espiritual y socioeconómica no se haya afectado mucho. Para el apóstol esa conducta es totalmente reprensible.

Y esta conducta es similar a aquella que siguen los creyentes que pretenden resolver los problemas de la iglesia y de sus hogares yendo a consultar a «los profetas» de la iglesia. Lo que diré a continuación será hecho con mucho respeto. Creo con todo el corazón que Dios habla a través de sus siervos, los profetas, y que no hará nada sin antes revelarlo a esos varones santos. Pero hay ocasiones en que me parece que la Iglesia del Señor es más un centro de sesiones espiritualistas que el Cuerpo de Cristo. Los cambios y las transformaciones que necesitamos no serán el producto de esas manifestaciones. La iglesia de Corinto las tenía y las disfrutaba, pero no había sido transformada. El apóstol Pablo insiste en que la «medicina celestial» para estas enfermedades espirituales y carnales requieren amor, poder y una vuelta genuina a la espiritualidad y al gozo del primer amor. Cuando yo necesito un profeta, el Señor lo envía.

Desconocer la naturaleza y la fuerza de las crisis que enfrentamos puede convertirse en un problema más grande. Las enseñanzas paulinas están sustentadas e informadas por un conocimiento exacto de las situaciones que afectan a esa iglesia. Él conoce muy bien los problemas, los grupos que intentan manejarlos, las debilidades, las fortalezas de estos, las causas y los causantes de cada una de esas crisis. Esto no es lo único que sustenta sus enseñanzas. El apóstol también se acompaña de objetividad para poder analizar con la perspectiva correcta y de un buen autocontrol para no permitir que sus emociones, sus corajes y penas influyan negativamente en los procesos y los consejos que hay que ofrecer. ¿Necesitamos explicar esto? Me parece que no. Cada líder responsable puede retratarse aquí sin problemas.

- Hay que obtener los materiales adecuados para proteger la propiedad y colocarlos de forma apropiada.

Los materiales necesarios y la manera de usarlos forman parte del discurso paulino en esta carta. Estos incluyen conocimiento apropiado, buenas dosis de oración y ayuno. También requieren ternura cuando hace falta y actitudes enérgicas cuando la situación lo amerite.

Hay otros materiales que están diseminados en toda la carta. El apóstol nos enseña el valor que tiene un buen testimonio. También el valor que tiene un ministro que conoce su ministerio y no admite transacciones en las responsabilidades que Dios ha puesto sobre sus hombros. El apóstol no permite ser perturbado por personas que no reconocen su llamamiento, su preparación y su autoridad ministerial. La tormenta que hay que enfrentar y el trabajo que hay que realizar para ello requiere que esté seguro de lo que es y para qué Dios le ha llamado.

Sé que este tema puede fácilmente ocupar tres o cuatro capítulos sobre todo cuando traigo a mi conciencia las palabras de un prócer de las Américas, José Martí:

> Los hombres son como las montañas; mientras más altos, más les ataca el viento.

En el desempeño de las responsabilidades ministeriales que se nos han asignado desde el cielo, siempre encontraremos voces que intentarán desautorizarnos y/o desbancar nuestros ministerios. Es en esos momentos que necesitamos reafirmarnos en no permitir que estas cosas nos distraigan y nos roben el tiempo y la atención de las tareas que se nos han encomendado. No son pocas las iglesias que se han estremecido innecesariamente porque sus líderes ministeriales se han distraído en cosas que no son prioridades cuando enfrentan las tormentas.

- Hay que saber leer la dirección del viento. Antes del huracán Hugo, casi todos pensábamos que un huracán nos atacaría con vientos del este, por venir estos de ese punto cardinal. El error fue garrafal. Los huracanes vienen rotando en contra de las manecillas del reloj. Esto hace que los vientos, en pleno apogeo de su embate, vengan primero desde el norte y luego desde el sur cuando este se está alejando.

El apóstol realiza varios planteamientos vitales en 1 Corintios. Uno de ellos destaca que el problema básico de esa iglesia reside en los efectos que habían producido en ella las enseñanzas de unos «nuevos maestros» que habían llegado a la congregación. El apóstol es todavía más incisivo cuando indica que la iglesia ha recibido con beneplácito esas enseñanzas, aun cuando estas se oponen a lo que él como padre-fundador de esa iglesia les había enseñado. Es más, el apóstol no se inhibe cuando tiene que señalar que ninguno de esos nuevos maestros posee más autoridad apostólica que él. Su testimonio y hoja de servicio son prueba fehaciente de ello.

El apóstol conoce de dónde soplará el viento en esa tormenta». No se conformará con atacar los síntomas de las enfermedades, cuando conoce las causas de las mismas. El testimonio Paulino nos enseña a reconocer la dirección de los vientos de la tormenta.

- Hay que aprender a fijar y apuntalar las construcciones débiles a los cimientos de la propiedad. Techos que no sean de hormigón pueden amarrarse con cables de acero y fijarse a los cimientos de la propiedad. Esto no garantizará que los daños se eviten, pero los minimizará significativamente.

En 1 Corintios hemos visto que el apóstol está constantemente haciendo referencia a las cosas que les había enseñado y la procedencia y autoridad de tales enseñanzas. Estos argumentos son vitales para el apóstol y para una iglesia que anhela salir victoriosa del turbión que le ataca. Frases en las cuales subraya que había enseñado lo que había recibido, o lo que se le había enseñado previamente, apuntalan sus reclamos doctrinales. La crisis de la iglesia podía ser monumental, pero sus bases doctrinales y teológicas eran sólidas.

No creo tener dificultad alguna para hacer comprender el valor de estas palabras a quienes ocupan posiciones de liderazgo en nuestras congregaciones. A mayor intensidad de la tormenta que nos esté atacando, mayor debe ser la frecuencia con la que tomemos las bases doctrinales y teológicas con las que nos organizamos como iglesia.

Un detalle importantísimo es que el apóstol indica que nadie puede poner otro fundamento que aquel que puso como perito arquitecto (1 Corintios 3.10). El apóstol está convencido de que ese fundamento es inamovible y que está absolutamente bien construido y colocado. Ese fundamento no son los servicios de adoración de la iglesia, no son los coros ni las canciones que ella canta. Ese fundamento no es tampoco la sabiduría ni la capacidad racional de sus miembros. Ese fundamento es Cristo. La iglesia paulina es la iglesia del

Espíritu y es sobre todo Cristocéntrica. A este argumento el apóstol le añade que se edifique sobre este fundamento; todo tiene que edificarse sobre Él.

El otro aspecto interesantísimo que el apóstol señala es el de la presencia y la obra del Espíritu en esa iglesia. No podemos admitir transacciones en esto. Nada puede sustituir los modos y de operación del Espíritu de Dios en la iglesia cuando le dejamos obrar entre nosotros de manera adecuada. En medio de una tormenta es cuando menos podemos darnos el lujo de intentar silenciar la voz del Espíritu de Dios.

- Las construcciones deben realizarse siguiendo al pie de la letra los códigos de ingeniería que nos permitan poseer propiedades capaces de resistir los embates de estos fenómenos.

Cuando enfrentamos tormentas en las congregaciones y en nuestros hogares, debemos recordar seguir cuidadosamente las instrucciones del Libro Sagrado. No podemos arrinconar nuestras reglas de fe y conducta. Nuestras doctrinas básicas deben estar informando constantemente nuestras decisiones. Analícelo de esta manera, en medio de una tormenta debo asegurarme de que todo lo que hago place a Dios.

También es importante no olvidar los elementos fundamentales que constituyen y describen nuestro testimonio como creyentes, la oración, la santidad, la unción y presencia de Dios, el ejercicio de la misericordia y la autodisciplina. Un buen ejemplo de este último es el consejo que da el apóstol Pablo a una iglesia que no ha aprendido a hablar cuando debe y a callar cuando es necesario:

No erréis; las malas conversaciones corrompen las buenas costumbres (1 Corintios 15.33).

Conductuales

- Cambian nuestras prioridades; el país puede paralizarse sin que importe demasiado los cientos de millones de dólares que dejaremos de producir y de gastar como sociedad de producción y consumo. Ahora importan la vida y la familia. La prioridad que siempre comparten las utilidades, la energía eléctrica y la televisión, ahora está en la seguridad de la familia, los alimentos y el agua.

Cuando enfrentamos tormentas, descubrimos que hay muchas cosas que no son realmente tan importante como parecían. Un gran testimonio de esto y de los resultados que produce lo encontramos cuando analizamos algunas de las historias de la Biblia. Una de ellas nos relata que cuando se encontró el libro de la Ley en tiempos del rey Josías (2 Reyes 22), el pueblo entró en pánico al darse cuenta de lo lejos que estaban de la conducta correcta que agradaba a Dios. Ese libro había sido encontrado por «casualidad» mientras arreglaban las grietas del templo. La Biblia señala que cuando el rey citó al pueblo para orar y buscar el rostro de Dios, vinieron ante el Señor desde el más chico hasta el más grande: los moradores de la ciudad, los profetas y los sacerdotes. En otras palabras, la gente que no había podido ponerse de acuerdo, ahora lo estaba.

Las tormentas tienen esa «gracia», nos reúnen para ponernos de acuerdo. En ellas descubrimos que hay más cosas que nos unen que las que nos separan. En medio de ellas no nos importa tanto cuánto cuestan las cosas. Solo importa que se pueda emerger de la tormenta en victoria y con la menor cantidad de víctimas posibles. Mi padre dice que a Dios se le ocurre de vez en cuando dejar que atravesemos una que otra tormenta para asegurarse de que el «espíritu $tanto$» no esté ocupando el lugar del Espíritu Santo.

En medio de las tormentas descubrimos que en la iglesia y en la familia hay alguien que es muy significativo; personas que no habíamos valorado hasta ese momento. Nos reunimos con mayor facilidad a confraternizar y a buscar el rostro de Dios.

Tuve el privilegio de ser pastoreado por un hombre que decía que los pastores deberíamos estar pidiendo que Dios enviara constantemente tormentas a nuestras congregaciones y a las familias de la iglesia. Sus razones no eran ilógicas. El argumento con que sustentaba esa «tesis» era singularmente poderoso:

La gente que enfrenta crisis significativas nunca falta a los servicios y ni siquiera hay que invitarlos a orar. Si se les ocurre orar un lunes a las cuatro y media de la mañana, allí estarán sin que ustedes tengan que esforzarse para lograr que asistan (Rvdo. Dr. Félix Castro Rodríguez).

- Nos aferramos a los elementos básicos de la vida, la comunicación entre los nuestros: familias y vecinos. «La comunidad de la mesa» se reúne de nuevo, pero esta vez alrededor de la radio o del televisor cada vez que se anuncia un comunicado oficial: «Palabras de sabiduría» cuyo conocimiento puede representar la diferencia entre la vida y la muerte.

- Recurrimos a la oración y a la Palabra de Dios. El pueblo entero ora y busca a Dios. No es tiempo para discusiones dogmáticas ni doctrinales. Es el momento de la crisis. Es momento de súplicas y ruegos. Dejamos de ser sociedad y nos convertimos en pueblo. ¡Cuántas promesas bíblicas recordamos! ¡ Y cuántas otras realizamos a Dios!

¿Nunca se ha preguntado por qué son tan significativos los himnos y las oraciones en los funerales de los que amamos? ¿Cuándo ha tenido un significado más profundo el Salmo 23? ¿Cuándo es que se torna en un ejercicio del alma decir «Jehová es mi pastor, nada me faltará»? ¿Habrá un momento en el que la cena del Señor pueda ser más significativa que en los días que estábamos al borde de la muerte? ¡Qué poderosa resulta la Palabra de Dios en esas horas de espera frente a una sala de operaciones del hospital en el que intervienen a un hijo, a una esposa o a una madre! ¡Cuánto valor tiene allí el que estemos con todos los que ocupan un lugar en el alma!

Es en esos instantes que valoramos las palabras del pastor, los consejos bíblicos que nos regaló aquella «viejecita», aquella madre o aquel padre que con abnegación pasaron su vida entera a los pies del Cristo de la cruz. A veces creo que no es del todo una locura gritar: ¡Dios bendiga las tormentas!

Por otro lado, se hacen más que significativas las relaciones que hemos desarrollado. Esa visita a tiempo, esa carta, esa llamada telefónica o esa palmadita en el hombro, adquieren un significado extraordinario. Nos humanizamos, nos hermanamos y nos parece que las diferencias que antes nos desunieron nunca tuvieron razón de ser.

Trate de ver el contexto de esto en la vida de nuestras iglesias. Muchas congregaciones han experimentado testimonios de este tipo frente a amenazas de división, desastres naturales, enfermedades de líderes amados o persecuciones y amenazas gubernamentales o de otras prácticas religiosas dominantes.

Definitivamente, las tormentas nos pueden enseñar y cambiar nuestras conductas. La naturaleza y dimensión de las transformaciones que experimentemos estarán directamente relacionadas a nuestra sensibilidad para escuchar la voz de Dios en medio de ellas. Él siempre nos estará hablando en medio de las tormentas, falta que nosotros queramos escucharle.

La iglesia de Corinto parece que oyó la voz de Dios. De los estudios realizados en los trabajos de los padres apostólicos de finales del primer siglo y parte del segundo, nos encontramos con unas carta dirigidas a esta iglesia. He aquí el testimonio grabado con poder en las páginas de la historia:

> Una profunda y rica paz les fue dada a todos vosotros, junto con un deseo insaciable de hacer el bien al mismo tiempo en el que descendía sobre todos un abundante derramamiento del Espíritu Santo. Estando llenos del consejo santo, con excelente fervor y devota confianza, levantasteis vuestras manos al todopoderoso Dios, implorándole que fuera misericordioso con vosotros, si de alguna manera inadvertida pudierais haber cometido algún pecado. Vosotros batallasteis día y noche en favor de la hermandad, de modo en que por compasión y conciencia los escogidos pudieran ser salvos. Vosotros fuisteis sinceros e inocentes y libres de toda malicia los unos con los otros. Cada facción y cisma les era una abominación. Vosotros llorabais las transgresiones de vuestros vecinos; considerabais sus faltas como vuestras. Vosotros nunca os lamentasteis de hacer el bien, antes siempre estabais listos para toda buena obra. Estabais adornados con virtud y una manera honorable de vivir, completabais todas vuestras tareas en el temor de Él.
>
> I Clemente (ca. 95-96 d.C.)[2]

Este es un fragmento de una carta se le escribió a los corintios en una ocasión en que volvían a enfrentar tormentas en su congregación. La tradición cuenta que Clemente les escribe desde Roma para recordarles los cambios significativos que les ayudaron a enfrentar y triunfar sobre la tormenta anterior, y les exhorta a que repitan la «receta paulina». Como parte del proceso, aprovecha para describir la iglesia que conoció después que esta se enfrentara y reaccionara a los con-

2 Michael W. Holmes, editor, *The Apostolic Fathers: Greek Texts and English Translatios of their Writings*, segunda edición, Baker Book House, Grand Rapids, MI, 1992, cap. 2, p. 31.

sejos paulinos. Definitivamente, Clemente parece estar describiendo una iglesia ejemplar. Y en realidad, la iglesia de Corinto lo fue, lo es y lo seguirá siendo para todos los que nos retratamos en el poderoso espejo de la Palabra de Dios.

Dos pensamientos finales cierran el capítulo para dar paso a la última reflexión de este libro. De las cartas de Pablo se desprende lo que nos confirma Clemente: las tormentas pueden ser cíclicas y repetirse con cierta frecuencia. No debemos temer por ello. Dios ha prometido ser nuestro amparo y fortaleza, nuestro pronto auxilio en la tribulación, aunque la tierra tiemble (Salmo 46). El Dios de la iglesia en Corinto es el Dios de nuestras iglesias y el Dios de las familias de esa congregación es el mismo Dios de las nuestras. Lo que Él estuvo dispuesto a hacer en el pasado lo seguirá haciendo hoy, pues Él es el mismo ayer, el mismo hoy y por los siglos de los siglos (Hebreos 13.8).

Reflexionemos
Sobre las alas del viento

Era un pequeño halcón boricua. En nuestra isla les llamamos «guaraguaos». Por su plumaje deduje que era muy joven; pero ya campeaba por su respeto. La tarde en que le vi por primera y última vez parecía flotar sobre el viento como si no tuviera necesidad de realizar esfuerzo alguno para volar. Su juventud e inexperiencia le impidieron más allá de su galantería tropical, pudiera divisar un poderoso torbellino que se había formado muy cerca de donde él volaba.

La fuerza de aquel bólido que se cernía bajo sus alas era descomunal. Hasta ese momento, esa «bestia» formada por viento enfurecido y agua rugía con furia mientras se «entretenía» revolcando todo lo que encontraba a su paso.

Mi amigo, el Falcón, no alcanzó a reaccionar a tiempo y cuando menos se lo esperaba, el torbellino lo succionó con tal poder y malignidad que sólo un milagro podría salvarle. Mi corazón comenzó a palpitar con rapidez y una mezcla de dolor y pena se apoderó de mí al ver cómo luchaba aquel guaraguao. Su batalla carecía de posibilidades. Para aquellos que creen que la naturaleza es un «casino» en donde se echan suertes sobre quién muere y quién puede sobrevivir, las apuestas estaban todas en contra de nuestro pequeño amigo.

Me pareció ver que perdía algunas plumas de ese ropaje real que Dios le privilegió. No fue una ilusión observarle perder la fuerzas en esa batalla mortal. Sus alas comenzaron a evidenciar agotamiento. La lucha era más grande que sus fuerzas y parecía que cada segundo se acercaba más el momento en el que entregaría sus armas.

De pronto, algo inusitado sucedió. No dependió de las fuerzas del guaraguao ni de su astucia frente al turbión. Su instinto pareció recordar que Dios le había obsequiado unas herramientas que él no había sabido usar correctamente. Hasta ese momento había dependido de sus fuerzas y de su juventud. Ahora dependería de las capacidades otorgadas por el Creador. En el mismo medio de la batalla, el guaraguao abrió sus alas...

Al abrirlas, literalmente extendidas y sin moverlas un centímetro, la misma fuerza que se lo había estado tragando, se convirtió en una fuerza digna de la cohetería espacial que disparó al guaraguao fuera del torbellino y a unas alturas que lastimaban la vista de nosotros los mortales.

Allá arriba, ya lejos del peligro y remontado en unas alturas en las que podía ver el torbellino como parte de un escenario más grande y más complejo, nuestro amigo comenzó a alejarse de aquel lugar. Mientras lo hacía, de vez en cuando miraba por encima del lomo volteándose para poder ver hacia atrás y hacia abajo. En mis pensamientos me parecía poder escuchar lo que habría dicho si se le hubiera concedido el poder para pensar:

Difícil estaba aquello allá abajo, pero qué bueno que no pertenez-co a ese lugar y sí a estas alturas. Qué bueno que se me han dado alas para que el viento me cargue aun en el medio del turbión más destructivo. El verbo de Dios; el «Pneuma» del Creador; Su Espíritu. Qué bueno que en medio de la tormenta me parece que no son mis alas las que me sacan de ella, sino que el Creador se vale de ellas para sacarme de la tormenta sobre las alas del viento.

Carolina, P.R.,
mayo de 1996

BIBLIOGRAFÍA

Achtemeier, Jr., Paul, *The Inspiration of The Scripture*, The Westminster Press, Philadelphia, 1980.

Antología de poesía cristiana, Editorial Clie, Tarrasa, Barcelona, 1985.

Arrastía, Cecilio, *Teoría y Práctica de la Predicación, Comentario Bíblico Hispanoamericano*, Editorial Caribe, Nashville, TN, 1993.

Balz, Horst y Schneider, Gerhard, *Exegetical Dictionary of The New Testament*, vols. I, II y III, William B. Eerdmanns, Grand Rapids, MI, 1990.

Bancroft, Emery H., *Fundamentos de Teología Bíblica*, Publicaciones Portavoz Evangélico, Grand Rapids, MI, 1987.

Barbour, Ian G., *Myths, Models And Paradigms*, Harper Collins Publishers, San Francisco, CA, 1976.

Bartlett, David L., *The Shape of Scriptural Authority*, Fortress Press, Philadelphia, 1983.

Bastian, Jean Pierre, *Historia del protestantismo en América Latina*, Ediciones CUPSA, México, 1990.

Biblia de Estudio Dios habla hoy, Sociedades Bíblicas Unidas, 1994.

Brackney, William, *The Baptist*, Greenwood Press Inc., WestPort, CT, 1988.

Buber, Martin, *Two Types of Faith*, Routledge & Kegan Paul Ltd., Londres, 1951.

Bush, L. Rush y Nettles, Tom J., *Baptist and the Bible*, Moody Press, Chicago, 1980.

Bornkamm, Günther, *Pablo de Tarso*, Ediciones Sígueme, Salamanca, España, 1987.

Bondi, Richard, *Leading God's People: Ethics for the Practice of Ministry*, Abingdon Press, Nashville, 1989.

Calderón de la Barca, Pedro, *La vida es sueño*, Editorial Orión, México, DF, 1975.

Concordancia Analítica Greco-Española del Nuevo Testamento Greco-Español, compilada por J. Stegenga y Alfred E. Tuggy, Editorial Clie, Tarrasa, Barcelona, 1987.

Copleston, Frederick, *A History of Philosophy*, vols. 5 y 8, ImageBooks, New York, 1965.

Craddock, Fred B., *Preaching*, Abingdon Press, Nashville, 1985.

Enciclopedia Británica, Chicago, Britannica Press, edición de 1985.

Esquilín, Mizraim, *El despertar de la adoración*, Editorial Caribe, Nashville, TN, 1995.

Fackre, Gabriel, *A Christian Story: A Narrative Interpretation of Basic Christian Doctrine*, William B. Eerdmans Publishing Co., Grand Rapids, MI, 1988.

Fee, Gordon D., *Primera Epístola a los Corintios*, Nueva Creación, Buenos Aires, 1994.

Foster, Richard, *Alabanza a la disciplina*, Editorial Caribe, Nashville, TN, 1986.

Grau, José, *Curso de Formación Teológica Evangélica. Introducción a la Teología*, Editorial Clie, Tarrasa, Barcelona, 1973.

Hamar, Paul A., *La Primera Epístola a los Corintios*, Editorial Vida, Deerfield, FL, 1988.

Hayes, John H. y Holladay, Cal R., *Biblical Exegesis: Beginner's Handbook*, John Knox Press, Atlanta, 1987.

Hill, Harold, *Las monerías de Darwin*, Editorial Vida, Deerfield, FL, 1977.

Jeremías, Joachim, *Teología del Nuevo Testamento*, vol. I, Ediciones Sígueme, Salamanca, España, 1977.

Jeremías, Joachin, *ABBA*, Ediciones Sígueme, Salamanca, España, 1989.

Kallestad, Walt y Schey, Steve, *Total Quality Ministry*, Augsburg, Minneapolis, 1994.

Laguerre, Enrique, *La llamarada*, 26.ª edición, Editorial Cultural Río Piedras, Río Piedras, 1985.

Latourrete, Kenneth S., *Historia del Cristianismo*, vols. 1 y 2, Casa Bautista de Publicaciones, El Paso, 1979.

«Leadership», *Christianity Today*, Des Moines, IA, otoño de 1995, vol. XVI, número 4.

Leopoldt, J.L. y Grundmann, W., *El mundo del Nuevo Testamento*, vol. I, Ediciones Cristiandad, Madrid, 1971.

Malagón Almodóvar, Tomás, Director de colección, *L'Evangile et la Force: Les Editions du Cerf*, nl, np, 1967.

Malina, Bruce J., *Christian Origins and Cultural Anthropology: Practical Modes for Biblical Interpretation*, John Knox Press, Atlanta, 1986.

Mercado, Luis F., «El corazón del evangelio: Las buenas y las malas noticias», artículo inédito, Seminario Evangélico de Puerto Rico, Hato Rey, Puerto Rico, 1985.

Mitchell, Henry H., *Black Preaching: The Recovery of a Powerful Art*, Abingdon Press, Nashville, 1990.

Moltmann, Jürgen, *Teología de la esperanza*, Ediciones Sígueme, Salamanca, España, 1989.

Mullins E.Y., *Baptist Beliefs*, Judson Press, Philadelphia, 1925.

National Geographic, National Geographic Society, Washington DC, vol. 188, Nº 1, julio de 1995.

New Strong's Exhaustive Concordance of the Bible, Thomas Nelson Publisher, Nashville, TN, 1990.

Oesbeck, Kenneth W., *Amazing Grace: 366 Inspiring Hymns Stories for Daily Devotions*, Kregel Publications, Grand Rapids, MI, 1990.

Pannenberg, Wolfhart, *Cuestiones Fundamentales de Teología Sistemática*, Ediciones Sígueme, Salamanca, España, 1976.

Pannenberg, Wolfhart, *La fe de los apóstoles*, Ediciones Sígueme, Salamanca, España, 1975.

Pannenberg, Wolfhart, *Systematic Theology*, vol. I, William B. Eerdmans Publishing Company, Grand Rapids, MI, 1988.

Pannenberg, Wolfhart, *Teoría de la Ciencia y Teología*, Libros Europa, Madrid, 1981.

Pazmiño, Robert, *Cuestiones fundamentales de la Educación Cristiana*, Editorial Caribe, Nashville, TN, 1995.

Ramm, Bernard, *Diccionario de Teología Contemporánea*, Casa Bautista de Publicaciones, El Paso, TX, 1978.

Rivera Pagán, Luis N., *Evangelización y violencia: La conquista de América*, Editorial Cemí, San Juan, Puerto Rico, 1991.

Robertson Taylor, Archibald, *Imágenes verbales en el Nuevo Testamento*, vol. IV., Editorial Clie, Tarrasa, Barcelona, 1989.

Sanner A. Elwood y Harper, A.F., *Explorando la Educación Cristiana*, Casa Nazarena de Publicaciones, Kansas City, MO, 1978.

Swears, Thomas R., *The Approaching Sabbath: Spiritual Disciplines for Pastors*, Abingdon Press, Nashville, TN, 1991.

Theissen, Gerd, *Estudios de Sociología del Cristianismo Primitivo*, Ediciones Sígueme, Salamanca, España, 1985.

Theological Dictionary Of The New Testament, vols. I-X, editado por Gerhard Kittel, traducido por Geoffrey W. Bromiley, William B. Eerdmanns, Grand Rapids, MI, 1993.

Tillich, Paul, *Se conmueven los cimientos de la tierra*, Libros de Nopal, Ediciones Ariel, S.A. (no identifica lugar de edición), 1968.

Vila, Samuel, *Enciclopedia de Anécdotas e Ilustraciones II*, Editorial Clie, Tarrasa, Barcelona, 1992.

Wiest, Walter E. y Smith, Elwyn A., *Ethics in Ministry: A Guide for the professsional*, Fortress Press, Minneapolis, 1990.

Wire, Antoinnete Clark, *The Corinthians Women Prohets*, Fortress Press, Minneapolis, 1990.

Wittheringthon, Ben III, *Conflict and Community in Corinth: A Socio-Rethorical Commentary on 1 & 2 Corinthians*, William B. Eerdmans Publishing House, Grand Rapids, MI, 1994.